ACCESO GRATIS *a la Lectura en la Nube*

Para visualizar el libro electrónico en la nube de lectura envíe junto a su nombre y apellidos una fotografía del código de barras situado en la contraportada del libro y otra del ticket de compra a la dirección:

ebooktirant@tirant.com

En un máximo de 72 horas laborales le enviaremos el código de acceso con sus instrucciones.

SISTEMA DE LOS DERECHOS PÚBLICOS SUBJETIVOS

GEORG JELLINEK
(1851-1911)

SISTEMA DE LOS DERECHOS PÚBLICOS SUBJETIVOS

Edición, traducción (desde la versión italiana) y estudio preliminar de
ALEJANDRO VERGARA BLANCO
*Profesor Titular [Catedrático] de Derecho administrativo
de la Pontificia Universidad Católica de Chile*

tirant lo blanch
Valencia, 2024

En caso de erratas y actualizaciones, la Editorial Tirant lo Blanch publicará la pertinente corrección en la página web www.tirant.com.

Dentro del control de los originales de libros de la colección Teoría de la Editorial Tirant lo Blanch, hemos establecido, además de los protocolos editoriales habituales, el sometimiento de estos a revisión ex ante por parte de dos pares académicos expertos. Este procedimiento redunda en la idoneidad de las obras que finalmente serán publicadas.

Las obras originales ya pertenecen al dominio público, pues fueron editadas hace más de 70 años. Título y sede original en lengua alemana:
Georg Jellinek, *System der subjektiven öffentlichen rechte*, 2ª ed., 1905 [la primera edición es de 1892].
Título y sede original de la versión en lengua italiana [desde la que se vierte esta edición castellana]:
Georg Jellinek, *Sistema dei diritti pubblici subbiettivi*, 1912.

TEORÍA Segunda época
Colección dirigida por
JORGE CERDIO

© Alejandro Vergara Blanco, por la presente edición, traducción, estudio preliminar y notas de edición, 2023

© TIRANT LO BLANCH
EDITA: TIRANT LO BLANCH
C/ Artes Gráficas, 14 - 46010 - Valencia
TELFS.: 96/361 00 48 - 50
FAX: 96/369 41 51
Email: tlb@tirant.com
www.tirant.com
Librería virtual: www.tirant.es
DEPÓSITO LEGAL: V-3716-2023
ISBN: 978-84-1197-504-9

Si tiene alguna queja o sugerencia, envíenos un mail a: *atencioncliente@tirant.com*. En caso de no ser atendida su sugerencia, por favor, lea en *www.tirant.net/index.php/empresa/politicas-de-empresa* nuestro procedimiento de quejas.

Responsabilidad Social Corporativa: http://www.tirant.net/Docs/RSCTirant.pdf

Índice

TERCERA PARTE:
CONCLUSIONES

ESTUDIO PRELIMINAR Y NOTAS DE EDICIÓN

Alejandro Vergara Blanco

Contenido de la compilación

Estudio preliminar:
El *Sistema de los derechos públicos subjetivos* de Georg Jellinek: Impacto y actualidad en el Derecho administrativo

Vida y obra de Georg Jellinek:
Breve biografía de Georg Jellinek
Cuadro cronológico de la vida y obra de Georg Jellinek
Bibliografía de y sobre Georg Jellinek

Contenido de la compilación

Esta traducción tiene por objetivo primordial ofrecer al lector de lengua castellana el desarrollo de la teoría de los derechos públicos subjetivos postulada por Georg Jellinek (1851-1911) a fines del siglo XIX e inicios del XX, hoy patrimonio de la ciencia jurídica, y cuya permanente actualidad pareciera evidente, como intento poner de manifiesto en la nota preliminar.

La sede original del Sistema de los derechos públicos subjetivos

El *System der subjektiven öffentlichen Rechte* [*Sistema de los derechos públicos subjetivos*] de este insigne jurista germano fue publicado por vez primera, en Friburgo en 1892 por la casa editorial J. C. B. Mohr, y reeditado, en vida del autor, en 1905. Esta segunda edición sería la base para una reimpresión en 1919 (la que el autor no conoció y que posteriormente sería reimpresa otra vez en Darmstadt en 1963 y en Aalen en 1964 por Scientia Verlag). Para la traducción castellana que ahora ofrezco me he basado en su edición italiana: *Sistema dei diritti pubblici subbiettivi*, traducción de Gaetano Vitagliano, con prefacio de Vittorio Emanuele Orlando y publicada en 1912 en Milán por la Società Editrice Libraria. Para tomar esta decisión fue fundamental saber que esta traducción italiana fue revisada por el mismo Jellinek. En efecto, en la portada de esta edición se señala que fue "revisada por el autor sobre la segunda edición alemana", a lo que se agrega que el traductor en su prefacio se refiere a los términos de esta colaboración del autor en la traducción de su obra (p. XVII); lo que solía hacer Jellinek, como es el caso de otras obras suyas traducidas al francés. Lo mismo ha sucedido con otros autores alemanes (como es el caso del *Sistema de derecho romano actual* de Friedrich Carl von Savigny y del *Derecho Administrativo alemán* de Otto Mayer) cuyas traducciones al castellano se realizaron a partir de previas traducciones o versiones en francés. Esta vez es desde el italiano.

El lector de lengua castellana solo sabía de esta obra por las múltiples referencias que han realizado autores de diversos países, y por la polémica a que dio lugar desde su primera publicación. Por lo demás, el propio Jellinek ofrece en su *Allgemeine Staatslehre* [Teoría general del Estado] de 1911 una síntesis de su teoría de los derechos públicos subjetivos, y se habría podido leer ese breve desarrollo en su traducción castellana. También existen múltiples referencias de la teoría de los *estatus*, algunas célebres como la ofrecida por Robert Alexy en el capítulo quinto de su *Teoría de los derechos fundamentales*, en 1986, también traducida al castellano. Pero el lector de habla castellana no había tenido hasta ahora acceso al texto del *System der subjektiven öffentlichen Rechte*, y es precisamente el objetivo de esta traducción.

Contenido de la compilación

El texto original del *System* contiene un total de veintiún capítulos, de los cuales hemos traducido doce: Los primeros diez, que se traducen íntegros y tienen la misma numeración del original y los últimos dos, que en el original corresponden a los capítulos veinte y veintiuno y en esta edición castellana corresponden a los capítulos once y doce. No hemos traducido los capítulos once a diecinueve del original, referidos a la organización estatal de la época. En todo caso, en los capítulos traducidos se contiene el desarrollo fundamental de la teoría de los *status*.

En efecto, el autor elabora su concepción de los derechos públicos subjetivos luego del examen de varias temáticas fundamentales, o "problemas" como él los denomina, del derecho público todo (en los capítulos uno a seis, que mantienen la enumeración en esta edición); así: Revisa diversas cuestiones en referencia tanto a los individuos como al Estado, tales como la naturaleza jurídica del Estado; la distinción entre el derecho público y el derecho privado; las relaciones que se instauran, primero, entre sujetos del derecho y el Estado-persona y, secundariamente, entre los sujetos de derecho; y, el discutido "derecho reflejo". Pero la mayor atención del autor está dirigida a la explicación (en los capítulos siete a diez, que también mantienen la enumeración en esta edición) de los distintos *status*: *status subjectionis* (estado de sujeción o pasivo); *status libertatis* (estado negativo), *status civitatis* (estado positivo) y *status activae civitatis* (estado activo). En fin, se refiere (en los capítulos once y doce de esta edición) a la constitución, pérdida, modificación y tutela jurisdiccional de los derechos públicos subjetivos.

El autor trata también de otros temas conexos (cuyos capítulos no se incorporan en esta edición castellana), como los derechos públicos del Estado y de los órganos del Estado; el ejercicio de los derechos de soberanía mediante privados; los derechos públicos subjetivos de asociaciones de derecho privado, las asociaciones de derecho público; las municipalidades; los miembros de los Estados federales; los derechos de los Estados en relación con la Sociedad Internacional; y, en fin, la eventual disolución o modificación del derecho público.

Hemos preferido, entonces, los aspectos de su teoría referidos a la relación del individuo y el Estado, en donde concentra el autor el desarrollo de su teorización.

Motivación y agradecimientos

Me he abocado a esta tarea motivado por el deseo de ofrecer esta obra por vez primera en castellano, la que queda expuesta al escrutinio del público. He intentado superar todas las dificultades propias de un trabajo de esta índole y he buscado soluciones a múltiples detalles de edición, dada la necesidad de ofrecer una versión fiel al pensamiento de su autor.

Además de la singularidad de traducir indirectamente una obra, ya no desde su versión original en lengua alemana sino desde su versión en lengua italiana, la traducción es parcial; si bien abarca el núcleo de la teoría de los derechos públicos subjetivos ofrecida por Jellinek. En efecto, no se ha traducido la totalidad del *System*, sino aquella parte en que Jellinek desarrolla la famosa teorización de los cuatro *status* (negativo, positivo, activo y pasivo), precedida de un desarrollo sobre el derecho público, la naturaleza jurídica del Estado y de los derechos públicos subjetivos de los individuos, en donde despliega todo su ingenio y originalidad. En términos porcentuales, ofrecemos aquí poco más de la mitad del libro original, centrándonos en el desarrollo general de la teorización, prescindiendo de un detallado y extenso desarrollo que Jellinek dedica a los derechos políticos (*status* activo), centrado en su época. No incluyo, por lo tanto, la descripción que al final de su obra Jellinek realiza de los diversos órganos estatales existentes en la Alemania decimonónica (capítulos 10 en adelante), sin perjuicio de su relevancia histórica. En todo caso, el texto que se ofrece en esta traducción contempla el desarrollo íntegro de la teorización que ofrece Jellinek de los derechos públicos subjetivos.

Para evaluar esta obra de Jellinek podemos repetir lo dicho por Vittorio Emanuele Orlando en su prólogo a la edición italiana: "[Jellinek] se ha extendido y elevado felizmente de un modo tal hasta comprender la visión de un vasto horizonte científico, afrontando así los problemas jurídicos en sus datos esenciales".

Esta traducción fue iniciada hace muchos años, con el objetivo académico de acercar a mis alumnos a la teorización de los *status* y para comprenderla yo mismo en mejores términos, si bien contamos con mucha bibliografía al respecto. En el momento que percibí su vigencia permanente, más allá de otras opciones teóricas de su autor (por ejemplo, el atenuado positivismo que él exhibe, a partir de su teorización sobre la fuerza normativa de lo fáctico) comencé y recomencé una y otra vez esta traducción, que ahora presento.

Para esta tarea he logrado contar con mucha colaboración, en especial para la actualización de la citación, la confección del índice de autores que requirió una paciente investigación de antecedentes de la época; igualmente en la búsqueda de antecedentes biográficos del autor, la confección del cuadro de vida y obra y la colaboración en la revisión del texto final, todo lo cual se debe a la dedicación del ayudante de investigación, hoy abogado, Joaquín Granados Castañeda, de quien estoy muy agradecido. Toda su colaboración me dio ánimos, en medio de otras ocupaciones, para salir adelante con este antiguo proyecto que hoy ve la luz.

Estudio preliminar

El *Sistema de los derechos públicos subjetivos* de Georg Jellinek: Impacto y actualidad en el Derecho administrativo

ALEJANDRO VERGARA BLANCO
Pontificia Universidad Católica de Chile

Georg Jellinek (1851-1911) publicó en 1892 por vez primera su *System der subjektiven öffentlichen Rechte (Sistema de los derechos públicos subjetivos)*; en 1905 publicó una segunda edición, en que apenas retoca la primera. En este libro fundamental de la dogmática alemana de fines del *s. XIX*, se refiere el autor a la relación entre la persona y el Estado y desarrolla su famosa teoría de los derechos públicos subjetivos, la que es coherente con su también famosa concepción del Estado como persona jurídica. Son también conocidos sus postulados relativos a la teoría general del Estado, a los que dio forma en su difundida obra posterior *Allgemeine Staatslehre (Teoría General del Estado)* publicada en 1900, cuya 2ª edición se publicó en 1911 y se tradujo al castellano en 1913.

Creador de la idea de Corte Constitucional

Hay otro antecedente que recordar de Jellinek: él fue el primero en proponer un sistema de justicia constitucional para el imperio austrohúngaro, en un folleto de 1885, en que proponía el aumento de las atribuciones del Tribunal del Imperio, de manera de establecer una verdadera corte constitucional. Su influencia teórica en este aspecto sobre las ideas posteriores de Kelsen pareciera ser usualmente olvidada, "partiendo por el mismo Kelsen" (como insinúa Herrera, 1997, p. 85). Es expresivo el folleto de Jellinek:

Ein Verfassungsgerichtshof für Österreich (*Una Corte constitucional para Austria),* de 1885, en cuyo capítulo VI propone transformar al tribunal del Imperio como "Corte constitucional", y desarrolla ampliamente la materia tomando el ejemplo de los Estados Unidos de Norteamérica (véase la presentación de su traducción italiana por Elisabetha Palici di Suni, 2013 y el trabajo de esta autora: *La giustizia costituzionale secondo Georg Jellinek,* en: *Studi in onore di Aldo Loiodice,* Bari, 2012, pp. 1301 ss.).

El Sistema de los derechos públicos subjetivos

Pero la construcción jurídica más célebre de Jellinek, sin lugar a duda, es su teoría de los *status* (estatus o estados) y de los derechos públicos subjetivos que de esas posiciones sociales se derivan para los ciudadanos (o *individuos,* en la típica expresión alemana de la época) la que desarrolla en su *Sistema de los derechos públicos subjetivos,* el que ahora traducimos desde su versión italiana y al que este breve estudio preliminar sirve de frontispicio.

I. LAS TEORÍAS DE JELLINEK: LOS STATUS Y LOS DERECHOS PÚBLICOS SUBJETIVOS

A fines del *s. XVIII* y a lo largo del *s. XIX,* las declaraciones de derechos y deberes de los ciudadanos fueron redactadas en el texto mismo de las constituciones, adquiriendo así la condición de normas jurídicas fundamentales; a ellas se añadían leyes complementarias tendentes a su protección y a afirmar las garantías del ciudadano consideradas como indispensables frente al poder de los órganos del Estado. Siguiendo una formulación usual, puede decirse que las categorías denominadas como 'derechos fundamentales' y 'libertades públicas' responden a orígenes diversos y a tradiciones culturales diferentes. El primero de estos conceptos, los 'derechos fundamentales', apareció en Francia hacia 1770, en el seno del movimiento político y cultural que condujo a la Declaración de los Derechos del Hombre y del Ciudadano de 1789; más tarde alcanzó especial relieve en países como Alemania donde, bajo el manto de los *Grundrechte* (derechos fundamentales), se articuló el sistema de relaciones que median entre el individuo y el Estado. El otro concepto, la 'libertad pública' (escrito en singular), aparece también en Francia, siendo utilizado de forma expresa en las constituciones de 1793 y 1814. Las 'libertades públicas' (ahora escrito en plural), en su formulación clásica, son de ámbito más restringido que los derechos fundamentales, con los cuales estarían en una relación de género y especie. Tales 'libertades públicas' son más específicas y presuponen que el Estado reconoce a los individuos el derecho de ejercer cierto número de actividades determinadas; así: Por una parte, son 'libertades' porque permiten actuar sin coacción; y, por otra, son 'públicas' porque corresponde a los órganos del Estado —titular de la soberanía— respetarlas y garantizarlas. Estas 'libertades públicas' suponen una amplia autonomía para los ciudadanos y al tiempo conllevan obligaciones del Estado; en algunos casos constituyen obligaciones negativas en cuanto implican por lo común un cierto deber de abstención, si bien en algunas ocasiones comportan obligaciones secundarias positivas. Los derechos fundamentales pareciera que son algo más. En medio de este desarrollo dogmático es que Jellinek propone una nueva teorización jurídica de los derechos fundamentales a través de una nueva terminología para referirse a ellos. Al respecto, Aldunate, *Derechos fundamentales* (2008, pp. 51-55), uno de los poquísimos autores chilenos que entre nosotros se ha referido a esta teorización de Jellinek, afirma que los derechos públicos subjetivos constituyen una "terminología" más de los derechos fundamentales. A su juicio, con ello Jellinek intenta ordenar el sistema de fuentes alemán de la época y precisa que es un concepto de otra *naturaleza*, distinto de los derechos subjetivos privados. Afirmación que es coherente con el desarrollo ofrecido por Jellinek.

Contexto dogmático y síntesis de la teoría de los status

Podemos recurrir al propio Jellinek quien en su citada *Teoría general del Estado* nos permite conocer el contexto de su teorización sobre los derechos públicos subjetivos, al recorrer el índice y orden de las materias que desarrolla en dicho libro. En efecto, esta obra está dividida en tres libros: un libro primero, dedicado a una Introducción metodológica; un libro segundo, dedicado al análisis sociológico del Estado; y, un libro tercero, dedicado al análisis jurídico del Estado. Es en este último libro que Jellinek incorpora el análisis de cada uno de los tres elementos del Estado: el territorio del Estado; la población del Estado; y, el poder del Estado. Y es en medio del desarrollo del segundo elemento (la *población)* que Jellinek incorpora su teoría de los derechos públicos subjetivos y de los *status*, analizando así al *pueblo* en su aspecto subjetivo. En otras palabras, según el autor, los derechos públicos subjetivos consistirían en una esfera de derecho público reconocida por el Estado a toda su *población*. Es significativa entonces la ubicación sistemática en que Jellinek sitúa la teorización de los *status*: quiere decir que cada individuo del pueblo es, por ese sólo hecho, titular de derechos púbicos subjetivos.

Veamos ahora la síntesis de la teorización de los *status* que el propio autor ofrece en su *Teoría general del Estado* (cito según su edición castellana de 1913). Parte señalando que el derecho solo es posible entre sujetos de derecho, y que "sujeto de derecho es aquel que puede poner en movimiento el orden jurídico, en interés propio" (p. 387). Agrega que "la capacidad que el Estado concede al individuo de mover el orden jurídico debido a sus intereses personales crea, como todo poder limitado reconocido por el derecho al individuo, un derecho subjetivo" (p. 387). Precisa que "estos [los derechos públicos subjetivos] se diferencian esencialmente de los derechos subjetivos privados en que se fundan inmediatamente en la personalidad, y no recaen sobre ningún objeto, como acontece en el derecho privado, sino sobre la persona misma" (…): son "facultades que el orden jurídico directamente reconoce a los individuos" (p. 387). Agrega que toda exigencia de derecho público nace de una determinada *"posición"* de la persona respecto al Estado, posición que él designa como un *status* (p. 388). Los derechos públicos, dice, en fin, son *derivaciones* de los *status* positivo, negativo y activo; introduce además un cuarto *status:* el pasivo; todos de la personalidad.

Los derechos públicos subjetivos en el System. Su definición

Pero una descripción más completa de los *status* se puede encontrar en el *System,* que ahora traducimos.

Para Jellinek (*System,* § 4) el *derecho subjetivo* puede definirse en términos generales como: "La potestad de querer que tiene el hombre, reconocida y protegida por el ordenamiento jurídico, en cuanto está dirigida a un bien o a un interés"; agrega que es la "capacidad de poner en movimiento las normas (derecho objetivo) en beneficio individual". En esto Jellinek sigue a Rudolf von Jhering (1818-1892), el que había afirmado en su *El espíritu del derecho romano* (1852-1865), que los derechos subjetivos "son intereses jurídicamente protegidos". Existe una evidente conexión genética entre ambas concepciones y definiciones (cabe recordar que Jellinek dedica el *System* a Jhering, tal como deja constancia en el prefacio de la primera edición alemana).

Un nuevo lenguaje para significar las posiciones de los individuos

Pero es posible revisar con más detalle la descripción que Jellinek realiza de los cuatro *status* en su *Sistema de los derechos públicos subjetivos.* A su juicio, la persona de frente al Estado [a los órganos del Estado, podríamos decir hoy con más precisión] puede encontrarse en alguno o algunos de los siguientes cuatro *status:* i) en un estatus pasivo: *status subjectionis;* ii) en un estatus negativo: *status libertatis;* iii) en un estatus positivo: *status civitatis,* y iv) en un estatus activo: *status activae civitatis,* de la ciudadanía. Jellinek prefiere no referirse a "derechos", porque seguramente le resulta muy amplio o ambiguo, dado lo polisémico de dicha expresión; además, en derecho público no se habla de "derechos y obligaciones", lenguaje más apropiado para las relaciones propias del Derecho civil. El autor opta por nuevos conceptos, de ahí que elige, tomando como modelo el derecho antiguo, el concepto de *status*; esto es, *posiciones* o *condiciones* de un ciudadano en la sociedad. En buena medida, la perennidad de la teorización de Jellinek se ha producido por estas ingeniosas denominaciones: es un nuevo lenguaje el que inaugura para mejorar así la comprensión de la posición del individuo en medio de la sociedad, en su relación con los órganos del Estado.

Descripción de los cuatro status de la persona de frente al Estado

Entonces, según Jellinek el individuo, a raíz de su adscripción a un Estado, se encuentra inmerso en una pluralidad de posiciones: *status subjectionis* (estado de sujeción o pasivo); *status libertatis* (estado negativo), *status civitatis* (estado positivo) y *status activae civitatis* (estado activo). Estos cuatro *status* o *posiciones* del individuo, en cuanto a su contenido y consecuencias jurídicas, podemos describirlos así:

i) status *pasivo*. Como consecuencia de su subordinación al Estado, el ciudadano se encuentra, en primer lugar, en "estado pasivo" o *status subiectionis*, lo que conlleva para este último una serie de deberes. Este *status* pone a todas las personas en la obligación de obedecer todos los mandatos y prohibiciones dispuestas por el Estado regulador; implica que se está sujeto a la Constitución y a las leyes. Es objeto de estudio de las diversas disciplinas, en especial del Derecho constitucional.

ii) status *negativo*. A todo miembro del Estado pertenece —por otra parte— un rango en el cual es señor absoluto; una esfera libre del Estado, una que excluye el *imperium*: es el estado negativo, también llamado *status libertatis*. Es el estatus de la libertad. Es negativo porque no hay mandatos ni prohibiciones. Los particulares pueden decidir cómo actuar; es la esfera de la autonomía de la voluntad, de la espontaneidad de los particulares. Sólo en ciertos casos la Administración puede entrometerse en los actos entre particulares sujetos al derecho privado, los cuales dirán relación particularmente con asuntos de orden público o licitud de la actuación privada. Es objeto de estudio de las diversas disciplinas, en especial de derecho privado; también por el Derecho administrativo.

iii) status *positivo*. El Estado, en el cumplimiento de sus deberes, le reconoce al ciudadano la posibilidad de aspirar a que el poder estatal sea ejercido en su favor, en cuanto le concede la facultad de beneficiarse de los servicios que prestan las instituciones estatales. Se está reconociendo así el "estado positivo" o *status civitatis*, que se presenta como el fundamento del conjunto de las prestaciones estatales hechas en interés del individuo. La actividad del Estado, por lo tanto, sólo es posible mediante la acción en beneficio individual de los propios ciudadanos. Este *status* positivo o *status civitatis* es esencial para comprender la posición del administrado de frente a la Administración. No es una situación simplemente pasiva, como aquella en que tiene que aceptar el administrado un mandato o una prohibición; sino que lo coloca en una situación de exigencia de frente a la Administración. Se refiere, entonces, a que el particular está en posición de exigir al Estado o Administración una pretensión positiva; a que puede obtener algo; es, podemos decir, la capacidad jurídicamente protegida para perseguir prestaciones positivas de parte del Estado. Y esta capacidad es, sustantivamente, un poder, un derecho. De ahí que este es el *status* más importante para el Derecho administrativo y es objeto esencial de su estudio e interés.

iv) status *activo*. En fin, se reconoce al individuo la capacidad de obrar por cuenta del Estado; lo promueve a una condición más elevada y cualificada, a la ciudadanía activa. Esta se corresponde con un "estado activo", el *status activae civitatis*, por el que el individuo está autorizado para ejercer los llamados derechos políticos en su más estricto significado. Es el *status* de la ciudadanía, referido al derecho de elegir a los representantes políticos, al derecho a voto. Es estudiado especialmente por el Derecho constitucional.

Con ello, Jellinek propone no solamente un nuevo lenguaje de los derechos fundamentales del individuo, sino también una nueva teorización para comprender la posición del ciudadano, la que mantiene vigencia hasta nuestros días.

II. Las ideas de Jellinek rompen con la tradición doctrinaria alemana anterior

La teoría de los derechos públicos subjetivos es un hito en el derecho público alemán

El pensamiento de Jellinek marca un hito, pues con sus aportes se abre un nuevo período en la ciencia del derecho público alemán. Si bien su visión es estatocéntrica, es la matriz ideológica liberal de Jellinek lo que lo distancia de la anterior tradición doctrinaria alemana. Se puede llegar a pensar que Jellinek se reconduce al tradicional estatalismo autoritario de sus antecesores, representado por las dos cumbres del Derecho público alemán del siglo XIX: Carl Friedrich von Gerber (1823-1891) y Paul Laband (1838-1918), pero en verdad la concepción de Jellinek implicó una ruptura con las teorizaciones de ambos autores, en especial con la idea del Estado como persona jurídica dotada de un poder de tal magnitud cuya esencia era la dominación de los individuos. Jellinek, al contrario, le da una importancia superlativa a los derechos públicos subjetivos de los individuos, los que en la tradición de Gerber y Laband estaban reducidos al mínimo, solo en tanto que *reflejos* del acto de autoridad del Estado. Pero la nueva sociedad industrial, a partir de 1890, difícilmente se adapta al viejo aparato del Estado y a esa teoría tradicional que le considera como un dominador exterior de la sociedad.

En efecto, para Gerber y Laband los derechos y libertades fundamentales no son derechos subjetivos, sino solamente normas que el Estado se da a sí mismo. Incluso Otto Mayer (1846-1924), sin perjuicio de ser un gran renovador del derecho público alemán, contemporáneo a Jellinek, en esta cuestión piensa esencialmente lo mismo que Gerber y Laband. La razón es que para ellos los derechos públicos subjetivos no tendrían "objeto" concretamente reivindicable, pues en esa teorización antigua los derechos fundamentales no eran derechos inmediatamente oponibles. Es que para tales autores los derechos fundamentales no eran "subjetivos". Jellinek con su *System*, rompe con ese modelo y postula que los derechos de los individuos son "públicos y subjetivos" y los ostenta cada individuo en su condición de persona, sin necesidad de algún "objeto". Así, el Estado se obliga de frente a los individuos; se autolimita en el acto mismo de autocreación del derecho. De ahí que lo que Jellinek elabora con esto es, en definitiva, la teoría de la *autolimitación* del Estado, rompiendo la tradición anterior.

Jellinek: un jurista positivista y liberal

Jellinek tiene una visión de clara matriz positivista, e insiste repetidamente la idea del derecho positivo como único derecho efectivo, puntualizando que el llamado derecho natural, como derecho pre-estatal y por lo tanto capaz de condicionar y limitar desde fuera al Estado, es una mera "ficción". Posición esta de Jellinek que es explícita en el *System*, pues, como Gerber y Laband, reconocía en el Estado un sujeto soberano, dotado de personalidad jurídica y fuente del Derecho y, como ellos, admitía un único tipo de Derecho: el positivo. En ese sentido, los tres juristas eran exponentes del iuspublicismo alemán de matriz positivista. Pero Jellinek se distanció de esos dos maestros al reelaborar la relación entre Estado e individuo y entre Estado y sociedad, en términos no solamente de sujeción sino también de libertad; de ahí que lo que distingue a Jellinek de Gerber y Laband, y marca una diferencia con el signo conservador y autoritario de ambos, es la inspiración liberal de su pensamiento y doctrina jurídica. En efecto:

i) El Estado en la visión de Gerber tenía una personalidad jurídica y era un sujeto soberano que instauraba con la sociedad civil una relación de "dominio". Así lo afirmaba en su *Grundzüge des deutschen Staatsrechts* (*Elementos de derecho público alemán*), de 1865: "... debe concebirse a los hombres y a la cosa dominada como objeto de derecho de dominación del Estado". De este modo la sociedad civil perdía toda autonomía de frente al Estado.

ii) En el caso de Laband, legitimaba con nueva fuerza la subordinación de la sociedad civil al Estado. Esta subordinación en Laband procedía de su concepción del derecho. Decía: "(Los derechos fundamentales) no fundan derecho subjetivo alguno del ciudadano; ellos no son derechos pues no tienen objeto alguno". Así, lo afirma en su *Das Staetsrecht des deutchen Reiches (Derecho público del Imperio Alemán)*, de 1876.

Como se ve, las doctrinas jurídicas de Gerber y Laband estaban impregnadas de ideas extremadamente conservadoras y coincidían con la legitimación del imperio Guillermino (cuyo apogeo se inicia en 1890). Pero en su formulación Jellinek muestra su matriz ideológica liberal y su distancia con ese período conservador.

III. IMPACTO INICIAL DE LA TEORIZACIÓN DE LOS *STATUS* Y DE LOS DERECHOS PÚBLICOS SUBJETIVOS

La inmediata y amplia reacción doctrinaria

La reacción de la doctrina europea respecto de la primera edición del *Sistema de los derechos públicos subjetivos* de Jellinek, en 1892, fue inmediata; y justificó una segunda edición en 1905, en la que contestó selectivamente a sus numerosos críticos. El mismo Jellinek en 1900, en la primera edición de la *Teoría general del Estado*, menciona a importantes autores, quienes habían reaccionado favorablemente o con críticas mesuradas a su teoría; algunos escribieron sus libros a propósito de la teoría de Jellinek; es el caso de: Otto Mayer, *Verwaltungrechts* (Derecho Administrativo) 1895; Longo, *La teoria dei diritto pubblici subiettivi e il diritto amministrativo italiano*, 1892; Santi Romano, *La teoría dei diritti publici subbietivi*, en: Orlando, *Primo trattato amministrativo italiano*, 1900; Hauriou, *Précis du droit administratif*, 5ª ed., 1903; Majorana, *La nozione di diritto pubblico subiettivo;* y, Barthèlemy, *Essai d'une théorie des droits subjectifs des administrés dans le droit administratif français*, 1899.

Jellinek de frente a la sociología de Weber

En Heidelberg Jellinek pudo desarrollar los años académicamente más fecundos de su vida, y gran parte de ello puede explicarse por el ambiente intelectual predominante en esa Universidad durante su época como profesor (como dejo en evidencia en la biografía de Jellinek, más adelante, en esta edición). Particularmente, en Heidelberg nuestro autor cruzaría caminos —y opiniones— con dos connotados eruditos: el sociólogo Max Weber, con quien mantendría una larga amistad sólo interrumpida por su muerte en 1911, y el jurista Hans Kelsen, quien sería su alumno y más tarde un crítico. Su obra no podía sino ser recibida de un modo académicamente usual por ellos: o con aceptación o crítica. Veamos primero su relación con Weber.

Max Weber (1864-1920), cuyo reconocimiento como uno de los padres de la sociología hace innecesarias mayores profundizaciones acerca de su obra e importancia, se vio influenciado por algunas de las ideas postuladas por Jellinek a lo largo de su vida académica. Weber estaba profundamente impresionado por los argumentos esgrimidos por Jellinek en su obra *Die Erklärung der Menschen und Bürgerrecht (La Declaración de los Derechos del Hombre y del Ciudadano)*, de 1895, donde este refuta las teorías dominantes acerca del origen de la célebre declaración francesa, radicándola en el *Bill of Rights* promulgado por los revolucionarios americanos durante el proceso de Independencia de los Estados Unidos. Señala Jellinek que los revolucionarios americanos actuaron influidos por su profundo respeto a la libertad religiosa, la que fundamentó el establecimiento de los primeros colonos ingleses, en vez de las ideas ilustradas de la Francia del *s. XVIII*. Es igualmente crítico de la adscripción de la Declaración francesa al *Contrato Social* de Rousseau. A raíz de eso, Weber destaca de Jellinek su "demostración de la relevancia de la religión en la génesis de los «derechos humanos»" y su contribución a la "investigación del alcance de la influencia religiosa en general, incluso en áreas donde uno no esperaría encontrarla" (véase el discurso que pronunció en el matrimonio de una de las hijas de Jellinek). El innovador argumento planteado por Jellinek de centrar en la religión (libertad religiosa, libertad de conciencia) el origen de los derechos humanos fue crucial en el acercamiento entre las ideas de ambos autores, esencialmente divergentes como resultado del distinto enfoque de cada uno: Mientras que en la obra de Jellinek subyace la cuestión de la relación jurídica entre el individuo y el Estado; Weber, influido por la historiografía del puritanismo y la ciencia política, utilizó la sociología para dar cuenta de los principios religiosos que permitieron el advenimiento de la burguesía al poder político. Es igualmente positiva la recepción que realiza Weber de la teoría de los derechos públicos subjetivos. En efecto, señala Weber respecto de las obras de Jellinek: "Tocaré sólo unos cuantos detalles: la separación del pensamiento naturalista y dogmático del *System der subjektiven öffentlichen Rechte* [Sistema del derecho público subjetivo] para problemas de metodología; la creación del concepto de «ciencia política social» para aclarar las confusas tareas de la sociología; la demostración de las influencias religiosas en la génesis de los «derechos humanos» para la investigación de la importancia de los elementos religiosos en esferas en que no habríamos esperado encontrarlos" (véase el discurso citado).

Esta nota común refleja la influencia resultante del trato académico y afectivo entre ambos eruditos, dentro de las limitaciones propias de sus respectivos campos de estudio y de la diferencia cronológica en el planteamiento de sus ideas (la mayoría de las obras más importantes y conocidas de Weber serían publicadas después de muerto Jellinek en 1911).

Jellinek y Kelsen

Kelsen en su *Autobiografía* (sigo la traducción castellana: Bogotá, Universidad Externado de Colombia, 2008, p. 84), señala que "Jellinek era mucho mejor como escritor que como profesor. No toleraba la menor contradicción, algo que apenas observé demasiado tarde y sin duda llevó a que yo perdiera su simpatía". Agrega que "antes de ir a Heildelberg ya había estudiado sus obras con gran atención y me había formado la impresión de que en la esfera de la teoría jurídica era débil y poco original. No obstante, él había contribuido grandemente en el campo histórico y sociológico-filosófico a la teoría del Estado del siglo XIX". Agrega: "Como ya estaba precisamente interesado de manera especial en la parte teórico-jurídica, hubo entre los dos más contradicciones de las que hubieran sido buenas para nuestras relaciones personales"; "yo constaté rápidamente que Jellinek, personalmente así como su seminario, serían de poca utilidad para mi trabajo y me concentré enteramente a éste" (p. 85). Los anteriores recuerdos biográficos de Kelsen son sin embargo contradictorios con su sentida declaración en el prefacio de su *Hauptprobleme (Problemas capitales de la teoría jurídica del Estado)*, de 1911, en su primera edición, en que declara que él tuvo la suerte de contarse entre los alumnos de Jellinek, y remarca su importancia para la teoría del Estado moderno, deseando "que su trabajo pueda tener la suerte de contribuir un poco a la memoria de este grande". Podemos verlo con más detalle en seguida.

Jellinek y el positivismo de Kelsen

En 1908, un joven Hans Kelsen (1881-1973) ganó una beca de investigación que le permitió asistir a la Universidad de Heidelberg por tres semestres consecutivos, donde conoció y estudió con Jellinek, entonces en el apogeo de su fama como jurista. Si bien Kelsen siempre reconoció el genio de Jellinek, pronto se distanciaron ideológicamente a raíz de las diversas posturas jurídicas asumidas por cada uno. Jellinek era un erudito en el sentido amplio de la palabra: sus intereses eran variados y eclécticos, como lo demuestran sus primeros escritos académicos, centrados en filosofía y literatura, y sus obras más maduras, que abarcaban las distintas ramas del derecho público (constitucional, administrativo e internacional) y disciplinas conexas (sociología, historia y filosofía). Su propia teoría del derecho y del Estado, pese a enmarcarse en la tradición positivista, se encuentra entrecruzada con referencias históricas y culturales, pensamiento político y filosofía. Esta postura contrastaría fuertemente con la también positivista teoría pura del derecho de Kelsen.

La principal pregunta para entender la contraposición doctrinaria entre Jellinek y Kelsen, es, según Baume (2011, p. 47), la siguiente: ¿Cómo se puede conciliar la independencia del Estado en una perspectiva dualista con su condición como representante del ordenamiento jurídico? Para los teóricos dualistas queda una alternativa a las doctrinas monistas: la teoría de la autolimitación del Estado, y Jellinek es un eminente representante de esta teoría, que permite evitar la reducción del Estado a una entidad jurídica, y también explicar la relación positiva entre la ley y el Estado. La autolimitación de la esfera del Estado presupone que el Estado, como poder soberano, por los límites que se impone a sí mismo, se convierte en un Estado de derecho. Kelsen rechazó esta postura de un modo rotundo, afirmando: "El problema de la llamada auto-obligación del Estado es uno de esos pseudo-problemas que resultan del erróneo dualismo del Estado y la ley. Este dualismo se debe, a su vez, a una falacia de la que encontramos numerosos ejemplos en la historia de todos los campos del pensamiento humano. Nuestro deseo de representación intuitiva de las abstracciones nos lleva a personificar la unidad de un sistema, y luego a hipostasiar la personificación. Lo que originalmente era sólo una forma de representar la unidad de un sistema de objetos se convierte en un nuevo objeto, que existe por derecho propio" (Kelsen, 1945, p. 198). Cabe señalar sin embargo que Jellinek falleció antes de la publicación de las principales y más maduras obras de Kelsen, por lo que, a diferencia de las múltiples críticas que recibió durante su vida académica, nunca pudo ofrecer una respuesta a las objeciones planteadas por su alumno.

En fin, debemos consignar la oposición de Kelsen a la idea de derecho subjetivo, quien, sin negar la existencia de derechos individuales, señalaba que los derechos subjetivos serían nada más que una manera subjetiva de referirse al derecho objetivo, esto es, a las normas jurídicas. En la visión de Kelsen, el derecho es equivalente a las normas (como lo precisa en su *Problemas capitales de la teoría jurídica del Estado*, 1911, cito según traducción castellana, p. 571). Massimo La Torre, p. 271, ha lanzado la hipótesis de otra razón para explicar el rechazo de Kelsen a esta teoría; sería a raíz de la *paradoja* que se produciría respecto de los derechos de la libertad, pues Jellinek pone como primer *status* la absoluta subordinación (el *status subjectionis*), en lo que Kelsen no está de acuerdo, y sería la razón por la que habría rechazado la idea y concepto de derecho subjetivo. Pero ello no es explícito en Kelsen.

Impacto en la doctrina del Derecho administrativo de la época

El *Sistema de los derechos públicos subjetivos*, en su primera edición de 1892, produjo una intensa polémica entre sus contemporáneos alemanes, a tal punto que el mismo Jellinek ironiza en el prólogo de su segunda edición de 1905 diciendo que "en torno a esta obra se ha escrito tanto que el conjunto de la crítica se ha vuelto más voluminoso que la obra misma". En esta segunda edición replica a muchos de esos críticos, en especial a Otto Mayer, cuyo *Deutsches Verwaltungsrechts* (*Derecho administrativo alemán*) apareció entre medio, y a cuyas posiciones notoriamente intentó acercarse.

En cuanto a los autores extranjeros, si bien Jellinek únicamente se tradujo al italiano en 1912 (bajo la supervisión del mismo Jellinek), fue objeto de polémica y análisis por la doctrina italiana, francesa y, mesuradamente, española. Ello pues Jellinek ya era en las primeras décadas del *s. XX* un autor reconocido, dada la traducción a diversas lenguas de sus famosos libros sobre la teoría general del Estado y sobre la declaración del hombre y del ciudadano, entre otros.

Por ejemplo, en Francia, en 1899 Henri Barthélemy conecta la tesis de Jellinek con el *recours pour excès de pouvoir* y con los derechos subjetivos de los administrados (en su *Essai d'une théorie des droits subjectifs des administrés dans le droit administratif français*), quien afirma que el individuo, en un recurso contencioso administrativo, realiza el ejercicio de un derecho subjetivo. Pero esta acogida de la idea de derecho subjetivo será fuertemente contestada por León Duguit quien, en su *Traité de droit constitutionnel*, de 1911, desde su posición objetivista del Derecho, niega la existencia de los derechos subjetivos y de un supuesto derecho subjetivo a la legalidad; según él, el juez del contencioso administrativo "no resuelve sino que una cuestión de derecho objetivo" (*Traité*, T. I, p. 262). Igualmente, Mau-

rice Hauriou rechaza la idea de los derechos subjetivos en medio
del contencioso administrativo, pues a su juicio los quebrantos del
derecho objetivo importan "indirectamente" un atentado a los derechos individuales, siguiendo así un esquema similar a la doctrina
alemana decimonónica del derecho *reflejo*, sustentada por Gerber y
Laband. En efecto, en la sexta edición, de 1907, de su *Précis de droit
administraf et de droit public*, Hauriou aclara que en el recurso de *excès
de pouvoir* "no es necesario que el acto atacado haya violado un derecho, es suficiente que haya afectado un interés" (p. 453), alejándose
así de la idea de derecho subjetivo; además, en la edición de 1927
de su *Précis*, señala que "el Consejo de Estado no declara el derecho
subjetivo del reclamante, pues él declara el derecho objetivo que se
impone a la Administración" (p. 386). De ahí que durante muchos
años la teoría de Jellinek no tuvo mayor eco en la doctrina francesa.

IV. Actualidad de las teorizaciones de Jellinek

Su actualidad para el derecho público

El concepto de derecho subjetivo, uno de los más discutidos de
la literatura jurídica, en la teorización y definición de Jellinek ha
suscitado un interés renovado en las últimas décadas. Así, según
Robert Alexy, quien escribe en 1986: "[la teoría de los *status* de
Jellinek] en la actualidad, sigue teniendo vigencia como base para
la clasificación de los derechos fundamentales" [véase su *Teoría de los
Derechos Fundamentales* (traducción castellana) Madrid, Centro de
Estudios Políticos y Constitucionales, 1993 (reimpresión 2002), p.
247]; esto es, en la actualidad nos permite comprender la posición
del ciudadano en su relación jurídica con los órganos del Estado,
desde la perspectiva de los derechos fundamentales. Entre nosotros
también lo ha considerado así Aldunate (2008). En una famosa teorización constitucional, los *derechos individuales*, son definidos por
Ronald Dworkin como los "triunfos políticos en manos de los individuos" (*Taking Rights Seriously*, 1977, p. 6, párrafo 4; traducción
castellana: *Los derechos en serio*, 1984, p. 37), pero, como hemos vis-
to, ya a fines del *s. XIX* Jellinek los vinculaba como un derecho de

todo individuo de frente al Estado; es entonces, podríamos decir, un viejo "triunfo político" y el mérito de Jellinek fue haberlo puesto de manifiesto a través de su teorización. Lo cual es una perspectiva de Derecho constitucional.

Desde el Derecho administrativo, el aporte de Jellinek, podemos decir, fue una anticipación, pues a pesar de que las primeras opiniones doctrinarias fueron negativas, en especial las francesas, en definitiva, el concepto de derecho público subjetivo ha terminado por imponerse, influyendo en la posterior *subjetivización* del contencioso administrativo europeo (la expresión es de García de Enterría: *Las transformaciones de la justicia administrativa: De excepción singular a la plenitud jurisdiccional. ¿Un cambio de paradigma?*, 2007, XI); en efecto, hoy ya nadie discute en Europa que ha sido consagrada, tanto jurisprudencialmente como legalmente, la vieja idea de Jellinek de que, en medio de toda acción contenciosa administrativa, no solo el derecho objetivo es objeto de análisis del juez, sino además el derecho subjetivo del administrado; esto es, el derecho público subjetivo del que es titular y que en su caso pudo ser lesionado por una acción u omisión de un órgano administrativo. En España, en todo caso, el derecho subjetivo sigue siendo motivo de análisis y discusión, como lo ha puesto de manifiesto Medina Alcoz (en su *Libertad y autoridad en el Derecho administrativo. Derecho subjetivo e interés legítimo: una revisión*, 2016). Esperamos que esta traducción remueva estas aguas en el Derecho administrativo chileno, dado que constitucionalmente, a partir del art. 38 inc. 2° de la Constitución de 1980, existe una consagración de la idea de derecho subjetivo, como reviso más adelante.

La subjetivización del Derecho administrativo

Como digo, el precioso y capital desarrollo de Jellinek está conectado con el actual fenómeno de la *subjetivización* del Derecho administrativo, desde que ya no se entiende que las acciones contenciosas administrativas dicen únicamente relación con una pura infracción del derecho objetivo (como fue la concepción inicial del *excès de pouvoir* francés), ni de un *reflejo* del derecho objetivo (como fue la concepción germánica del *s. XIX*, de Gerber y Laband). En efecto, como ha demostrado García de Enterría, para España, y Foulquier para Francia, el derecho subjetivo ha emergido como concepto capital del Derecho administrativo situado en el centro del contencioso administrativo. Y en tal evolución el nombre de Jellinek ha quedado marcado como uno de los precursores de la idea hoy tan generalmente acogida según la cual el *administrado* ya no es un vasallo o súbdito que depende de la voluntad más o menos despótica del gobernante, sino que es *un titular de derechos*, de los que puede solicitar tutela judicial a través del contencioso administrativo. Toda la reconstrucción histórica y comparada del derecho subjetivo como base del contencioso la ha realizado recientemente Medina Alcoz en su reciente *Historia del concepto de derecho subjetivo en el Derecho administrativo español,* 2021, lo que está pendiente entre nosotros. Pero sea cual sea el país del entorno europeo o latinoamericano en que dicha tarea se acometa en el futuro, un eslabón esencial, después de Savigny en el área del Derecho privado, será Jellinek en el área del Derecho público.

La mayor satisfacción luego de haber realizado esta traducción será ponerlo a la luz y despertar esa conciencia del lugar que le cupo a esta teorización de Jellinek en la *subjetivización* del Derecho administrativo.

Derechos públicos subjetivos y Derecho administrativo actual

Ahora, ¿cómo podemos traducir la teoría jellinekeana de los derechos públicos subjetivos a nuestra realidad jurídica administrativa actual? ¿Cuáles son sus consecuencias? Las relaciones jurídicas administrativas son las formas por las que singularmente cada administrado se relaciona directamente con la Administración: acto de concesión, proceso de expropiación, licitación, etc. La Administración, en la práctica, se desdobla en diversos órganos administrativos y es con éstos que los administrados se relacionan, no con la "Administración" en abstracto, indicativa de una realidad más conceptual que práctica. De ahí surgen las dos estructuras subjetivas básicas del Derecho administrativo: 1°) La Administración, que es un sujeto titular de potestades; y, 2°) El administrado, que es un sujeto titular de derechos públicos subjetivos. De este modo, cada vez que hay una relación entre una persona/ciudadano/administrado y la Administración, que sujeta/vincula a aquel administrado (como titular de derechos públicos subjetivos) con la Administración (con sus potestades públicas), esta relación es regulada por el Derecho administrativo; y es regulada por esta disciplina no solo porque existen potestades públicas sino además porque el administrado ostenta un derecho público subjetivo que debe ser respetado por la Administración.

Para la articulación de esta realidad el ordenamiento jurídico (el Estado, en el escueto lenguaje de Jellinek) ha previsto una serie de mecanismos recogidos en varias disposiciones de diferente rango, las cuales, por medio de una puesta en relación, se concretizan en derechos públicos subjetivos directamente aplicables. Por lo tanto, en buena parte la tarea del Derecho administrativo consiste en descubrir mediante qué mecanismos establecidos en el orden interno (en la Constitución o en las leyes) el particular puede exigir prestaciones de parte de los órganos del Estado, en especial de los órganos administrativos.

Al revisar los cuatro status que propone Jellinek para describir las distintas posiciones de los individuos, vimos que entre ellos es el *status* positivo el que define hasta dónde pueden llegar las pretensiones de los particulares ante la Administración. A partir de este *status* se generan habilitaciones procesales. Es importante distinguir de quién depende que esa prestación se otorgue, pues las potestades de la Administración no siempre son totalmente discrecionales para ello, precisamente pues existen elementos objetivos y subjetivos para lograr esta vinculación; así: la Ley no sólo describe el elemento objetivo, sino también la posición o *status* positivo (el *status civitatis*), el elemento subjetivo; en otras palabras, los derechos públicos subjetivos del administrado. En virtud del *status* positivo implica respetar el derecho a hacer la solicitud y que se sigan los trámites debidos para finalmente obtener el derecho. Esta es, entonces, la explicación teórica de la posición de las personas como administrados; de ella surge que está basada en elementos objetivos (descritos usualmente en la Ley) y subjetivos: su *status* de frente a la Administración (también descritos usualmente en la Ley).

Resta preguntarse por qué ha de enmarcarse esta idea dentro del Derecho administrativo y no en otras ramas del derecho público, específicamente el Derecho Constitucional, como a primera vista su caracterización de "derecho público" podría llevar a pensar. Desde el punto de vista del administrado, hay tanto situaciones jurídicas activas o de ventaja como situaciones pasivas o de desventaja o de gravamen; de sujeción especial, en la terminología usual. Aquéllas son las que marcan el *status* positivo, el de sus derechos ante la Administración: las personas deben (y necesitan) obtener prestaciones que no pueden quedar entregadas al puro voluntarismo de la Administración. Por esto surgen los derechos públicos subjetivos. Al respecto, por una parte, es una preocupación del Derecho constitucional, la necesidad de que el particular pueda desenvolverse sin limitaciones (o con las menores posibles) en su esfera de libertades; por otra parte, es una preocupación del Derecho administrativo, en cambio, observar aquel derecho más concreto del sujeto que tiene por objeto interpelar a la Administración en forma más directa para obtener las prestaciones a las que haya lugar, con el objeto de obtenerlas, no como una dádiva de la Administración, sino que dentro de los deberes que le impone a ésta la legalidad. De hecho, esta disciplina misma surge como herramienta delimitadora del actuar de la Administración, enmarcando sus esferas de acción para con los administrados, los cuales, en virtud de los mecanismos que dota el sistema, puedan controlar esta actuación.

Esta es la relevancia, el gran aporte, del pensamiento de Jellinek al desarrollo dogmático contemporáneo del derecho público: tanto del Derecho constitucional como del Derecho administrativo. La de Jellinek fue una teorización, una brillante idea que, no obstante su brevedad, define todo el panorama de relaciones que pueden mantener los órganos del Estado con los ciudadanos. Y el valor práctico de esa sistematización es invaluable.

Conexión de la teoría de los derechos públicos subjetivos con el derecho vigente en Chile

El art. 5° inc. 2° de la Constitución de 1980, paradojalmente nacida en medio de una dictadura, consagra como base fundamental en la relación de las personas y el Estado: *"el respeto a los derechos esenciales que emanan de la naturaleza humana"*, norma que está conectada genéticamente con la vieja teoría de los derechos públicos subjetivos. Podemos agregar que también lo están los distintos derechos fundamentales consagrados y garantizados en los arts. 1° y 19 de esa Constitución en cuanto este último contiene una larga enumeración de derechos públicos subjetivos. En fin, el art. 38 inc. 2° de esa Constitución, que establece *"Cualquier persona que sea lesionada en sus derechos por la Administración del Estado, de sus organismos o de las municipalidades, podrá reclamar ante los tribunales que determine la ley"*; esto es el derecho a la acción.

Con ello, la Constitución de 1980 consagra por vez primera en nuestra historia constitucional el derecho a reclamar jurisdiccionalmente contra los actos administrativos en caso de lesión de *derechos subjetivos*; esto es, la consagración de la *subjetivización* del contencioso administrativo, el que procede en caso de lesión de esos derechos (lo que es, entonces, una perspectiva subjetivista y no meramente objetivista de la regulación vigente).

Igualmente, cabe citar la acción de protección establecida en el art. 20 de la Constitución, la que tiene por objetivo asegurar la protección de derechos y garantías que enumera, en caso de privación, perturbación y amenaza; y, en fin, la acción de amparo establecida en el art. 21 de la misma, con el objetivo de proteger la libertad individual de quien se hallare arrestado, detenido o preso o cualquier otra privación, perturbación o amenaza en el derecho a la libertad personal o seguridad individual. Esto es, al lado de una juridicidad objetiva, se consagra una juridicidad subjetiva: derechos de las personas, que deben ser respetados por los órganos del Estado, junto a una acción de reclamo jurisdiccional.

De ahí, me parece, la actualidad de la teorización de Jellinek en el Derecho administrativo.

Bibliografía citada

Salvo aquellos casos en que se aporta la referencia completa, para los demás autores y obras citadas en este estudio preliminar puede consultarse la bibliografía secundaria (*infra,* pp. 55-61).

Breve Biografía de Georg Jellinek

Georg Jellinek nació el 16 de junio de 1851 en Leipzig, entonces ciudad del Reino de Sajonia (actual Alemania), en el seno de una familia judía de origen checo. Su nacimiento estuvo marcado por el acontecer internacional. Ese mismo año, Luis Napoleón Bonaparte daría el golpe de Estado que lo llevaría, al año siguiente, a proclamar el Segundo Imperio Francés.

Su padre, Adolf Jellinek (1821-1893), nacido en un pueblo de Moravia, región entonces perteneciente al Imperio Austriaco, había emigrado a Leipzig en 1842. Estudioso de la Kabbalah en una época en que ello no era común, era un rabino de gran estima dentro de los círculos religiosos judíos y político-académicos europeos, que incursionó en la apologética a raíz del surgimiento del antisemitismo moderno y se opuso al naciente movimiento nacionalista judío. Asimismo, abogó en diversas instancias por la libertad religiosa y por la situación de las minorías étnicas germanas en países eslavos y, en 1867, sugirió la abolición de la pena de muerte por ofensas políticas y una reforma a los procedimientos judiciales. Su madre, Rosalie Bettelheim (1832-1892), como era costumbre entre las comunidades judías, apoyó la labor rabínica de su marido asumiendo el rol de *rabbetzin* de la comunidad. Este último era el tratamiento dado a la esposa de un rabino, que desempañaba un rol fundamental en la comunidad, especialmente en temas concernientes a la observancia de los preceptos religiosos relacionados con las mujeres.

Al nacimiento de Georg lo seguirían el nacimiento de sus hermanos Emil (1853-1918), quien a la postre sería el fundador de la empresa automovilística Mercedes Benz; el de Charlotte (1855-1943), quien se casaría con Ludwig Zels; el de Paula (1862-1921), quien se casaría con el abogado Heinrich Wechsberg; y el de Max Hermann (1868-1938), profesor de filología alemana en la Universidad de Viena y miembro de la Academia austriaca de Ciencias. Dentro de su familia, también destacan sus tíos Moritz Jellinek (1823-1883), responsable de la creación de la primera línea de tranvías de la ciudad de Budapest, y Herrmann (1823-1849), un reformista liberal que fue ejecutado durante la Revolución liberal de 1848 en Viena por su asociación con el movimiento nacional húngaro.

La infancia de Jellinek transcurriría en un ambiente intelectual y multidisciplinario, atendida la cultura y diversidad de intereses de su padre. En 1857, la familia se radicaría definitivamente en Viena, a raíz de la designación de su padre para desempeñarse como predicador en la nueva sinagoga de esa ciudad.

En 1867, mismo año que el Emperador Francisco José ordenaría derribar los muros de la ciudad de Viena y concedía igualdad de derechos a los judíos, Jellinek ingresó a estudiar Derecho en la Universidad de Viena. Además de los cursos jurídicos, conforme a su carácter polifacético, también estudió matemática y geometría física, filosofía griega e historia alemana. Asimismo, en 1870, el mismo año que iniciaba la Guerra Franco-Prusiana y se proclamaba la Tercera República Francesa tras la derrota de Napoleón III, cursaría dos semestres en la Universidad de Heidelberg, que había pasado de ser un centro de expresión del Romanticismo a un baluarte del Liberalismo y del movimiento por la unidad nacional alemana; lugar donde las enseñanzas liberales recibidas en su hogar serían reafirmadas. Regresaría nuevamente a Viena en 1871, año en que concluye la unificación alemana con la instauración del Imperio Alemán, y en 1872 se trasladaría a la Universidad de Leipzig, una de las primeras universidades centroeuropeas en admitir mujeres como estudiantes.

Su época universitaria estaría marcada fuertemente por la segunda generación del historicismo alemán, que "había llegado a su mayor altura" —en palabras de Dilthey— alrededor del año de nacimiento de Jellinek. Contemporáneo de la orientación de la historiografía germánica hacia el estudio de las instituciones, coetáneo de Waitz, de Gierke, de Dorysen, de Schmöller y de Lamprecht, estudia en Viena Derecho Romano con Unger y Arndts, Historia del Derecho Alemán con Siegel y Eonomía Política con

Lorenz von Stein y, en Leipzig, metafísica con [Heinrich] Ahrens; es compañero de Windelband; vibra con la lectura de Ranke; y con las conferencias del primer nivel de Treitschke, traba amistad con Burkhardt y el grandioso filolólogo Rhode. En Viena, conocería a Theodor Mommsen y "su emoción es tan grande que pierde momentáneamente el habla"; también conoce a Rudolf von Jhering, a quien dedicaría en 1892 la primera edición de su *Sistema de los derechos públicos subjetivos*.

Durante sus primeros años de vida académica, serían la filosofía y la historia los principales ámbitos de estudio de Jellinek. Así, en 1872, en Leipzig, obtuvo el grado de doctor en filosofía con un trabajo filosófico: *La cosmovisión de Leibniz y Schopenhauer* [*Die Weltanschauungen Leibniz und Schopenhauers*], en que comparaba a Leibnitz, a quien identifica con el optimismo en Schopenhauer, a quien identifica con el pesimismo. De hecho, recién obtendría el grado de doctor en derecho en 1874.

En 1878, su interés por las humanidades lo lleva a pronunciar su discurso *La relación de Goethe con Spinoza* [*Die Beziehungen Goethes zu Spinoza*] en la Asociación de Amigos de la Literatura en Viena, trabajo en el que reúne su interés por la filosofía con su pasión por la literatura. Goethe, junto con Lessing, Kant, y Schiller eran claros autores de referencia para él, al punto que los designaba como "los cuatro evangelistas".

También en 1878 solicitará la habilitación para conseguir un puesto como profesor en la Universidad de Viena con el trabajo *El significado socio-ético de la ley, la injusticia y el castigo* [*Die sozialethische Bedeutung von Recht, Unrecht und Strafe*], pero es rechazada por su judaísmo. Un año más tarde, sin embargo, le fue concedida la *venia legendi* con su tesis de habilitación *La clasificación de la injusticia* [*Die Klassifikation des Unrechts*]. En 1880, aparece la primera contribución de Jellinek al derecho internacional: *La Doctrina de las relaciones estatales* [*Die Lehre von den Staatenverbindungen*], con la que se hizo conocido internacionalmente. A la edad de 32 años, se convierte en profesor asociado.

En 1883, se casa con Camilla Wertheim (1860-1940), hija del respetado médico judío Gustav Carl Wertheim y su esposa Wilhelmine. En 1900, por influencia de Marianne Weber (esposa de Max Weber), Camilla se uniría a la lucha por los derechos de las mujeres, primero dirigiendo el servicio de asesoramiento de una oficina de ayuda jurídica para las "socialmente marginadas" (como lo relata Marianne Weber, en su biografía de Max Weber, amigo este último de Jellinek) y llegando, en 1908, a ser presidenta de la Federación Alemana de Asociaciones de Mujeres (BDF por sus siglas en alemán); un proceso gradual en que Camilla iría radicalizándose hasta ser un paladín del derecho al aborto (según relata igualmente Mirianne Weber). En 1930, Camilla recibiría un doctorado honorario en derecho. La pareja Jellinek tuvo seis hijos, de los cuales sólo cuatro llegaron a la edad adulta: Walter, Dorothea, Paula y Otto.

Uno de ellos, Walter (1885-1955), sería jurista como su padre, dedicándose con preferencia al cultivo del Derecho Administrativo en las Universidades de Kiel y Heildelberg, de la que llegó a ser rector electo en 1932. Por su condición de judío, perdió la cátedra y, junto con su hermana Dorothea, sería deportado en enero de 1944 al campo de concentración de Theresienstadt; reanudaría su carrera en 1945. Entre sus trabajos destacan: *Gesetz, Gesetzanwendung und Zweckmässigkeitserwägung* (1913) y *Verwaltungsrecht* (1928). Por su parte, Dorothea (1888-1992), casada con el psiquiatra Friedrich Busch, estudiaría filología en la Universidad de Heidelberg y sería docente en un instituto de niñas hasta su deportación a Theresienstadt en 1944, tras lo cual volvería a Heidelberg en 1945. Paula (1891-1981) estudiaría medicina en Heidelberg y trabaría en dicha ciudad como pediatra; y Otto (1896-1943) moriría en 1943 como resultado de los malos tratos infligidos por la Gestapo. Paul Otto (1884-1889) y Fritz (1893-1896) morirían durante la infancia.

Su etapa de docencia vienesa se caracterizó por dificultades financieras y la dependencia financiera de sus padres y suegros. Asimismo, la muerte de dos de sus hijos en la infancia sumiría a Jellinek en un cuadro depresivo. En 1889, abandona su posición académica como consecuencia del movimiento antisemita existente en Viena, que se vio reforzado por la elección del político antisemita Karl Lueger como alcalde de Viena pese a la oposición del Emperador (lo que ameritó la intervención del Papa León XIII para prevenir una crisis política).

En 1890, asumiría como profesor titular de Derecho constitucional en la Universidad de Basilea, donde conoció la situación suiza que caracterizaría fuertemente su pensamiento pese a su breve estancia de dos semestres. En 1891 se trasladaría a la Universidad de Heidelberg, donde enseñaría derecho constitucional, derecho internacional y política. Los siguientes veinte años serían intelectualmente fructíferos; a esta etapa corresponden sus obras más conocidas: *Sistema de los derechos públicos subjetivos* (*System der subjektiven öffentlichen Rechte*, 1892), *La declaración de los derechos del hombre y del ciudadano* (*Die Erklärung der Menschen und Bürgerrecht*, 1895) y *Teoría General del Estado* (*Allgemeine Staatslehre*, 1900).

Allí formaría parte del círculo académico llamado *Eranos*, al que concurren, entre otros Max Windelband, Alfred Weber y el teólogo Ernst Tröltsch. Además de su cercanía académica, Jellinek pasa a integrar el círculo de amigos de Weber y conoce a Paul Hensel, Carl Neumann, Eberhard Gothein, Emil Lask y Karl Vossler. Paul Hensel (1860-1931), profesor de filosofía de Heidelberg y Erlangen; Carl Neumann (1860-1934), historiador del arte, profesor en Heidelberg, Gotinga y Kiel; Ernst Troeltsch (1865-1923), teólogo y filósofo, profesor en Bonn, Heidelberg y Berlín. Con ellos disfruta de amplias veladas de discusión cultural y filosófica pese a la diferencia de edad. Así recuerda ese ambiente Marianne Weber: "envuelto en el humo de los puros, un intelecto encendía a otro: espectáculo fascinante cuando el conocimiento adquirido en su larga disciplina brotaba como súbita corriente con una colaboración personal, y al unirse varios, hacían surgir nuevos atisbos"[1]. Su amistad los lleva a organizar un ciclo de conferencias en que también parti-

---

[1]   Biografía de Weber, p. 362.

ciparían Windelband, Gothein, Tröltsch, Neumann, Domaszews-
ki, A. Diettich, Rathgen y Von Duhsen.

En 1909, Jellinek sufre un derrame cerebral del cual ya no puede recuperarse por completo. En 1910, Jellinek fue bautizado protestante en Niza a instancias de su esposa. Georg Jellinek murió el
12 de enero de 1911 en Heidelberg. Su tumba en el Bergfriedhof
Heidelberg, cementerio aconfesional, no contiene símbolos judíos
ni cristianos.

Max Weber se refiere a su amigo Georg Jellinek ya fallecido,
cuando poco después la hija de este se casó, en un panegírico, haciendo un maravilloso cuadro suyo (según recuerda Marianne Weber), del que reproducimos aquí algunos extractos, de los cuales
se desprenden luces sobre su carácter y personalidad que en buena
parte explican su obra. Comienza Weber recordando a Jellinek,
así: *Nach dem Gesetz, wonach du angetreten*: no es fácil perder algo
que había en nosotros (...) ["de acuerdo con la ley por la cual has
comenzado", verso de la primera estrofa del ciclo poético *Unworte.
Orpisch*, de Goethe]. Luego destaca algunos rasgos:

"A primera vista, el hombre que hoy, siempre y por doquier está
entre nosotros [sc., que se refiere a Jellinek], parecía ser totalmente
distinto, de muchas maneras. Cuando yo fui llamado a Heidelberg
hace 14 años, acababa de pasar por circunstancias un tanto complicadas. Sobre la base de algunas cosas aquí ocurridas creí que me
iba a encontrar en una situación mucho más difícil, como estaban
las cosas, especialmente en lo tocante a mi relación con el hombre
acerca de quien estoy hablando. En cambio, me encontré bajo el
hechizo de una deuda de gratitud por una amistad y una lealtad de
parte de aquel hombre, mayor que yo, quien a la sazón era mucho
más maduro, y como pocas veces se me ha ofrecido, una amistad
que realmente me hace difícil hablar de este hombre, pues su figura
puede aparecer demasiado cerca de mis ojos.

Pronto comprendí que este hombre cultivaba amistades íntimas
perdurables con hombres de las personalidades más diversas y a veces con personas sumamente difíciles, amistades que algo significa-

ban para ellos. Para mencionar sólo dos, había hombres de naturalezas tan opuestas como Erwin Rhode y Georg Friedrich Knapp. Era un hombre conciliador en el sentido mejor y vasto, siempre inclinado a llevarse bien con las personas y a aceptar sus opiniones, a ver las cosas y los hombres desde sus diversas facetas, a tomar en cuenta las realidades, a equilibrar los medios, los resultados y las objeciones minuciosas unos contra otros, un hombre que era adverso a las decisiones y a las ideas unilaterales y prejuiciadas. Sin embargo, el temperamento, los medios y las limitaciones de este erudito nato sin duda eran distintos de los de la muy ambiciosa representante de los intereses de su sexo; pero en el puente decisivo, estaba en completo acuerdo con ella. Bismarck habló del *Portepée* [fiador de la espada] por el cual había que aferrar a su viejo emperador para lograr una reacción inmediata, y esto también puede aplicarse a este hombre, que parecía infinitamente obsequioso y prudente.

Nunca debemos olvidar que él, hombre pobre y en un momento en que todos los profesores se quejaban —y aun se quejan— de violaciones por parte de los ministerios, se encontró entre los pocos que arrojaron su nombramiento al rostro del gobierno cuando fue tratado indignamente. Esto era precisamente: el punto decisivo en hasta su actitud conciliadora se cambiaba en rigidez implacable cuando estaba donde intervenían cuestiones de dignidad personal. Él respetaba la dignidad de los demás. Yo lo he oído hablar con ingenio acerca de sabios sobresalientes, pero nunca con encono (este último parece ser una mala cualidad de un profesor). Y por ello exigía que otros respetaran su dignidad, y él velaba por su reputación. También deseaba que sus realizaciones fueran reconocidas, y no hacía ningún secreto de su afirmación de que era competente en su profesión".

[Hasta aquí el recuerdo que estampa Marianne Weber en su biografía. Tomo estos textos de la edición castellana, México: Fondo de Cultura Económica, pp. 448-451]

Cronología de la vida de Georg Jellinek

Año	Edad	Vida de Jellinek	Obras de Jellinek	Obras de autores contemporáneos		Contexto Histórico	
				Jurídicas	Otras	Vida de personajes importantes	Eventos relevantes
1851	0	El 16 de junio nace Georg Jellinek en Leipzig.			*Parerga y Paralipómena. Escritos filosóficos menores* de Arthur Schopenhauer. *Sistema de política positiva* T. I de Auguste Comte		Primera Exposición Mundial en Londres. Golpe de Estado de Luis Napoleón Bonaparte (Napoleón III)
1852	1			*El Espíritu del Derecho Romano* T. I de Rudolf von Jhering. *Über öffentliche Rechte* de Carl Friedrich von Gerber			Instauración del Segundo Imperio en Francia, con Napoleón III como emperador.
1853	2				*Ensayo sobre la desigualdad de las razas humanas* de Joseph Arthur de Gobineau. *El futuro de la raza humana* de Owen		
1854	3			*El Espíritu del Derecho Romano* T. II de Rudolf von Jhering			
1855	4						
1856	5				*L'Ancien Régime et la Révolution* de Alexis de Tocqueville		
1857	6						

Año	Edad	Vida de Jellinek	Obras de Jellinek	Obras de autores contemporáneos		Contexto Histórico	
				Jurídicas	Otras	Vida de personajes importantes	Eventos relevantes
1858	7			*El Espíritu del Derecho Romano* T. III de Rudolf von Jhering			
1859	8				*Sobre la libertad* de John Stuart Mill		Inicia el proceso de Unificación Italiana
1860	9					Abraham Lincoln asume como Presidente de los Estados Unidos.	
1861	10				*Ancient law: Its Connection with the early History of Society and its Relations to Modern Ideas* de Sir Henry James Sumner Maine. *Le gouvernement représentatif* de John Stuart Mill	Nacimiento de Raymond Carré de Malberg	Inicia la Guerra de Secesión en los Estados Unidos
1862	11					Otto von Bismarck asume como primer ministro de Prusia.	Comienza el proceso de Unificación de Alemania
1863	12			El principio federativo de Pierre-Joseph Proudhon	*Utilitarianism* de John Stuart Mill.		
1864	13						Fundación de la Primera Internacional
1865	14			*El Espíritu del Derecho Romano* T. IV de Rudolf von Jhering		Lincoln es asesinado.	Finaliza la Guerra de Secesión y · se abole la esclavitud en Estados Unidos
1866	15						

Alejandro Vergara Blanco

Año	Edad	Vida de Jellinek	Obras de Jellinek	Obras de autores contemporáneos		Contexto Histórico	
				Jurídicas	Otras	Vida de personajes importantes	Eventos relevantes
1867	16	Ingresa a estudiar Derecho en la Universidad de Viena.			*El Capital* T. I de Karl Marx		
1868	17			*Das deutsche Genossens-chaftsrecht* T. I de Otto von Gierke			
1869	18			*Cours de droit civil francçais* (4ª ed.) de Charles Aubry y Frédéric-Charles Rau			
1870	19	Cursa dos semestres en la Universidad de Heidelberg					Inicia la Guerra Franco-Prusiana. Caída del Segundo Imperio y proclamación de la Tercera República.
1871	20	Regresa a Viena y se traslada a Leipzig.		*A Selection of Cases on the Law of Contracts* de Christopher Columbus Langdell			La Unificación Alemana culmina con la proclamación del II Reich, tras la victoria germana en la Guerra Franco-Prusiana.
1872	21	Obtiene el grado de Doctor en Filosofía por la Universidad de Leipzig.	Trabajo de doctorado en filosofía: *Die Weltan-schauungen Leibnitz' und Schopen-hauer's: Ihre Gründe und ihre Berech-tigung. Eine Studie über Optimismus und Pessimis-mus*		*La lucha por el Derecho* de Rudolf von Jhering		

Año	Edad	Vida de Jellinek	Obras de Jellinek	Obras de autores contemporáneos		Contexto Histórico	
				Jurídicas	Otras	Vida de personajes importantes	Eventos relevantes
1873	22			*Das deutsche Genossens- chaftsrecht* T. II de Otto von Gierke			*Kulturkampf:* conflicto en- tre el Estado Alemán y la Iglesia Ca- tólica
1874	23	Obtiene el grado de Doctor en Derecho.					
1875	24						Se declara ofi- cialmente la III República Francesa
1876	25						
1877	26			*El fin del Derecho* T. I de Rudolf von Jhering			
1878	27	Postula a la posición de profesor de la Universidad de Viena. Es rechazado.	*Die socia- lethische Bedeutung von Recht, Unrecht und Strafe*	*Rechtsnorm und Subjec- tives recht: Untersu- chungen zur allgemeinen Rechtslehre* de August Thon			
1879	28	Es aceptado como profesor en la Universi- dad de Viena.	*Die Klassi- fikation des Unrechts*				
1880	29		*(1) Die recht- liche Natur der Staaten- verträge: Ein Beitrag zur juristischen Construction des Völkerre- chts. (2) Die Lehre von den Staatenver- bindungen*		*Summary of the Law of Contracts* de Christopher Columbus Langdell		
1881	30			*Das deutsche Genossens- chaftsrecht* T. III de Otto von Gierke. *The Com- mon Law* de Oliver Wendell Holmes			

Año	Edad	Vida de Jellinek	Obras de Jellinek	Obras de autores contemporáneos		Contexto Histórico	
				Jurídicas	Otras	Vida de personajes importantes	Eventos relevantes
1882	31		Die Lehre von den Staatenverbindungen				Se forma la Triple Alianza entre Alemania, Austria e Italia.
1883	32	Se convierte en profesor asociado de la Universidad de Viena. Se casa con Camilla Wertheim, quien tomará el apellido Jellinek.		El fin del Derecho, T. II, de Rudolf von Jhering	Así habló Zaratustra (1883-1885) de Friedrich Nietzsche		
1884	33	Nace su hijo Paul.	Österreich-Ungarn und Rumänien in der Donaufrage: Eine völkerrechtliche Untersuchung		Sociologia criminale de Enrico Ferri		Conferencia de Berlín sobre el reparto de África (15/11-26/2/1885)
1885	34	Nace su hijo Walter (1885-1955)	Ein Verfassungsgerichtshof für Österreich	Introduction to the Study of the Law of the Constitution de Albert Venn Dicey	El Capital T. II de Karl Marx		
1886	35						Kulturkampf: finaliza el conflicto entre el Estado Alemán y la Iglesia Católica
1887	36		Gesetz und Verordnung: Staatsrechtliche Untersuchungen auf rechtsgeschichtlicher und rechtsvergleichender Grundlage				
1888	37	Nace su hija Dorothea (1889-1992).					

Año	Edad	Vida de Jellinek	Obras de Jellinek	Obras de autores contemporáneos		Contexto Histórico	
				Jurídicas	Otras	Vida de personajes importantes	Eventos relevantes
1889	38	Abandona su posición en la Universidad de Viena. Muere su hijo Paul.					Estableci-miento de la Segunda Internacional
1890	39	Asume como profesor titu-lar de derecho constitucional de la Uni-versidad de Basilea					Dimisión de Bismarck como canci-ller del Reich. Se inaugura el Metro de Londres
1891	40	Se convierte en profesor de la Universidad de Heidelberg. Nace su hija Paula (1891-1981).			*Rerum Nova-rum* del Papa León XIII		
1892	41		*System der subjektiven öffentlichen Rechte* (1ª ed.)	*Précis de droit administratif et de droit pu-blic* de Mauri-ce Hauriou			
1893	42	Nace su hijo Fritz.		*De la division du travail so-cial* de Émile Durkheim			Se funda el Partido Labo-rista inglés
1894	43				*El Capital* T. III de Karl Marx		Inicia el *Affai-re Dreyfus*
1895	44		*Die Erklärung der Menschen und Bürge-rrecht*				
1896	45	Muere su hijo Fritz. Nace su hijo Otto (1896-1943).	*Über Staats-fragmente*				Promulgación del BGB
1897	46			*The Path of the Law* de Oliver Wendell Holmes. *La teoria dei diritti pubblici subbiettivi* de Santi Romano			

Año	Edad	Vida de Jellinek	Obras de Jellinek	Obras de autores contemporáneos		Contexto Histórico	
				Jurídicas	Otras	Vida de personajes importantes	Eventos relevantes
1898	47						Guerra hispano-estadounidense: se acuerda la independencia de Cuba y Estados Unidos anexiona Puerto Rico y Filipinas, con lo que colapsa el Imperio Español en América
1899	48			Méthode d'interprétation et sources en droit privé positif, essai critique de François Gény	*Die Traumdeutung* de Sigmund Freud		
1900	49		*Allgemeine Staatslehre*				Entrada en vigencia del BGB
1901	50			*L'État, le droit objectif et la loi positive* de Léon Duguit		Muere la reina Victoria. Asume Theodore Roosevelt como Presidente de Estados Unidos	
1902	51						
1903	52			*L'État les gouvernants et les agents* de Léon Duguit			Escisión de la socialdemocracia rusa: mencheviques y bolcheviques.
1904	53						Comienzo de la Guerra Ruso-Japonesa.
1905	54		*System der subjektiven öffentlichen Rechte* (2ª ed.)		*La ética protestante y el espíritu de capitalismo* de Max Weber		Separación de la Iglesia y el Estado en Francia. Fin de la Guerra Ruso-Japonesa
1906	55						Termina el *Affaire Dreyfus*

Año	Edad	Vida de Jellinek	Obras de Jellinek	Obras de autores contemporáneos		Contexto Histórico	
				Jurídicas	Otras	Vida de personajes importantes	Eventos relevantes
1907	56					Gandhi comienza la resistencia pasiva frente a los británicos.	Se forma la Triple Entente entre Reino Unido, Francia y Rusia.
1908	57			*Mechanical Jurisprudence* de Roscoe Pound			
1909	58	Sufre un derrame cerebral.		*El derecho administrativo japonés* de Minobe Tatsukichi. *Liberty of Contract* de Roscoe Pound		*Nacimiento de Norberto Bobbio*	Mujeres son admitidas en las universidades alemanas. Legislación antitrust de Estados Unidos.
1910	59			*De la personnalité juridique. Histoire et théories* de Raymond Saleilles			
1911		Muere el 12 de enero en Heidelberg, a los 59 años.		*Traité de droit constitutionnel* T. I de Léon Duguit			

Obras de y sobre Georg Jellinek

I. BIBLIOGRAFÍA PRIMARIA

SISTEMA DE LOS DERECHOS PÚBLICOS SUBJETIVOS

Jellinek, Georg (1892): *System der subjektiven öffentlichen Rechte* (1ª edición, Freiburgo, J. C. B. Mohr) 341 pp.

_____(1905) (2ª edición, Tübingen, J. C. B. Mohr (Paul Siebeck). [reimpresión de 1919, editada en Aalen, por Scientia Verlag, en 1964) 367 pp.] [Sistema de los derechos públicos subjetivos]

Traducciones:

Jellinek, Georg (1912 [1905]): *Sistema dei diritti pubblici subbiettivi* (Milán, Società Editrice Libraria) 402 pp. [Traducción de Gaetano Vitagliano, revisada por Jellinek, de la 2ª edición alemana (de 1905); prefacio de V. E. Orlando].

* Jellinek, Georg (2023 [1905]): *Sistema de los derechos públicos subjetivos* (Traducción de Alejandro Vergara Blanco (a partir de la traducción italiana de 1912 a la 2ª ed. alemana de 1905) [esta edición]*.

OTRAS OBRAS DE JELLINEK

Jellinek, Georg (1885): *Ein Verfassungsgerichtshof für Österreich* (Viena, Alfred Hölder). [Una Corte Constitucional para Austria].

Jellinek, Georg (1887): *Gesetz und Verordnung. Staatsrechtliche Untersuchungen auf rechtsgeschichtlicher und rechtsvergleichender Grundalge* (Reimpresión en 1964, Aalen, Scientia Verlag). [Ley y Reglamento. Investigaciones constitucionales sobre historia del derecho y derecho comparado].

Jellinek, Georg (1895): *Die Erklärung der Menschen und Bürgerrecht* [1ª edición de 1895; 2ª edición revisada de 1904; 4ª edición, Múnich-Leipzig, Duncker-Humblot 1927). [La declaración de los derechos del hombre y del ciudadano]

Jellinek, Georg (1896): *Über Staatsfragmente* (Heidelberg, Gustav Koester Verlag) 56 pp. [Fragmentos de Estado]

Jellinek, Georg (1900): *Allgemeine Staatslehre* 1ª edición, Berlin: Häring)

_____(1911) (2ª edición, Berlin: Häring). [Teoría general del Estado]

Jellinek, Georg (1906): *Verfassungsänderung und Verfassungswandlung. Eine staatsrechtlich-politische Abhandlung* (Berlin: Verlag von O. Haring). [Reforma y mutación de la Constitución].

Jellinek, Georg (1911): *Ausgewählte Schriften und Reden*, Band 1, Neudruck der Ausgabe, Berlin 1911; Scientia Verlag, Halen 1970). [Recolección de ensayos]

ALGUNAS TRADUCCIONES DE SUS OTRAS OBRAS

1. Al inglés

Jellinek, Georg (1901). *The Declaration of the Rights of Man and of Citizens* (traducción de Max Farrand, revisada por Jellinek, New York: Henry Holt and Company, 101 pp.

2. Al francés

Jellinek, Georg (1902): *La déclaration des droits de l'homme et du citoyen* (traducción de Georges Fardis, revisada por Jellinek, con notas y prefacio de F. Larnaude, París: Albert Fontemoing, 101 pp.

Jellinek, Georg (1903): *L'Élement juridique dans la science de l'État et la méthode juridique* (traducción de Georges Fardis y Ch. Bourgoing-Dumonteil, París: Albert Fontemóing, Éditeur), 15 pp. [extracto de las primeras páginas de la siguiente entrada]

Jellinek, Georg (1904): *L'État moderne et son droit* (traducción de Georges Fardis, Paris, Fontemóing) [1911-1913, París: Girard & Brière] 2 vol. [reedición: Paris: LGDJ, Éd. Panthéon-Assas, 2005, 2 vol (I: Thérie générale del l'État, prefiacio de Jouanjan, Olivier (pp. 1-85); II: Théorie juridique de l'État)]

Jellinek, Georg (2018): *Révision et mutation constitutionnelles* (Traducción de Marie Ange Roy; prefacio de Jouanjan, Olivier, París: Institut Villey - Dalloz) 97 pp. (traducción de la ed. de 1906).

3. Al castellano

Jellinek, Georg (2009 [1908]): *La declaración de los derechos del hombre y del ciudadano* (traducción y estudio preliminar de Adolfo Posada, Madrid: Librería Victoriano Suárez. [Traducción de la segunda edición alemana de 1904].

> Reeditada en 2000. México: Universidad Nacional Autónoma de México. Estudio preliminar de Miguel Carbonell, 169 pp.

> Reeditada en 2009. Granada: Comares. Estudio introductorio de José Luis Monereo Pérez, 148 pp.

Jellinek, Georg (2000 [1913]): *Teoría general del Estado* (reimpresión de la traducción de Fernando de los Ríos, México, Fondo de Cultura Económica) 688 pp. [Traducción de la segunda edición alemana de 1911]

Jellinek, Georg (1981): *Fragmentos de Estado* (traducción de Michael Forster, Miguel Herrero de Miñón y José Carlos Esteban, 2016, reimpresión de la ed. de 1981, Madrid, Civitas - Thomson Reuters) 110 pp. [Traducción de la edición alemana de 1896].

Jellinek, Georg (2018): *Reforma y mutación de la Constitución* (Traducción de Christian Förster, Madrid: Centro de Estudios Políticos y Constitucionales) 105 pp. (traducción de la ed. de 1906).

4. Al italiano

Jellinek, Georg (1949): *La dottrina generale dello Stato* (Milán, Società Libraria, traducción de la 2ª ed. alemana de 1911).

Jellinek, Georg (1997): "Legge e decreto", en Forte, Clemente (ed.) (1997): *Rudolf Gneist: legge e bilancio. Georg Jellinek: Legge e decreto* (traducción de Clemente Forte, Milán, Giuffrè Editore) pp. 113-265. [Traducción de la reimpresión alemana de 1964].

Jellinek, Georg (2002): *La dichiarazione dei diritti dell'uomo e del cittadino* (traducción de Damiano Nocilla, Milán, Giuffrè Editore) 142 pp. [Traducción de la cuarta edición alemana de 1927].

Jellinek, Georg (2002): *La dichiarazione dei diritti dell'uomo e del cittadino* (1ª edición a cargo de Giorgio Bongiovanni, Roma-Bari, Editori Laterza) 96 pp. + XLIV pp. [Traducción de la reimpresión de la 4ª ed. alemana de 1927, en 1996, de Wissenschaftlicher Verlag].

Jellinek, Georg (2013): *Una Corte costituzionale per l'Austria* (traducción de Elisabetta Palici di Suni, Turín, G. Giappichelli Editore) 120 pp. [Traducción a partir de la edición alemana de 1885].

Jellinek, Georg (2015): *"Il Tutto" e "l'Individuo". Scritti di Filosofia, Política e Diritto* (al cuidado de Sara Lagi, Soveria Mannelli (Catanzaro), Rubbettino Editore) 215 pp.

II. Bibliografía secundaria sobre derechos públicos subjetivos y la teoría de los *status* (selección)

a) Alemania

Alexy, Robert (2002[1993]): "Derecho fundamental y *status*", en: Alexy (2002): *Teoría de los Derechos Fundamentales* (traducción de Ernesto Garzón Valdés, 3ª reimpresión de la 1ª edición de 1993, Madrid, Centro de Estudios Políticos y Constitucionales) pp. 247-267.

Henke, Wilhelm (1968): *Das subjektive öffentliche Recht* (Tübingen, J. B. C. Mohr (Paul Siebeck) Verlag) 147 pp.

Kloß, Alexandra (2007): *Georg Jellinek - Leben und Werk* (Múnich, GRIN Verlag) 17 pp.

Stolleis, Michael (2014): "Droits fondamentaux et droits publics subjectifs", en: Stolleis (2014): *Histoire du droit public en Allemagne 1800-1914* (traducción de Marie-Ange Maillet y marie Ange Roy, París, Dalloz) pp. 508-516.

Stolleis, Michael (2014): "La synthèse: Georg Jellinek (1851-1911)", en: Stolleis (2014): *Histoire du droit public en Allemagne 1800-1914* (traducción de Marie-Ange Maillet y Marie Ange Roy, París, Dalloz) pp. 628-635.

Stolleis, Michael (2018): "La Théorie Générale de l'État (*Allgemeine Staatslehre*)", en: Stolleis (2018): *Introduction à l'histoire du droit public en Allemagne XVIᵉ-XXIᵉ siècle* (traducción de Aurore Gaillet, París, Classiques Garnier) pp. 88-91.

Gerber, von, Carl Friedrich (1852): *Über öffentliche Rechte* (Tübingen, Laupp & Siebeck) 107 pp. [Traducido al italiano como *Sui diritti pubblici* (pp. 1-87) en: Gerber, *Diritto pubblico* (edición a cargo de P. L. Lucchini, Milán, Giuffrè Editore, 1971) 216 pp.]

Gerber, von, Carl Friedrich (1880): *Grundzüge des deutschen Staatsrechts* (Leipzig, B. Tauchnitz) 266 pp. [Traducido parcialmente al italiano por P. L. Lucchini como *Lineamenti di diritto pubblico tedesco* (pp. 89-213) en Gerber, *Diritto pubblico* (edición a cargo de P. L. Lucchini, Milán, Giuffrè Editore, 1971) 216 pp.]

b) Francia

Foulquier, Norbert (2003): "Une volonté fondue dans une définition mixte du droit subjectif", en: Foulquier (2003): *Les droits publics subjectifs des administrés. Émergence d'un concept en droit administratif français du XIXᵉ au XXᵉ siècle* (París, Nouvelle Bibliotèque de Théses, Dalloz) pp. 318-329.

Gaillet, Aurore (2012): "La construction du rapport de droit public en Allemagne: l'individu, sujet de droits publics subjectifs", en: Gaillet (2012): *L'individu contre l'État. Essai sur l'évolution des recours de droit public dans l'Allemagne du XIXᵉ siècle* (París, Nouvelle Bibliotèque de Théses vol. 117, Dalloz) pp. 306-327.

Herrera, Carlos Miguel (1997): "G. Jellinek et Kelsen", en: Herrera (1997): *Théorie juridique et politique chez Hans Kelsen* (París, Éditions Kimé) pp. 81-85.

Heuschling, Luc (2002): "Le modèle jellinekien de l'autolimitation de l'État", en: Heuschling (2002): *État de droit - Rechtsstaat - Rule of Law* (París, Nouvelle Bibliotèque de Thèses, Dalloz) pp. 102-106.

Jouanjan, Olivier. 2018. "Aux frontières du droit public et de la politique". Relire Georg Jellinek. En Jellinek, Georg. *Révision et mutation constitutionnelles* (Traducción de Marie Ange Roy) París: Institut Villey - Dalloz, pp. 7-30.

Moderne, Franck (2020 (2004)): Los derechos subjetivos de los administrados: Bajo el signo del subjetivismo jurídico (Una mirada a la obra de Eduardo García de Enterría. *Revista de Derecho Administrativo Económico*, pp. 231-250.

Rambaud, Thierry (2005): "Actualité de la pensée constitutionnelle de Georg Jellinek (1851-1911)", *Revue du Droit Public*, N° 3, pp. 707-732.

Rials, Stéphane (1988): "Déclaration française et déclarations américaines: Boutmy et Jellinek renvoyés dos à dos", en: Rials (ed.) (1988): *La déclaration des droits de l'homme et du citoyen* (París, Hachette) pp. 355-364.

c) Italia

Baldassare, A., *Diritti pubblici soggettivi,* in *Enciclopedia giuridica,* vol. 11, Istituto della Enciclopedia italiana, Roma 1989.

La Torre, Massimo (1988): La *"lotta contro il diritto soggettivo".* Karl Larenz e la *dottrina giuridica nazionalsocialista* (Milán, Giuffrè Editore) [traducido al español como La *lucha contra el derecho subjetivo. Karl Larenz y la teoría nacionalsocialista del Derecho* (traducción de Cristina García Pascual, Madrid, Dykinson) 412 pp.].

La Torre, Massimo (1996): "La reazione giuspositivistica. Georg Jellinek", en: La Torre (1996): *Disavventure del diritto soggettivo* (Milán, Giuffrè Editore) pp. 133-190.

La Torre, Massimo (2001): "Science juridique et État de droit - Leonard Nelson et Georg Jellinek", en: Jouanjan, Olivier (ed.) (2001): *Figures de l'État de droit* (Estrasburgo, Presses Universitaires de Strasbourg) pp. 313-330.

Orlando, Vittorio Emanuele. 1912. Prefazione all'edizione italiana. En Jellinek, Georg (1912): *Sistema dei diritti pubblici subbiettivi* (Traducción de Gaetano Vitagliano, revisada por Jellinek, de la 2ª edición alemana (de 1905), Milán, Società Editrice Libraria) pp. v-xv.

Pierandrei, Franco (1941): *I diritti pubblici soggettivi nell'elaborazione della doctrina germanica,* (Turín, Giapichelli) pp.

Roehrssen, Carlo (1976): "Il diritto pubblico verso la "teoria generale": G. Jellinek", *Materiali per una storia della cultura giuridica,* Vol. 6, pp. 291-.

Romano, Santi (2003[1897]): "La teoria dei diritti pubblici subbiettivi", en: Romano (2003): *Gli scritti nel Trattato Orlando* (Milán, Giuffrè Editore) pp. 1-136. [Originalmente publicado como Romano, Santi (1897): "La teoria dei diritti pubblici subbiettivi", *Trattato Orlando,* vol. I].

Stella, Giuliana (2013): "Georg Jellinek: i diritti pubblici soggettivi", en: Stella (2013): *Sovranità e diritti. La dottrina dello Stato da Jellinek a Schmidt* (Turín, G. Giappichelli Editore) pp. 25-51.

d) España y Latinoamérica

Aldunate Lizana, Eduardo (2003): "La titularidad de los derechos fundamentales", *Estudios Constitucionales*, Vol. 1, N° 1, pp. 187-201.

Aldunate Lizana, Eduardo (2008): "Derechos subjetivos públicos", en: Aldunate Lizana (2008): *Derechos Fundamentales* (Santiago, LegalPublishing) pp. 51-55.

Baño León, José María (1987): "La igualdad como derecho público subjetivo", *Revista de Administración Pública*, N° 114, pp. 179-198

Barrero Rodríguez, Concepción (2002): "El respeto a los derechos adquiridos", *Documentación Administrativa*, 263-264, pp. 137-183. [Número dedicado al Principio de Seguridad Jurídica y sus manifestaciones].

Esteban Drake, Antonio (1981): *El derecho público subjetivo como instrumentación técnica de las libertades públicas y el problema de la legitimación procesal* (1ª edición, Madrid, Sección de Publicaciones de la Facultad de Derecho de la Universidad Complutense - Editorial Civitas) 212 pp.

García de Enterría, Eduardo (1975): "Sobre los derechos públicos subjetivos", *Revista española de derecho administrativo*, N° 6, pp. 427-448.

García de Enterría, Eduardo (1978): "Profetismo y Derecho (En recuerdo de Antonio Esteban Drake)", *Revista española de derecho administrativo*, N° 18, pp. 419-426.

García de Enterría, Eduardo (2001). *La lengua de los derechos. La formación del Derecho Público europeo tras la Revolución francesa* (Madrid, Civitas) 2ª Ed.

Garrido Falla, Fernando (1954): "Las tres crisis del derecho público subjetivo", en *Estudios dedicados al profesor García Oviedo con motivo de su jubilación* Vol. I: *Derecho Administrativo* (Sevilla, Editorial Universidad de Sevilla), pp. 154-.

Garrido Falla, Fernando *Derechos públicos subjetivos e interés legítimo,* en la "Nueva Enciclopedia Jurídica Seix", tomos II, pp. 312 y sigs.; VII, pp. 68 y sigs., y XIII, pp. 221 y sigs., respectivamente;

Quiroga Lavié, Humberto (1978): "La teoría de los derechos públicos subjetivos en el pensamiento de Jellinek y de Vittorio Emanuelle Orlando", *Revista IUS*, N° 27, pp. 23-36.

Ríos, de los, Fernando. 1913. Prólogo del traductor. En Jellinek, Georg (2000 [1913]): *Teoría general del Estado* (reimpresión, México, Fondo de Cultura

Económica) 688 pp. [Traducción de la segunda edición alemana de 1911], pp. 13-52.

Sosa Wagner, Francisco (2002): *Maestros alemanes del derecho público* (I), Madrid: Marcial Pons, 245 pp. (pp. 169-204).

Vergara Blanco, Alejandro (2023): El *Sistema de los derechos públicos subjetivos* de Georg Jellinek: Impacto y actualidad en el Derecho administrativo. *Revista de Derecho Administrativo Económico*, N° 38 [corresponde al estudio preliminar de esta edición].

Sistema de los derechos públicos subjetivos

Georg Jellinek

Prefacio a la primera edición alemana[2]

El desarrollo extraordinariamente rápido de la literatura de derecho público después de la constitución del Imperio [alemán] ha producido en breve tiempo un gran número de obras sistemáticas y generales. No solamente el derecho público del Imperio sino también el de los principales estados que lo componen han sido objeto de numerosos y amplios tratados, por lo que se habría autorizado a pensar que el campo del derecho está desde hace tiempo maduro, y que las nuevas obras no pueden presentar nuevos puntos de vista, sino argumentos de importancia secundaria, en cuanto progresa la misma legislación.

Al contrario, basta una simple mirada a la literatura monográfica, que se desarrolla más lentamente respecto a aquella sistemática, para persuadirse cuan poco sólidas son aún en su conjunto las bases sobre las cuales se han construido los sistemas. Hacia estas bases, que no es fácil plantear ni encontrar, hace falta que se dirijan con mayor fuerza las investigaciones de los estudiosos, aun a costa de volver a poner en cuestionamiento todo aquello que ha sido producido hasta ahora. En ninguna disciplina jurídica las ideas fundamentales son actualmente tan controvertidas como en el derecho público, lo que resulta especialmente evidente respecto del tratamiento de los problemas especiales, respecto de los cuales se siente la necesidad de indagaciones más rigurosas acerca de las ideas fundamentales que aquellas que permiten las obras de carácter general.

Cada progreso duradero de la ciencia del derecho público, hoy más que nunca, depende del florecimiento de las investigaciones relativas a los problemas especiales. Entre estos, uno de los más

---

2 Publicada en 1892, la que Jellinek dedica a Rudolf von Jhering, con ocasión del 50° aniversario del doctorado de éste.

importantes es el problema del derecho público subjetivo, el cual hasta ahora no ha sido discutido profundamente, como es fácil notar de la escasa seguridad de todas las construcciones sistemáticas del derecho público.

Solamente la profunda persuasión, madurada en mi ánimo precisamente a causa de estas investigaciones, de la necesidad de dirigir con todas las fuerzas la discusión científica hacia semejante problema elemental, me ha dado la audacia de publicar la presente obra, no obstante la grandeza de la tarea y la dificultad de la materia, que puede ser valorada solamente después de que uno se ha ocupado largamente de ella.

Atribuir a esta primera tentativa de exposición sistemática del conjunto de los derechos públicos, incluso a juicio del mismo autor, el mérito de haber resuelto tan arduo problema, sería excesiva presunción. La dificultad de los complejos problemas fundamentales del derecho público, el breve tiempo desde que la investigación científica se ha dirigido a esta materia, hacen que por un largo período aún no sea lícito considerar como verdaderamente definitiva cualquier solución; aunque debe precisarse que en el mundo de las ideas, del que el derecho representa una parte, no sea en general posible considerar cosa alguna como definitiva, como no susceptible de una nueva modificación. El mérito de los trabajos como este no consiste en absoluto en su contenido de verdad absoluta, que no puede ser jamás constatado con certeza, mas únicamente, sea o no tal, de representar un paso adelante en el progreso de la ciencia. No tanto los resultados estables a los cuales se puede llegar, más bien el conjunto del progreso que estoy en grado de provocar determina el puesto que estos trabajos esperan en la ciencia.

Es al derecho alemán al cual la obra se refiere mayormente; sin embargo, no he olvidado de tener un especial respeto por los otros dos estados cuyo derecho público he tenido ocasión de estudiar, es decir, de Austria y Suiza.

No obstante que me he esforzado en utilizar la amplísima literatura sobre la materia he buscado evitar dentro de los límites de lo posible la acumulación de las citas; igualmente he intentado evitar al límite de lo necesario las discusiones polémicas, sobre todo en las investigaciones acerca de la doctrina general del derecho. En este campo me ha parecido apenas posible tomar posición mediante una precisa exposición de mi propio punto de vista. Pero asumir o combatir todas las opiniones manifestadas en torno a dichos problemas habría transformado la materia, no obstante lo dificultoso que es ordenarla, en una masa informe e inútil. La máxima claridad en una exposición expuesta lo menos posible a las polémicas, me ha parecido el requisito más importante para un eficaz desarrollo de mis opiniones en dicha parte fundamental de la obra.

Georg Jellinek

Prefacio a la segunda edición alemana[3]

La primera edición de esta obra está agotada desde hace algún tiempo, sin que haya cesado la solicitud de ésta de parte de los estudiosos, por lo cual el editor me ha propuesto realizar una reimpresión, caso que sucede no frecuentemente para una obra jurídica y especialmente para una monografía de derecho público que tenga carácter puramente teórico. Eso me autoriza a extraer la consecuencia de que el libro está aún vivo y que su utilidad dentro de la literatura jurídica es todavía sentida.

Con eso me ha sido trazado al mismo tiempo el camino sobre la forma de esta nueva edición. La obra debía permanecer en su conjunto intacta, tanto más que no hay ninguna razón para modificar los conceptos fundamentales sobre los cuales descansa.

Tales conceptos constituyen, puedo bien afirmarlo sin presunción, una solución del principio del problema del derecho público subjetivo, que no impide la colaboración de quienquiera que tenga el mismo intento, incluso si, partiendo de un distinto punto de vista, se esfuerce en alcanzar diversos resultados.

Después de la publicación de este libro se han producido en la legislación y en la literatura importantes movimientos que no era posible pasar por alto; y, por otra parte, mi propio modo de ver respecto de algunos aspectos se han modificado bastante, lo que debía ser puesto en evidencia en los apartados correspondientes. Así, por ejemplo, he formulado de otra forma la definición del derecho subjetivo, he afirmado el absoluto carácter de derecho público del derecho de reparación contra el Estado por actos del imperio *(Hoheitsakten),* he construido la doctrina de los deberes que atribuyen derechos *(berechtigende Pflichten),* además he desarrollado y

---

[3]   Publicada en 1905, J.C.B Mohr (Paul Siebeck) Tübingen.

completado algunos puntos importantes acerca de la extinción de los derechos individuales (teoría de los derechos adquiridos, de la renuncia). Más allá de las modificaciones, el libro ha tenido alguna añadidura, en todo caso en forma concisa, como la realizada a la importantísima, reciente e instructiva jurisprudencia americana en materia de legislación sobre la tutela de los trabajadores.

La polémica en mérito a las opiniones contrarias debía necesariamente ser limitada en estrechos confines. En torno a esta obra se ha escrito tanto que el conjunto de la crítica se ha vuelto más voluminoso que la obra misma.

No es este el lugar para contraponer a la crítica la contra crítica; yo debo dejar que el lector formule por sí mismo el propio juicio confrontando mis observaciones con las objeciones que me han formulado. Solamente cuando la importancia de los argumentos o el nombre del autor me han parecido que me lo imponían, en esos casos he tenido el cuidado de replicar.

Además de eso, me permito reenviar a las observaciones críticas hechas por mí en los puntos correspondientes de ambas ediciones de mi *Allgemeine Staatslehre* [Teoría general del Estado], en la cual son mayormente desarrolladas o completadas algunas teorías aquí expuestas. Del resto, aunque la nueva literatura tenga contactos frecuentes con el problema del derecho público subjetivo, una sola obra, publicada después de la primera edición de este libro se ha ocupado de tal argumento con intentos positivos y en una forma completa: el *Deutsches Verwaltungsrecht* [Derecho Administrativo alemán] de Otto Mayer.

Grato trabajo hubiese sido ciertamente para mí detenerme en alguno de los innumerables temas particulares, tanto más que el contenido de la obra permite ocuparse en los argumentos más atractivos del campo del derecho. Pero en esto me he mantenido fiel a mí mismo, no obstante que, en muchos aspectos, haya incitado yo mismo a especiales investigaciones.

Solamente con tales limitaciones fue posible aumentar el volumen del libro en aproximadamente tan solo una hoja de imprenta y mantener de ese modo inalterado su carácter.

Heidelberg, junio de 1905.

PARTE GENERAL: EL SISTEMA DE LOS DERECHOS PÚBLICOS DEL INDIVIDUO

§ 1. Introducción[4]

Entre todos los problemas del derecho público, el relativo al carácter propio del derecho público subjetivo ha entrado ahora último en el dominio de la ciencia.

El primer intento de construcción y de una concepción jurídica del Estado moderno fue realizado por la escuela del derecho natural. Para esa escuela el derecho subjetivo, que ella concibe esencialmente como libertad, representa algo original, preexistente al Estado, mientras que el Estado es simplemente una institución destinada a tutelar el derecho, no creado, sino únicamente reconocido por este. Partiendo de este punto de vista, se hace imposible una clara separación entre el derecho público y el privado. Todo derecho (*Berechtigung*) público, en cuanto sea reconocido como tal, se presenta solamente como un accesorio de los derechos privados. Examinar en especial los diversos matices de la doctrina del derecho natural sería ciertamente una tarea de muchísimo interés. Como ejemplo típico, es suficiente recordar aquí a Blackstone, el cual aplica la doctrina del derecho natural como había sido formulada en Inglaterra por Locke; así, comienza su célebre obra sobre el derecho inglés[5] afirmando que él considera a los individuos anteriores a la formación del Estado, como poseedores de absoluta libertad y que cuando los mismos entran a formar parte de la sociedad civil

---

[4] Acerca de la teoría de los derechos públicos subjetivos véase entre los autores italianos: LONGO (1891) *La teoria dei diritti pubblici subbietivi e il diritto amministrativo italiano, Archivio di diritto pubblici*, I, pp. 161 y ss., pp. 241 y ss., pp. 321 y ss.; ROMANO, *La teoria dei diritti pubblici subbiettivi*, en ORLANDO (1897) *Primo trattato completo di diritto amministrativo italiano*, v. I, pp. 109-220; MEUCCI (1901) *Il principio organico del contencioso administrativo in ordine alle leggi recenti*, en *Giustizia amministrativa*, parte IV, pp. 1-34; MEUCCI (1892) *Istituzioni di diritto amministrativo*, secc. 1, cap. IX; MAJORANA (1904) *La nozione del diritto pubblico subbiettivo*, Roma; VITAGLIANO (1909) *Il contenuto giuridico della legge del bilancio*, p. 405. [Nota del traductor italiano]

[5] BLACKSTONE (1765) *Commentaries on the laws of England*, I, 1.

se les quita una parte de esa libertad natural como "precio de un tan importante negocio"[6]. En la sociedad los hombres reciben sin embargo, de acuerdo a Blackstone, los tres originales y principales derechos de la seguridad, de la libertad y de la propiedad. De este último deriva, junto con los demás, el derecho del Parlamento de aprobar los impuestos. Además de estos principales derechos, la Constitución inglesa ha concedido a sus súbditos "algunos derechos auxiliares"[7] como forma de consolidar los tres derechos fundamentales y para conservarlos sin previo juicio. Dichos derechos auxiliares son representados en el conjunto de la Constitución parlamentaria por la limitación de la prerrogativa real, por el derecho a la tutela jurídica *(Rechtsschutz)* y por el derecho de petición.

A diferencia de los autores ingleses, en el continente y especialmente en Alemania, la literatura del derecho público positivo anterior a la revolución francesa tenía por objeto esa forma de Estado, cercana ya a la decadencia que se había constituido sobre una sociedad ordenada por castas. En un Estado de este tipo, los conceptos fundamentales del derecho público no podían desarrollarse si no fuera por otra cosa que por el hecho de que los derechos *(Ansprüche)* pertenecientes a los particulares estaban comúnmente concebidos por lo general como privilegios. Por lo demás la mayor parte de los tratamientos en ese tiempo estaban dirigidos a investigar los poderes de los soberanos, poderes que al mismo tiempo eran prevalentemente considerados de acuerdo a los criterios del derecho privado. Seguir la evolución de los criterios del derecho público que han prevalecido de la mano del poder del Soberano y de los poderes del Estado, constituiría también un tema muy interesante para una acabada investigación histórica.

De importancia fundamental para la transformación del modo de considerar el derecho público subjetivo fue la Revolución Fran-

---

[6]   BLACKSTONE (1765) *Commentaries on the laws of England*, I, p. 124: "As the price of so valuable a purchase" [Como el precio de una compra tan valiosa].

[7]   BLACKSTONE (1765) p. 141: "Certain other auxiliary subordinate rights of the subject" [Algunos otros derechos subordinados auxiliares del sujeto].

cesa. Las declaraciones de los derechos del hombre y del ciudadano, que forman la introducción de las tres primeras cartas constitucionales francesas, exponen un catálogo tal de los derechos que les corresponden a los ciudadanos que todas las leyes sucesivas no debieron constituir nada más que una especificación mayor y un mayor desarrollo de cada número del catálogo general. El mismo ordenamiento del Estado, igualmente como para Locke y para Blackstone, no representaría otra cosa más que una institución para la defensa de esos derechos[8].

Hasta el momento el sistema de los derechos del hombre, a pesar de las objeciones que la crítica le ha hecho objeto, ha formado la base de la concepción francesa del derecho público subjetivo[9]. No obstante el desarrollo que ha experimentado el derecho administrativo francés, no puede esperarse una nueva concepción del derecho público subjetivo. El derecho administrativo francés tiene más bien la finalidad de regular la competencia de la autoridad que la de reconocer los derechos individuales de los particulares hacia

---

[8]   Primera " Déclaration des Droits de l'homme et du citoyen ", art. 2: "Le but de toute association politique est la conservation des droits naturels et imprescriptibles de l'homme. Ces droits sont la liberté, la propriété, la sûreté et la résistance à l'oppression ". ["El fin de toda asociación política es la conservación de los derechos naturales e imprescriptibles del hombre. Estos derechos son la libertad, la propiedad, la seguridad y la resistencia a la opresión"].

[9]   La teoría francesa distingue los derechos civiles de los derechos políticos. Con esta última calificación se refiere a todos los derechos públicos individuales que ella reconoce. Estos son idénticos a los derechos del hombre y del ciudadano, o, como por lo general son llamados, los derechos garantizados por la Constitución. BLOCK (1862) voz *"Dictionnaire de l'Administration française* v. *Droits civils et politiques"*; BATBIE (1862), *Traité du droit public et administratif,* II, pp. 227 y ss.; CABANTOUS (1863) *Répétitions écrites sur le droit administratif,* 3ª ed., pp. 19 y ss.; LEBON (1886), *Staatsrecht der französischen Republik,* en *Marquardsens Handbuch des öffentlichen Rechts,* pp. 27 y ss.; HAURIOU (1903), *Précis de droit administratif et de droit public général,* 5ª ed., 1903, pp. 39 y ss.; ESMEIN (1903), *Eléments de droit constitutionnel français et comparé,* 3ª ed., 1903, pp. 387 y ss.

el Estado[10]. Tal estancamiento de la doctrina francesa del derecho público subjetivo debe imputarse especialmente a los criterios a los cuales han sido enfrentadas en Francia las investigaciones jurídicas. Estas investigaciones por mucho tiempo no fueron más que razonamientos abstractos acerca de los principios filosóficos del derecho o desarrollos de derecho público con un fin práctico. Únicamente en los últimos tiempos la doctrina jurídica francesa ha extendido sus investigaciones al campo del derecho público subjetivo para extraer los principios generales con los cuales está gobernado.

Además, la literatura jurídica alemana de la primera mitad del siglo diecinueve ha quedado esencialmente bajo la influencia del sistema francés. Los estatutos de los estados alemanes, que se venían organizando de acuerdo a los principios constitucionales, presentan un elenco de derechos públicos de acuerdo al modelo francés. La acción de las ideas francesas, tan poderosas desde la Restauración hasta la Segunda República, contribuyen por su parte a hacer prevalecer también en Alemania las teorías francesas sobre el derecho individual.

Ciertamente, al lado de esta corriente se desarrolla otra poco favorable a la Revolución Francesa y a sus consecuencias de derecho público. Aunque, sin embargo, en cuanto refleja los derechos públicos subjetivos, no constituye ninguna doctrina independiente frente a la dominante, que más bien pareciera casi desconocer. La más célebre obra de esta escuela, *La Teoría del Estado* de Fr. J. Stahl, no contiene siquiera en su segunda edición ningún capítulo especial acerca de los derechos públicos de los ciudadanos, de los cuales

---

[10]   O. MAYER (1886) *Théorie des französischen Verwaltungsrechts*, pp. 157 y ss. A pesar de que la literatura del derecho administrativo hable de derechos individuales tutelados con respecto a la administración (por ejemplo: AUCOC (1869) *Conférences sur le droit administratif*, 3ª ed., n. 268), sin embargo, esta idea no tiene ninguna influencia en la concepción sistemática de toda la materia. En los últimos años, bajo la influencia de doctrinas aceptadas en este libro, se nota un cierto cambio. BARTHÉLEMY (1899) *Essai d'une théorie des droits subjectifs des administrés dans le droit administratif français*, Paris.

habla más bien tímidamente y sin ninguna investigación profunda y sistemática en el capítulo acerca de los límites entre la jurisdicción y la administración[11].

En todo el período entre 1815 y 1850 se buscará inútilmente un tratado en el cual toda la complejidad de este problema fuera examinada en forma abstracta, más allá de los modelos tradicionales.

Solamente en 1852 encontramos en la ciencia alemana el intento de una concepción estrictamente jurídica de los derechos públicos, en el memorable tratado publicado acerca de este tema por C. F. von Gerber[12]. Esta es la primera obra en la cual se haya llevado a término un examen completo y sistemático de los derechos públicos del individuo desde un punto de vista estrictamente jurídico; y sin embargo también en esta obra la investigación científica se concentra en los principales fundamentos sin bajar a los detalles tan ricos y complejos de esta parte del derecho.

Razones históricas explican esto en parte.

El sistema constitucional, de fecha reciente en gran parte de Alemania, no había aún penetrado en la conciencia jurídica popular y la investigación jurídica estaba dirigida más bien hacia las ideas abstractas que hacia un campo concreto del derecho. El mayor defecto de esa época era una eficaz defensa del derecho público a través de un desarrollo jurisdiccional de los tribunales administrativos, debido a lo cual quedaba completamente ignorada toda una serie de problemas, que más tarde habrán de ocupar el pensamiento científico. Esto a pesar de que el tratado del Gerber constituya un hito en la historia de la doctrina del derecho público.

La literatura jurídica posterior no ofrece ningún otro intento ni un tratamiento verdaderamente profundo del problema del derecho público subjetivo, problema éste que únicamente hoy se nos presenta claramente en toda su extensión. En todas las obras

---

[11] STAHL (1833) *Philosophie des Rechts*, II, 2, § 133 y ss. Solamente la 3ª ed. (1856) contiene un capítulo de la declaración de los derechos en la pp. 518 y ss.

[12] GERBER (1852) *Ueber öffentliche Rechte und Verwaltungs gerichtsbarkeit*.

sistemáticas que tienen por objeto el derecho público general de
la Confederación, tanto del Imperio como de los particulares de
los Estados de Alemania, o el derecho administrativo, se encuentra
más o menos extensamente expuesta una teoría de los derechos
públicos y se intenta establecer los límites entre el derecho privado
y el público. Todo esto induciría a considerar que, al menos en lo
que se refiere a las cuestiones fundamentales, se impusiera desde
hace mucho tiempo un completo acuerdo y que se hubiese formado al respecto una *communis opinio doctorum*. Pero basta una rápida
mirada a la literatura para convencerse de que la mayor oscuridad
y confusión, las más irreconciliables disparidades y contradicciones
dominan en torno a aquellos mismos criterios fundamentales sobre
los cuales los diversos autores construyen sus teorías.

Nada, por lo tanto, es menos claro que el concepto mismo de
derecho público subjetivo.

En el último desarrollo que el pensamiento de Gerber ha tenido
acerca de la doctrina del derecho público[13][14], se ha formado una

---

[13]   Ante todo, GERBER (1880) *Grundzüge eines Systems des deutschen Staatsrechts,* 3ª
        edición, § 11.

[14]   Como bien señala ROMANO, *La teoria dei diritti pubblici subbiettivi,* en ORLANDO
        (1897), *Primo tratato,* vol. I. p. 114, la obra de GERBER fue escrita como reacción
        a la doctrina del derecho natural, que, hasta ese momento, había dominado en
        Alemania, y tuvo como finalidad invertir el concepto fundamental del dere-
        cho, según se había formulado en la escuela entonces imperante. En contra del
        concepto de los derechos originarios, innatos, pre-estatales, GERBER sostiene
        que la fuente única y necesaria de cada derecho es el Estado con su plena so-
        beranía. No es exacto afirmar que GERBER haya negado del todo la existencia
        de los derechos públicos subjetivos, como dice MEUCCI (1891) en *Giustizia
        Amministrativa,* p. 17 y MEUCCI (1892) en *Istituzioni di diritto amministrativo,* secc.
        1, cap. IX. Más bien, y no obstante la recia oposición de GERBER a la escuela
        del derecho natural, no faltan en su obra párrafos en los cuales la influencia de
        esta escuela sobre su cultura jurídica lo llevan a hacer afirmaciones no del todo
        consistentes con la tesis que él quiere demostrar: como, por ejemplo, cuando
        encubre el concepto de una cierta reciprocidad entre la sujeción del individuo
        al poder soberano del Estado y los derechos que el ciudadano mismo adquiere
        a causa de dicha sujeción. Para más amplias observaciones acerca de la doctrina
        jurídica de GERBER, véase ROMANO (1897) *La teoria dei diritti pubblici subbiettivi.*

corriente, la cual tiende a desconocer como máxima la existencia de los derechos públicos de los súbditos; y a la cabeza de ella está la más importante obra de literatura jurídica del Imperio Alemán. Ya en la primera edición del Derecho público del Imperio Alemán de Laband el campo de los derechos públicos subjetivos era muy limitado; en las ediciones sucesivas esta restricción se ha acentuado aún más[15]. Bajo la influencia de la escuela francesa, y también de la teoría de Gerber y de Laband, Otto Mayer ha limitado al *minimum* el derecho público subjetivo[16]; Bornhak, ahora último, sin preocuparse por las consecuencias, ha intentado eliminar del todo los derechos públicos de la serie de los fenómenos jurídicos[17][18].

Por otro lado, se encuentra el grupo de autores del derecho público y administrativo que aceptan la noción del derecho público subjetivo como un presupuesto, que les sirve para reproducir los tipos tradicionales, como científicamente inexpugnables. En la terminología usada por estos autores existen no obstante algunas incertidumbres; sin embargo, y a pesar de esto, en ellos la categoría de los derechos públicos se puede considerar, en su conjunto, como establecida. En las obras sistemáticas falta sin embargo un examen profundo del problema fundamental y de las múltiples cuestiones

---

La última edición del *Grundzüge* de GERBER, con agregado de apéndices, ha sido publicada en 1880. [Nota del traductor italiano]

[15] LABAND (1876) *Staatsrecht des deutschen Reiches*. Ver especialmente I, pp. 546 y ss. de la 1ª edición (1876); confrontar con I, p. 137 y ss. de la 4ª edición (1901).

[16] Ver nota 23 Crf. O. MAYER (1895) *Deutsches Verwaltungsrecht* I, pp. 104 y ss., y la traducción francesa de esta obra O. MAYER (1903) *Le droit administratif allemand*, Paris, I, pp. 132 y ss.

[17] BORNHAK (1880) *Das preussische Staatsrecht,* I, pp. 268 y ss.

[18] Niegan, por otro lado, sustancialmente el derecho público subjetivo individual, GÖPPERT (1884), *Jahrbücherfür Dogmatik*, XXII, pp. 112, 113 y 118; KOHLER (1888) *Der Prozess als Rechtsverhältnis*, pp. 13 y ss.; SCHMIDT (1896) *Der Staat* (JELLINEK-MEYER, *Staats-und volkerr.*, Abh. I, 6) pp. 81 y ss.; y sin suficiente base jurídica, SCHUPPE (1887) *Der Begriff des subjektiven Rechts*, pp. 83 y ss.

especiales que se conectan con ella[19], debido a lo cual se está bastante lejos de que exista un acuerdo relativo a los límites, tanto del derecho público en general como de los derechos públicos subjetivos en particular.

La gran importancia del problema que estamos examinando aparece también por el hecho de que el tema de los derechos públicos subjetivos, en los últimos tiempos, siempre ha sido muy discutido en muchas obras sistemáticas y en no pocas monografías, las cuales reflejan otras disciplinas jurídicas, que también se dedican a la materia. El derecho privado no solo encuentra en el derecho público su contraparte y sus límites, pero es condicionado por este y se conecta a él. La teoría del derecho procesal civil está muy interesada en el problema de la existencia y de los límites de los derechos públicos[20]. La estrecha conexión existente entre el derecho penal y el derecho público ha hecho nacer entre los penalistas la aspiración a darse cuenta de la naturaleza propia del derecho público subjetivo y ha llevado a intentos de soluciones por sí mismos de algunas cuestiones particulares. La teoría de las corporaciones en el derecho alemán, como ha sido modelada por Gierke[21], intenta arribar con un método muy propio a una noción autónoma de la relación existente entre el Estado y las personas jurídicas que son parte de él. La doctrina del derecho canónico está también ella, en fin, interesada en sumo grado a aceptar la esencia de los derechos públicos, no solamente en consideración de los derechos públicos en sí mismos, sino también en vista de las múltiples analogías que

---

[19]   Las más profundas investigaciones al respecto son de F. Mayer (1862) *Grundsätze des die Verwaltungs-Rechts*, pp. 438 y ss.; Sarwey (1880) *Das öffentliche Recht und die Verwaltungsrechtspflege*, pp. 102 y ss.; Löning (1884) *Lehrbuch des deutschen Verwaltungsrecht*, pp. 8 y ss.

[20]   Esta línea de frontera es diligentemente indicada por Wach (1885) *Handbuch des deutschen Civilprozessrechts*, I, § 8. Ver también Prazak (1889) *Arch. Für öffen. Recht*, IV, pp. 214 y ss.

[21]   De suma importancia para las cuestiones de las que se trata es especialmente: Gierke (1887) *Die Genossenschaftstheorie und die deutsche Rechtssprechung.*

la organización de la Iglesia y la potestad que ella ejercita sobre sus miembros presentan con el Estado.

En estos últimos años algunas monografías de derecho público presentan tentativas de examinar partes y de aclarar algunas cuestiones particulares, entre las muchas atinentes al problema del derecho público, que no han tenido todavía una explicación satisfactoria[22]. Pero precisamente estos trabajos, en cuanto ofrecen algo de nuevo, ponen en claro la necesidad de un examen profundo y completo del concepto fundamental que ellos toman como base.

En consideración a esto, hace un tiempo parecía que la discusión científica se había dedicado a investigar esta idea fundamental. Sin embargo, nosotros nos proponemos examinar el problema en toda su extensión y tratar de encaminarlo hacia su solución.

No solamente los derechos públicos de los individuos deben ser el objeto de nuestra investigación, sino también los del Estado, al interior y al exterior, y los de las corporaciones de derecho público y de derecho privado. En síntesis, nosotros debemos considerar todo el derecho público desde el punto de vista del derecho subje-

---

[22]   Ellas serán recordadas en los capítulos respectivos. Una gran parte de las cuestiones de las cuales se trata están ilustradas en SYDEL (1873) *Grundzüge einer allgemeinen Staatslehre;* ULBRICH (1875) *Ueber öffentliche Rechte und Verwaltungs gerichtsbarkeit;* DANTSCHER (1888) *Die politischen Rechte der Untertanen;* STANGEL (1890) *Oeffentliche Rechte und öffentlichen Pflichten,Wörterbuch des deutschen Verwaltungsrechts,* II, pp. 177 y ss.; TEZNER (1894), en su crítica de la presente obra en *Grünhunt heitschrift für Privat und öff. Recht,* XXI, pp. 107-253; STENGEL (1895) *Die verwaltunggerichtsbarkeit und die oeffentlichen Recht,* en *Verwaltungsarchiv,* III, pp. 177 y ss.; LAYER (1902) *Prinzipien des Enteignungsrechtes* (JELLINEK-MEYER, *Staat-und voelkerr. Abh.* III), pp. 330 y ss.; AFFOLTER (1903) *JHirths Annalen,* pp. 181 y ss.; GIESE (1905) *Die Grundrechte* (ZORN-STEINER-SOMLO, *Abhandl. Aus dem Staat-Verwaltungsrecht,* pp. 159 y ss. Bajo la influencia de la ciencia alemana, la teoría de los derechos públicos subjetivos ha sido examinada muy profundamente en Italia por LONGO (1891) *La teoría dei diritti pubblici subbiettivi e il diritto amministrativo italiano,* Palermo; especialmente por ROMANO (1897) *La teoría dei diritti pubblici subbiettivi,* en ORLANDO (1897) *Primo trattato completo di diritto amministrativo italiano,* I, Milán, pp. 108-220, y también de MAJORANA (1904) *La nozione del diritto pubblico subbiettivo,* Roma.

tivo. Si observamos la estructura interna del derecho público, la encontramos, por así decirlo, atravesada por todos lados por un entrecruzamiento de derechos subjetivos, los cuales por lo demás se diferencian esencialmente, a causa de su carácter particular, de aquellos que la teoría del derecho privado califica como tales.

El valor teórico de dicha búsqueda resulta de las consideraciones expuestas anteriormente. Pero ni siquiera su valor práctico puede considerarse escaso. El conocimiento de la naturaleza de los derechos públicos, de sus límites actuales y de los límites más amplios que ellos deberán tener a futuro, es de gran importancia para una época en la cual ya se han creado garantías para la tutela de esos derechos o bien se hacen esfuerzos en crearlas.

§ 2. El problema del derecho público

Cada derecho subjetivo atestigua la existencia de un ordenamiento jurídico a partir del cual él es creado, reconocido y protegido en mayor o menor medida.

Cualquier *volere* [querer], *potere* [poder] y *avere* [tener] de los hombres, en la esfera de los eventos naturales de la vida, se eleva a través del derecho objetivo a aquella esfera de las acciones y de los hechos jurídicos.

Concebir el derecho subjetivo como algo originario, que derive únicamente de sí mismo su autoridad y su valor, significa nada más que cambiar el hecho con el derecho. Que solamente a través del derecho subjetivo se haya llegado a la conciencia de la existencia de la norma que aquel derecho genera y gobierna, es históricamente posible, pero no es igualmente concebible admitir como premisa lógica del ordenamiento jurídico aquello que únicamente de ese ordenamiento ha sido regulado.

Un ordenamiento objetivo del derecho público constituye por lo mismo el fundamento del derecho público subjetivo. Y, sin embargo, antes de proceder al examen de este último, es necesario responder a la pregunta: "¿Qué es el derecho público?"

A primera vista la respuesta a esta pregunta parece que resulta fácil y que el problema se debe considerar hace tiempo ya resuelto según la fórmula más repetida: el derecho público es aquel que regula el ordenamiento del Estado y las relaciones del mismo con aquellos que pertenecen al Estado.

Pero en este punto se presenta una objeción: ¿Es en general concebible un derecho público?

El derecho privado es el ordenamiento jurídico de la esfera de acción de aquellas personas que son consideradas con la misma medida jurídica, no obstante que todas ellas están sometidas al ordenamiento del Estado. La posibilidad de las obligaciones y de los derechos contrapuestos abarca todo el ordenamiento del derecho privado.

Pero dicha relación de recíproca obligatoriedad, ¿es ella posible entre un todo superior, entre una persona colectiva, tal como se presenta ante nosotros el Estado y los individuos que lo componen?

Para las personas colectivas comprendidas en el Estado se puede responder a esta pregunta fácil e incondicionalmente en sentido afirmativo.

El ordenamiento jurídico del Estado reconoce cualquier ordenamiento de las corporaciones que se encuentran constituidas en él, únicamente como algo relacionado, que tiene que realizarse de acuerdo con el precepto estatal y, eventualmente, a través de la coacción del Estado.

La posibilidad de derechos (*Ansprüche*) recíprocos entre las personas colectivas y las personas individuales está garantizada por el ordenamiento jurídico del Estado.

Pero quien personifica el ordenamiento jurídico es el Estado mismo y, de hecho, es exclusivamente el Estado, en su soberanía, el que crea su propio ordenamiento. Ahora bien, el Estado que se determina a sí mismo y que establece su propio ordenamiento con total libertad formal, no está sometido a ningún poder superior. Y entonces falta algún poder que pueda garantizar el mismo valor a los derechos (*Ansprüche*) de aquel que es dominado y de aquel que domina. Es precisamente la posibilidad de pretensiones jurídicas de los súbditos hacia el Estado, aquellas que se pretende excluir *a priori*, cuando se admite que solamente el Estado pueda ser investido (*Träger*) de los derechos públicos. Por el contrario, si se reconocen los derechos públicos también a los simples individuos, entonces también los individuos llegan a ser sujetos del derecho público, con lo cual se contradice lo que se afirmó más arriba.

Cada negación del derecho público subjetivo tiene como base estos conceptos, tácitos o expresos.

Pero quien niega la posibilidad de derechos públicos de los súbditos no se da cuenta del todo de las consecuencias que acarrea esta negación.

Todo derecho es una relación entre sujetos de derecho. Un individuo absolutamente aislado no se concibe como revestido de derechos. Tampoco el Estado, en consecuencia, puede tener derechos sino en cuanto se lo considera como contrapuesto a otra persona. Una relación de dominación de hecho se convierte en relación jurídica únicamente si ambos, dominante y dominado, se reconocen como investidos de derechos y de deberes recíprocos. La relación entre patrón y esclavo era relación jurídica únicamente respecto a terceros, como cualquier relación entre una persona y un objeto. Respecto al esclavo, el poder del dueño era solamente un poder de hecho, ya que el esclavo no participaba en el goce del derecho y respecto a él no era siquiera posible que existiera un poder jurídico.

Del reconocimiento de la existencia de los derechos públicos de quienes son parte del Estado, depende por lo tanto la existencia del derecho público general. Un ordenamiento jurídico que atribuya derechos solamente a una persona, es imposible. El derecho público objetivo por un lado y el derecho subjetivo del Estado por otro lado están condicionados por el hecho de que autoridades y súbditos participan, como tales, para disfrutar del derecho.

Pero la importancia del derecho público subjetivo se extiende mucho más allá. Sin derecho público no es posible el derecho privado. Este es un planteamiento que las investigaciones sucesivas ilustrarán mucho más ampliamente, pero que desde ya resulta claro cuando se piensa que por el reconocimiento, por el desarrollo, por la garantía y por la implementación de cualquier derecho es indispensable una organización estatal de defensa, que obre de acuerdo a normas jurídicas, es decir, una organización de derecho público.

Si se quisiera negar que el Estado mismo está investido de derechos, vendría a faltar su personalidad jurídica, y de esa manera no podría aparecer como sujeto de derecho ni siquiera en sus relaciones con el extranjero. El Estado quedaría como representante de un poder de hecho y quedaría excluida su posibilidad de un derecho internacional.

De esta manera, el problema del derecho público subjetivo conduce a la posibilidad de un ordenamiento jurídico en general, con el cual él puede ubicarse entre los más profundos y los más difíciles problemas de las ciencias sociales. Las investigaciones que siguen tienen precisamente como objetivo el de encontrar una solución positiva a este problema.

Ahora, es necesario justificar por qué fue afirmado antes por nosotros cuál deba ser el resultado al cual llegaremos en las investigaciones que siguen.

Admitiendo que la investigación científica pueda conducir a algo diferente de la simple explicación de hecho, ¿puede ella desconocer todo lo que de hecho se ha verificado?

Si la proposición: *Negantis maior potestas [quien niega tiene mayor poder]* tiene un valor es precisamente en el campo de las ciencias éticas. Aquel que niega constantemente, se encuentra en posición ventajosa, por el hecho mismo que negando todo de manera absoluta impide que cualquier idea ética fundamental pueda demostrársele como pruebas teóricamente decisivas, puesto que estas derivarían siempre, de algún modo, de una convicción puramente personal. En la doctrina del Estado y del derecho, la verdad de esta máxima se manifiesta así: que una vez el derecho internacional, otra el derecho público en su totalidad, otra por lo menos el derecho público subjetivo, son ciertamente desconocidos. Dicho desconocimiento puede ciertamente ser el resultado de una seria convicción científica; pero por otro lado es evidente que, con la misma facilidad, puede un incompetente pisotear el patrimonio intelectual recogido por las generaciones anteriores y expresar acerca de él su sentencia de condenación. Por lo demás no es raro el caso de asistir a la rápida formación y al desaparecer aún más rápido de la fama de aquellos que, presumiendo borrar la obra de algunos de los grandes pensadores del pasado o tal vez de todos de una vez, terminan proclamando el triunfo de su propia estupidez e ignorancia.

En contra de esta tendencia nihilista es necesario recordar que en las cosas humanas no es posible prescindir de manera absoluta de los presupuestos. Aquel que inicia una investigación encuentra en el conjunto de su cultura un presupuesto de su propio trabajo, que es inseparable de su persona. Cualquier conocimiento, por su misma naturaleza, está condicionado por el sujeto que lo emprende y que no puede ser de ninguna manera eliminado, de la misma manera que cualquier imagen reflejada en el espejo está condicionada por la calidad del espejo y desaparece con el desaparecer de este. Una concepción demasiado restringida de la naturaleza social del hombre es, en muchos casos, el verdadero motivo por el cual se desconocen los problemas éticos, sociales y jurídicos.

La tarea de la ciencia de las cosas humanas es esencialmente la de edificar. Ella, libre de cada pedantería, tiene como presupuesto indispensable el conocimiento de la naturaleza humana, nunca exenta de misterio. También en el caso de demoler, su demolición sirve únicamente para preparar el terreno para mejores, más profundos y más amplios cimientos de nuevos edificios, para la construcción de los cuales ella no deja de atesorar los viejos materiales hasta donde todavía son utilizables, convencida que sería una ilusión de niños de pretender recomenzar absolutamente *ex novo*. Limitarse a negar constantemente es una característica de los ingenuos limitados, sobre todo porque el negar es cosa fácil, construir es cosa muy difícil. El valor del pensamiento de un siglo puede ser desconocido de un plumazo solamente por aquellos que no están capacitados para comprender ese pensamiento.

§ 3. La naturaleza jurídica del Estado[23]

Las controversias acerca del modo de concebir el Estado, de cuya idea exacta depende alguna noción del derecho público, no han perdido su vivacidad en estos últimos tiempos, a pesar de que el número de las posibles soluciones del problema pueda considerarse limitado *a priori*. Son las mismas opiniones, las mismas representaciones, los mismos conceptos, las mismas imágenes que se contraponen unas a otras. La representación del Estado como organismo, como persona, como sujeto de soberanía (príncipe o pueblo), o como objeto de la soberanía (pueblo y territorio), como estado de hecho o de derecho, como relación jurídica más o menos claramente expresada, ha encontrado su lugar antes en las opiniones populares, luego en el pensamiento científico de todos los pueblos civilizados[24].

Pero dichas controversias, siempre nuevas y sin embargo tan antiguas, no podrán ser elaboradas, en lo que se refiere a la concep-

---

[23] Véase JELLINEK (1905) *Allgemeine Staatslehre* (*Das Recht des modernen Staates*, I), 2ª ed., cap. VI.

[24] Una cuidadosa investigación histórica enseña que para todas las cuestiones fundamentales, éticas, políticas y jurídicas, existe un cierto número de soluciones típicas. El desarrollo y el perfeccionamiento de la teoría es por lo tanto posible solamente respecto de un tipo determinado. En el curso de la historia algunas soluciones típicas pueden ser rechazadas a causa de conocimientos avanzados, pero es extremadamente raro que se forme un nuevo tipo, a menos que no aparezca una figura histórica particular, como el actual Estado federal. El contrapuesto de los tipos es producido, por una parte, por la diversidad de los puntos de vista con la cual se puede estudiar el objeto, por otro lado, por la calidad de las tendencias intelectuales del estudioso. También para estos problemas valen las profundas palabras de FICHTE: "Cada uno escoge la filosofía que le es apropiada". En la discusión científica habría menos desencuentros si todos pensaran como MEFISTÓFELES:
"¿Quién puede pensar algo tonto, quién puede pensar algo sabio, que no haya sido ya pensado en el mundo?".

ción del Estado, hasta cuando no se hayan establecido exactamente los límites del terreno sobre el cual se mueven. Por lo general no se tienen bastante en cuenta las limitaciones lógicas y teóricas, a decir verdad, no fáciles de establecer, a las cuales está subordinada la noción de la naturaleza jurídica del Estado. Pero aún sin determinar exactamente los límites del campo de los conceptos jurídicos, en relación a los campos de las demás ciencias, no es posible buscar con éxito los principios fundamentales del derecho público. Una gran parte de las controversias que continuamente se presentan en todas las ramas de las ciencias jurídicas, se deben al hecho de que estas ciencias no cuentan todavía entre sus seguidores a un Kant, con el cual esté en deuda de una crítica de la razón jurídica.

Ahora, en lo que se refiere a la ciencia jurídica, es necesario responder exclusivamente al problema: ¿de qué manera debo concebir al Estado desde el punto de vista jurídico? La respuesta a esta pregunta no debe y no puede tener la finalidad de dar un conocimiento acabado del Estado, desde todos los puntos de vista. Un único objeto puede dar lugar a múltiples nociones, las cuales presenten diferencias relevantes entre ellas, sin resultar nunca contradictorias. Según el punto de vista desde el cual el objeto es considerado, cambia la noción que de ello nos formamos, y es un gran error de método dar como base a las investigaciones de un campo de la ciencia los criterios que son propios de un campo del todo diferente.

Un ejemplo ayudará a confirmar esto.

Desde el punto de vista fisiológico y psicológico una sinfonía no existe como objeto determinado y constante. Para la ciencia natural, en el mundo objetivo externo y al interior del sujeto humano existen solamente vibraciones del aire y sensaciones de sonido producido por este. En consecuencia, en un proceso psicológico muy complicado, un cierto número de hombres está en grado de reproducir, mediante instrumentos musicales, las combinaciones del sonido que ha tenido lugar en la mente de un individuo, siguiendo las indicaciones que este les ha proporcionado por medio de determinados signos. El conjunto de sensaciones de sonido producidas por un grupo de músicos, al mismo tiempo y con una cierta continuidad, interrumpida por breves pausas, se reduce nuevamente a una unidad en la psiquis de los auditores, en base a un proceso psicológico; también es muy complicado y esta unidad resulta diferente en cada individuo que compone el público, de acuerdo a su predisposición, a su actitud y a su estado de ánimo. De tal manera o de manera análoga, será explicado por el naturalista o por el psicólogo el proceso acústico-psicológico que se da en la ejecución de una sinfonía. Pero cualquier objeto sensible, o que se pueda captar con la ayuda de un método de investigación científica, llamado *sinfonía*, no existe ni para el naturalista ni para el psicólogo. Sin embargo y con razón ellos podrían negar, desde su punto de vista, cualquier valor científico a la afirmación de quién, más allá de reproducir un párrafo de música y aparte de los signos que permiten esto, sostuviera que existe algo que responda al nombre de *sinfonía*, que tuviera una realidad igual a la de las moléculas del éter o del aire o de sus ondulaciones.

Muy distinta se presenta la cosa en lo que se refiere a la concepción estética. Para ella, la sinfonía se presenta como un objeto de disfrute, de estudio y de conocimiento musical. Ella materializa el proceso psicológico que nace en un individuo y que se refleja en miles y miles de otros de otros tiempos diferentes. Ella opera con fundamento razonable, porque para el mundo de las sensaciones estéticas vale una verdad muy diferente de aquella que vale para el mundo de la ciencia abstractas (*theoretischen*). La sinfonía en *do menor* de Beethoven, desde el punto de vista del sentimiento y de la concepción musical, es un objeto de la más profunda, verdadera y poderosa realidad, y ninguna ciencia natural o psicológica está en grado de atenuar en lo más mínimo la conciencia de dicha realidad. Así, desde el mismo punto de vista, se presentan como objetos reales de concepciones estéticas los cuadros de Rafael o de Tiziano, las formas poéticas de Shakespeare y de Goethe, mientras que, desde el punto de vista de la ciencia natural, no existen más que procesos psicológicos sumamente complicados, pero equipados de cualquier sustancia real. Sería un grave error sustituir en estos casos otro punto de vista, ya que el mundo de las ciencias abstractas y el de las sensaciones estéticas son muy diferentes entre sí. Pero no por esto las dos diferentes nociones resultan contradictorias, ya que ambas consideran un único hecho objetivo bajo puntos de vista del todo diversos y para propósitos del todo diferentes. Sin embargo, si el empírico objetara al estético que sus obras artísticas son ficciones, que en el mundo de la realidad no existe un Hamlet, ni un Fausto, ni una Venus de Milo, ni una Virgen de Rafael, ni un Don Juan, ni una Sinfonía heroica, sino únicamente letras del alfabeto y papeles, mármol trabajado o tela cubierta con sustancias de color, o bien fascículos de música llenos de signos convencionales, apropiados para provocar determinados procesos psicológicos, con pleno derecho el estético atribuiría poca capacidad mental al empírico, el cual demostraría no comprender que el mundo de la belleza puede ser objeto de las ciencias psicológicas y naturales en cuanto se refiere a su fundamento psicológico y físico pero no por su contenido estético.

Ni siquiera el mundo de los juristas es de aquellos que pueden ser objeto de las ciencias abstractas (*theoretischen*). El mundo de los juristas es el de los negocios y de la vida práctica, un mundo de las cosas, en cuanto tienen relación con nosotros y no de las cosas en su esencia. Desde el punto de vista de la ciencia abstracta (*theoretische*) el fenómeno *derecho* no representa para nada una sustancia o una calidad por sí misma, sino únicamente un gran número de procesos psíquicos complicadísimos y de relaciones de individuos entre sí. A partir de estos procesos y de estas relaciones resultan determinadas relaciones que, a su vez, llevan al concepto de los derechos subjetivos y de las instituciones jurídicas objetivas. La propiedad y la posesión, la servidumbre y el derecho de hipoteca, la compraventa y el arrendamiento, el matrimonio y la herencia no son objetos concretos o atributos de objetos concretos sino relaciones muy complicadas que se hace difícil entenderlas en toda su extensión. El estudio científico del hecho psicológico, sobre el cual se fundan las instituciones jurídicas, es una tarea que corresponde a disciplinas diferentes de la del derecho. La ciencia del Derecho (*Jurisprudenz*) no quiere ni puede conocer la última esencia de los fenómenos de la naturaleza, ni constatar las leyes naturales que los gobiernan. Su tarea es dictar normas, es decir, reglas hipotéticas que tienen como contenido no un deber absoluto, al cual se deba ineluctablemente someter como por ley natural (*Müssen*), sino un deber que el individuo está obligado a cumplir voluntariamente (*Sollen*)[25], reglas que gobiernan la vida práctica de las acciones humanas. Los objetivos de sus investigaciones no son por lo mismo objetos concretos, sino abstractos; son conceptos y reglas, los cuales se hacen comprensibles únicamente cuando se conoce el mundo en el cual vive el hombre real, un mundo de intereses y de pasiones humanas que es necesario limitar y armonizar. Es el mundo de los fines y de los medios que los hombres utilizan para alcanzarlos; aquel en el cual el sistema del derecho encuentra su lugar. Los hechos con los cuales está constituido este mundo subjetivo, existente únicamente para el hombre, pueden ser objeto de investigaciones psicológicas y biológicas, como asimismo de especulaciones metafísicas, y todas estas disciplinas tienen su propio método de acuerdo a la finalidad que persiguen. Pero ni los criterios de la ciencia natural, ni los de la psicología o de la especulación metafísica, ni los métodos de cualquier ciencia, se adecuan a la ciencia del derecho. La tarea del jurista no es precisamente constatar los procedimientos psicológicos individuales o colectivos, si bien éstos son muy importantes para el saber complejo del ser humano, los que llevaron a la ins-

---

[25] El texto alemán es formulado así: "sondern ihre Aufgabe ist es, *Normen* zu erfassen, die hypothetischen, kein Müssen, sondern ein Sollen zum Inhalt habenden Regeln, welche das praktische Leben des handeluden Menschen beherrschen". En italiano, no hay dos palabras que correspondan a "müssen" y "sollen", cada una de las cuales expresa una noción diferente del concepto de "deber", por lo que es necesario recurrir a una perífrasis. *Müssen* es el deber que debe cumplirse dependiente de un estado de cosas del que el individuo es consciente que no puede sustraerse; *sollen* es el deber moral que se cumple voluntariamente por persuasión propia del individuo e independientemente de la posibilidad de una restricción inmediata. Los alemanes suelen contraponer el concepto de *sollen* con el de *sein*, para indicar con *sollen* aquello que la razón quiere que sea (deber ser) y con *sein* (ser) lo que en realidad es. [Nota del traductor italiano, que es aplicable para la traducción castellana].

titución jurídica de la propiedad. Él debe responder únicamente a una pregunta: ¿cómo se concibe la propiedad, porque todas las normas que se refieren a la misma se pueden fundir en una unidad armónica? Por lo tanto, al que se dedica al derecho no debe preguntarse ¿qué es la propiedad? si se desea formular una pregunta jurídica científicamente correcta, sino más bien: ¿de qué manera se debe concebir la propiedad? Los hechos concretos de la vida, de los cuales se ocupan las instituciones jurídicas, y que son por ello mismo regulados, son objeto de las investigaciones históricas y sociológicas; pero precisamente porque representan hechos concretos es necesario no confundirlos con las normas jurídicas, las cuales por sí mismas constituyen un mundo meramente ideal. Los conceptos jurídicos no tienen ningún contenido material; el mundo jurídico es esencialmente un mundo del pensamiento que se encuentra en el mundo de los acontecimientos reales, al igual que el mundo de las sensaciones estéticas se encuentra en el mundo de las nociones abstractas[26]. Sin embargo, este es un mundo de abstracciones, no de ficciones. A la abstracción sirven de base los hechos reales que tienen existencia concreta en el mundo externo o de la conciencia del hombre; la ficción en cambio sustituye a los hechos naturales con hechos imaginarios, que ella considera con el mismo criterio que los primeros. La abstracción descansa sobre acontecimientos reales, la ficción sobre la pura fantasía. Del desconocimiento de la profunda diferencia que existe entre abstracción y ficción dependen en buena parte las erróneas concepciones de las ideas fundamentales del derecho público[27].

---

[26]   El desconocimiento de esta relación es una de las causas principales de polémicas infructuosas en la literatura contemporánea de derecho público. Ellas intentan en vano tomar como base inmediata de la construcción jurídica del Estado la existencia natural del Estado y, al mismo tiempo, identificar el concepto jurídico del Estado con la noción concreta del mismo.

[27]   Entre las ciencias concretas, la ciencia del derecho encuentra su opuesto en la matemática. Como ésta, se ocupa de grandes cosas abstractas, como de aquellas relaciones abstractas de la voluntad. A nadie, sin embargo, se le ha ocurrido todavía negar el punto o la línea, porque no son perceptibles; o la

Cuando se comprende la diferencia que existe en general entre el mundo de las abstracciones, como lo es el del jurista, y el mundo objetivo de los acontecimientos naturales, resulta evidente la inadmisibilidad de aplicar los métodos de investigación propios de las ciencias objetivas al mundo totalmente diferente de las abstracciones jurídicas.

Entre las costumbres científicas no recomendables de nuestros tiempos está la del sincretismo metodológico. El método de las ciencias naturales, las búsquedas empíricas, las investigaciones biológicas, llevan a descubrimientos sorprendentes. Por una parte, se aconseja al jurista que no teniendo el Estado ni cabeza ni piernas, no puede constituir una *persona*; por otro lado, se descubre la asombrosa verdad de que el Estado, los bacilos, los helechos, los mamíferos, las asociaciones, las corporaciones forman una sola gran categoría de individuos de la misma naturaleza.

A este sincretismo metodológico contribuye ciertamente una importante circunstancia, lo cual sin embargo admite a estar cada vez más en guardia. El fenómeno del derecho, como función social de la comunidad humana debe ser considerado muy diversamente de la concepción sistemática de la estructura jurídica. La sociología y la historia tienden a explicar las causas y el desarrollo del derecho en tanto fenómeno social, y a investigar el procedimiento mediante el cual ello asume forma concreta, a darse cuenta de las fuerzas impulsoras, económicas, éticas, nacionales, que concurren a constituir el derecho, como también de la acción refleja que esto provoca en la vida de los pueblos.

A estas disciplinas: a la historia del derecho, a la ciencia del derecho comparado, a la política, a la economía política, etc. les conviene solamente los métodos requeridos para las investigaciones científicas sobre la sociedad humana, en cuanto la misma tiene una existencia históricamente objetiva. Estas disciplinas, sin embargo, a

---

expresión Ö-2, porque la misma no tiene correspondiente en el mundo de las cosas reales.

menos que eventualmente no se trate de investigaciones histórico-dogmáticas, consideran el derecho no en su forma dogmática sino en sus presupuestos y en sus consecuencias éticas, religiosas, económicas y políticas. Está fuera de dudas que el jurista no debe estudiar el contenido del derecho desde el solo punto de vista de su formación dogmática. No hay en general ningún campo del saber que en el trabajo tendiente a desarrollarlo no implique conocimientos que son propios de otras disciplinas. Cuanto más lejos se extiende la mirada del estudioso, tanto más amplio y variado será su saber, tanto más seguro y profundo será el conocimiento que él podrá tener de su propia disciplina. Para una mejor calidad y un buen resultado del trabajo del jurista será por lo tanto importante conocer y estudiar las otras disciplinas que tengan relación con el derecho. Pero el concurso de conocimientos pertenecientes a campos científicos diferentes, que se verifica en la persona del estudioso, no debe tener como consecuencia la invasión de un campo en desmedro del otro. La dogmática del derecho debe completarse con la ayuda de la historia del derecho, de la economía y de la civilización y con la sociología, pero no debe ser sustituida por estas disciplinas[28].

Cuál sea la ventaja real que la noción de la naturaleza jurídica del Estado puede sacar de otras disciplinas, es lo que se expondrá a continuación en relación a un punto de gran importancia.

La investigación histórica se empeña en considerar el Estado como un fenómeno de la historia de la humanidad. En consecuencia, las formas estatales concretas constituyen una clase de una categoría más amplia de fenómenos sociales. Los Estados no están entre sí como individualidades separadas *toto genere* la una de la otra y de las

---

[28] Sobre la autonomía de la dogmática del derecho insiste claramente Laband (1901) *Staatsrecht des deutschen Reiches*, 4ª ed, I, prefacio, pp. IX y ss. Sin embargo, Laband no es justo en sus apreciaciones acerca de la importancia de las disciplinas que él menciona, respecto a la dogmática jurídica. El conocimiento de los supuestos y de las múltiples relaciones de una norma jurídica es de máxima importancia para la misma construcción jurídica; solo de esta manera la ciencia del Derecho puede evitar una vana escolástica.

cuales cada una puede ser concebida únicamente en su particular modo de ser, pero no fundidas en un concepto más general. No es posible que esto suceda porque la naturaleza humana, en virtud de sus cualidades constantes, debe necesariamente imprimir un carácter constante a todas las relaciones humanas, también cuando existan profundas diferencias individuales entre uno y otro tipo de relaciones. Lo que vale para todas las manifestaciones de la vida social, para la economía, para el derecho, para las costumbres, para la religión, para la lengua, etc., todos estos tipos, que presentan entre sí profundas diferencias, no pueden valer únicamente para el Estado. Tanto más deben manifestarse características comunes a fenómenos particulares que se incluyen en el concepto de Estado. Esto viene a demostrar lo erróneo de la afirmación de Störk, de que las relaciones del derecho público tienen una figura individual totalmente diferente de las del derecho privado[29]. Esa constancia de formas que terminan por asumir las relaciones privadas, no obstante la inconcebible variedad de la vida social, debe necesariamente verificarse también en la estructura de los varios Estados, como resultado de los caracteres, entre ciertos iguales límites que presentan especialmente los pueblos civilizados, y de la identidad de los fines del Estado. Tanto la ciencia política como la ciencia del derecho deben tomar como base de sus investigaciones una concepción que resulte de la comparación entre las varias formas concretas de Estado, que se hayan dado efectivamente en la historia. Lo que Aristóteles ha hecho con insuperable maestría para los Estados de la antigüedad es sentar las bases de las especulaciones científicas de las manifestaciones de la vida de los Estados en su conjunto y en su

---

[29] STÖRK (1885) *Zur Methodik des oeffentlichen Rechts*, p. 76. Dicho problema se conecta con el gran problema del método, tan discutido en la literatura moderna, acerca de la relación de la noción de lo que es individual, con lo que es ultra-individual, de lo que es particular con lo que es general, de lo que es extraordinario con lo que es normal, de lo que es concreto con lo que es típico. A quién no conoce a fondo estas controversias de método y no ha tomado posición en ellas, faltan aquellas bases científicas que pueden dar derecho a colaborar en la solución de estos problemas fundamentales.

variedad, lo que representa un postulado necesario para todos los tiempos y para todas las disciplinas que se ocupan del Estado. Una noción de este tipo pone en guardia contra el peligro de intentos extravagantes, como el de Preuss, quien quería dar vida a una "concepción germánica del Estado"[30], intento que científicamente está a la par con aquel que quiere crear una ética francesa o una anatomía inglesa.

Aparte de la consideración que Preuss se mueve desde el concepto de organismo, al cual él mismo atribuye un alcance que va más allá de los límites del Imperio Alemán, y también admitiendo el erróneo criterio de concebir el Estado alemán casi a la par de la servidumbre del campo como una institución *sui generis* del derecho alemán, el intento de Preuss descuida, en todo caso, la autorizada máxima según la cual la noción científica del derecho público sirve precisamente para preservar de las posibles exageraciones de la dogmática del derecho público.

Y ahora pasamos a resolver la pregunta: ¿cómo hay que concebir el Estado desde el punto de vista jurídico? Para responder a esta pregunta, nosotros sabemos ya que no podemos abarcar más que un aspecto solamente de la idea de Estado, es decir, esa parte que, lo mismo que cada concepto jurídico, se limita a considerar lo que el mundo de los negocios humanos tiene de constante (*nur immanente Warheit für die Welt des menschlichen Handelns*). Determinar la esencia del Estado, concebirlo como una realidad trascendente de los confines del mundo de los hechos, no es tarea de la ciencia del derecho, sino de aquella rama de las ciencias políticas, la cual se propone alcanzar el objetivo de estudiar el fundamento ético y natural de

---

[30]   En su interesante libro, Preuss (1889) *Gemeinde, Staat, Reich als Gebietskoer-persebaften. Versuch einer deutschen Staatskonstruktion auf Grundlage der Genossens-chaftheorie*, p. 99, proclama el "método inductivo" que reconoce solamente el Estado alemán, sobre la base del derecho alemán; lo cual no impide al opositor de cualquier abstracción de extender, en la p. 418, los resultados obtenidos por él a la Sociedad internacional, de modo que en conclusión se presenta una construcción alemana del derecho internacional.

la sociedad humana. La base teórica de la concepción jurídica de la idea de Estado es el hecho indiscutible, natural e histórico de un pueblo residente estable sobre un determinado territorio y sometido a un solo poder dominante, hecho que se evidencia en todas las formas de sociedad humana, designadas estas por el usual lenguaje científico con el nombre de Estado.

De la investigación jurídica se obtiene cuanto sigue:

1° El Estado es una persona colectiva con una base territorial. A pesar de la gran importancia de hacer claramente inteligibles las más variadas manifestaciones que pueden entenderse en el concepto de unidad, y de establecer los criterios en base a los cuales se pueda alcanzar luego una síntesis, en la literatura filosófica no existe todavía un tratamiento exhaustivo del contenido esencial de la idea de unidad[31].

Por unidad objetiva se entiende, en el mundo externo, lo que es limitado en el espacio e indivisible. Desde el punto de vista estrictamente científico, únicamente el átomo constituye una unidad de espacio en su significado pleno[32]. Al interior del hombre, son unidades objetivas los actos psíquicos más simples: una representación, un acto de voluntad, una sensación, constituyen para la psicología actos indivisibles de la conciencia humana. Pero, más o menos incalculable es el número de las unidades subjetivas, es decir, de aquellas unidades que tienen vida únicamente en nuestra conciencia, sin que en el mundo estático y dinámico exista algo análogo a la fusión de elementos psíquicos separados, de tiempo y de espacio, de cuya fusión las unidades mismas resultan. Sobre todo, en relación al tiempo que pasa ininterrumpidamente, no es posible otra unidad que la subjetiva, la cual resulta de divisiones arbitrarias del tiempo, concebidas como unidad de tiempo. Nosotros calificamos

---

[31] Relativamente la más completa se encuentra en SIGWART (1889) *Logik*, 2ª ed., § 78. Especialmente la ilustración de la unidad teleológica (pp. 249 y ss.) es muy importante para las nociones jurídicas.

[32] atomoz=*individuum*.

como unidad las acciones o las manifestaciones homogéneas, que
se repiten continuamente en el tiempo, como de la misma manera
cada grupo de hechos unidos entre sí y contenidos en un determinado espacio de tiempo, que los separa de otros hechos: la lección,
el paseo, el golpe, el relámpago, el temporal. Además, concebimos
como unidad aquello que nos parece limitado en la continuidad del
espacio, de acuerdo a la concepción que nosotros tenemos del espacio: el dormitorio, la pieza, la escalera, la casa, la calle, la ciudad.
El criterio para considerar como unidad lo que tiene límites propios y determinados, es aquello sobre lo cual se fundan también las
tres unidades aristotélicas de tiempo, lugar y hecho. También una
serie de hechos discontinuos, los cuales se repiten, sin embargo, de
forma regular en la sucesión del tiempo, como, por ejemplo, el do-
mingo, la primavera, el tren directísimo del Oriente, en la práctica
de la vida, nosotros la concebimos como una unidad, suprimiendo
los espacios que se interponen entre una idea y otra de la serie, de
la misma manera como el concepto de totalidad se expresa en general mediante el concepto de unidad. El proceso ideológico, que
reduce a unidad una pluralidad mediante la síntesis subjetiva de las
características comunes de cosas que constituyen la pluralidad, o,
en otras palabras, la unidad lógica, nos guía en el campo vastísimo
de unidades formales.

La forma ofrece un medio para individualizar también un contenido cambiante. El Rin se nos aparece siempre como el mismo
curso de agua, porque la masa de agua permanentemente diferente
de la cual se compone se mueve siempre en el mismo lecho o, por
lo menos, en un lecho que se modifica muy lentamente; un regimiento festeja su jubileo centenario, a pesar de que no queda nadie
vivo de los que lo compusieron en el tiempo de su fundación, solo
porque algunas de las características formales de ese determinado
cuerpo de tropa han quedado inmutables, no obstante el cambio
permanente de las personas, que a su vez han concurrido a consti-
tuirlo.

Una de las categorías más importantes de unidad formal se obtiene aplicando la idea de finalidad. Ante todo los seres orgánicos,

como ha demostrado muy bien Kant con argumentos hasta ahora no contradichos[33], se presentan ante nosotros como unidades, por efecto de la individualización atribuida a ellos por la finalidad inmanente a ellos. No obstante todas las modificaciones de la forma de la materia, nosotros pensamos que subsiste el mismo individuo, hasta cuando el mismo principio teleológico domina una misma forma orgánica permanente en la continuidad del espacio y del tiempo. La planta de arroz o el árbol gigante, la lombriz o la mariposa, el niño o el viejo, se presentan como otras tantas individualidades idénticas en todo el curso de su vida, por el hecho de su finalidad orgánica que les es inmanente. También el individuo cuya conciencia, por el efecto de turbaciones psicológicas, haya perdido toda posibilidad de continuación, conserva, a pesar de todo, respecto a nosotros, su individualidad, a causa de la finalidad orgánica que sigue operando en él.

La relación que une las cosas y las personas a los fines del hombre se convierte, de alguna manera más o menos consciente, en el criterio más activo de individualización en el mundo práctico de la vida social de los hombres, y por lo tanto también en el derecho, si bien existiendo, respecto a este último, otros principios de individualización que operan de manera subordinada, como, por ejemplo, aquellos de la separación respecto del espacio y de la repartición respecto de la cantidad. Así por ejemplo un objeto del mundo externo, el cual sirva para un fin específico o un cierto número de propósitos conexos o afines entre sí, constituye lo que en la vida práctica responde al concepto de *cosa*.

El concepto jurídico de *cosa* nace, en cambio, únicamente cuando el objeto del mundo externo es considerado en relación a los fines del hombre[34], debido a lo cual el mismo objeto, considerado

---

[33] KANT (1790) *Kritik der Urteilskraft*, §§ 64 y 65.
[34] La clara inteligencia de esta relación falta en la literatura jurídica. De ahí la maravilla de FITTING (1865) *Die spezifikation, Archv f. civ. Praxis*, 48, p. 3: "Los conceptos del formarse y del destruirse de las cosas no pertenecen a la ciencia natural, sino que son puramente psicológicos, aunque esto se conoce raras

en relación a finalidades diferentes, puede representar cosas jurídicamente diferentes[35]. Todo aquello, en cambio, que no se puede poner *ad libitum* en relación directa con los fines del hombre, como, por ejemplo, los cuerpos celestes, no cae nunca bajo el concepto de cosa[36]. Es la finalidad, por lo tanto, lo que funde en el concepto unitario de cosa objetos materialmente separados, es esto lo que da origen a la *unitas rerum distantium*. Es únicamente en relación a la finalidad que concebimos las cosas como tales; es únicamente orientándolas a un fin que nosotros logramos definirlas. Desde el exclusivo punto de vista de la ciencia natural, no existe una mesa, una silla, una casa, sino únicamente madera, piedra y metal y es únicamente concibiendo el fin para los cuales dichos materiales son agrupados en una determinada forma, que, en la práctica de la vida humana, se adquiere un claro conocimiento de lo que constituye la esencia de estas cosas. Pero no únicamente en los productos del trabajo humano, en los cuales la finalidad se presenta como creador consciente de su obra, sino también en los objetos creados por la naturaleza adquieren importancia para los hombres únicamente en consideración a las finalidades, con las cuales se encuentra en

---

         veces y pueda aparecer extraño, en el hecho, todo el concepto de cosa es puramente psicológico".

[35]   Sobre la confusión evidente entre objeto natural y cosa se funda la polémica de Seligmann (1886) *Beiträge zur Lehre vom Staatsgesetz und Staatsverrtag*, II, p. 152, en contra de mi opinión respecto al concepto de cosa, ya mencionado en Jellinek (1887) *Gesentz und Verordnung*, p. 193. Que el mismo objeto, bajo diversas relaciones pueda representar cosas diferentes, resulta de la práctica cotidiana del derecho. Piénsese en el cuchillo [Código Penal alemán (Str.G.B.) §223 y §267], que puede ser instrumento de trabajo y un arma; en el libro, que con sólo mutar su finalidad, sin que nada cambie en su sustancia, se convierte en papel para la basura, en viga, o en leña para quemar; en el diamante que se convierte en ornamento o instrumento de trabajo; en el aguardiente que puede ser un medio de disfrute o una medicina. Con el cambio de la finalidad a menudo cambian también las normas para la clasificación jurídica del objeto. El carácter de cosa accesoria, la inembargabilidad, la franquicia aduanera, el contrabando de guerra, pueden ser consecuencia de la transformación, de una cosa en otra, a raíz del simple cambio de finalidad.

[36]   Bekker (1886) *System des heutige Pandektenrechtes*, I, p. 287.

relación. Es únicamente la relación entre las cosas y los fines del hombre lo que da vida al concepto de valor y, por otra parte, solo lo que tiene valor encuentra lugar en la vida del derecho. No es simplemente aquello que en la naturaleza nosotros designamos con el nombre de caballo, lo que forma el objeto de las relaciones jurídicas, sino el animal para montar o para tirar. Un producto orgánico natural, que en general no pueda servir para los fines del hombre, no es incluido en el orden de las cosas. Los hongos venenosos y los murciélagos no constituyen cosas, a menos que sean puestos en relación con fines humanos, como parte de una colectividad de cosas naturales o por algún otro empleo que excepcionalmente pudieran tener. En síntesis, es únicamente en relación con la finalidad que las acciones voluntarias de los hombres adquieren unidad jurídica. Los negocios jurídicos y los delitos se presentan para nosotros como unidad y se conciben y se consideran como tales en virtud de la finalidad única que funde en una unidad una serie de acciones a menudo divididas en el tiempo. Sin usar la categoría lógica de finalidad, no es posible llevar orden y significado en las manifestaciones de la voluntad de los hombres.

Pero también la colectividad de hombres, en la práctica de la vida, se reduce a unidad de la existencia de un fin único, que une a los individuos entre sí. La igualdad y continuidad de funciones, con las cuales se provee a determinados fines, hacen aparecer como unidad a los funcionarios, individualmente diferentes, que son propuestos para esas funciones: la *unitas rerum distantium* encuentra su equivalente en la *unitas personarum succedentium*. La empresa comercial figura, de frente a terceros, como una unidad constante, aun cuando frecuentemente cambien las personas que la componen; el juez, el ministro, el soberano, son órganos permanentes en su actividad estatal, cualquiera que sea el número de los seres mortales que se suceden en el ejercicio efectivo de las respectivas funciones. Y todo esto no es ficción, como no es ficción el guardia que permanece constantemente delante del regimiento, si bien las personas que hacen la guardia se cambien cada dos horas.

De la misma manera se comprenden en el concepto de unidad los individuos coexistentes en el tiempo, en cuanto un objetivo común los tenga unos unidos a otros. La asamblea, la familia, la asociación, la corporación son unidades jurídicas de finalidad, que pertenecen a la categoría en análisis. Cuanto más importantes y duraderos sean los fines que unen las cosas o los individuos entre sí, tanto más claramente se nos presenta su carácter de unidad. Desde el punto de vista de la ciencia abstracta, en todos estos casos existen evidentemente solo individuos particulares, los cuales se encuentran en las más variadas relaciones entre sí, y que concurren mutuamente a crear la condición en la cual se encuentran. Pero dicha constatación no tiene ningún valor práctico, ni para la vida real ni para el derecho, el cual él mismo es esencialmente práctico; en otras palabras, las unidades de las cuales se ha hablado, no terminan por esto de existir respecto a la conciencia de los fines humanos. Es en este sentido, como ya en otra ocasión lo he afirmado, que nosotros vivimos en un mundo de fines y de valores, el cual no es susceptible ni necesita de nociones absolutas[37].

Ahora bien, que el Estado se presente al pensamiento jurídico como una unidad resulta claro después de las consideraciones antes expuestas. La base de esta unidad es ante todo física. El Estado ocupa en el espacio una parte limitada de la superficie terrestre. Sobre este territorio limitado viven hombres, los cuales persiguen fines comunes, permanentes, unitarios, conexos entre sí y que se pueden alcanzar únicamente por medio de instituciones estables. Dada la constancia de estos fines, el Estado se presenta ante nuestra concepción práctica como una unidad teleológica, no obstante la mutabilidad de una parte de la población que lo constituye. Finalmente, el poder estatal que proporciona estos fines aparece como una unidad permanente, centralizada por efecto del proceso psicológico que concibe como unidad una serie de personas separadas, las cuales cumplen la misma función.

---

[37]   Véase JELLINEK (1887) *Gesetz und Verordnung*, p. 194.

A resultados no diversos llega sobre este punto también la escuela empírico-realista del derecho público, la cual mira en menos y con tanta soberbia desde lo alto las funciones escolásticas de la ciencia del derecho, desde el momento que, según ella, el Soberano respecto al cual el Estado representa el objeto del dominio, no es el individuo que gobierna, sino la abstracta personalidad imperante; y desde el momento que la unidad del poder soberano, que también ella está obligada a reconocer, no representa sino el resultado de un proceso ideológico, cuyo valor científico-objetivo se presenta muy discutible[38].

Solo una doctrina estéril que no se preocupa de las consecuencias prácticas de las investigaciones y que pretenda constatar la existencia material de cosas, que existen fuera de nuestro mundo objetivo, puede desconocer la unidad del Estado. Una serie innumerable de procesos psíquicos colectivos, los cuales se siguen el uno al otro y están entre sí en la dependencia de causa y efecto, pero que tienen lugar en una multitud de hombres, sujeta a continuos cambios, no se mantienen unidas por alguna continuidad de conciencia, la cual por lo demás no podría existir más que en cada individuo, y todo aquello que responde a la idea de Estado para aquellos que se propo-

---

[38] En lugar de la voluntad del Estado, la cual de acuerdo a la concepción realista, es inexistente, SEYDEL, que es el fundador de la teoría realista (*Herrschertheorie*) en su última forma, (1876) *Grundzüge einer allgemeinen Staats-lehre*, p. 1 y ss., y (1884) *Bayerisches Staatsrecht*, I, p. 352 y ss., coloca la supuesta voluntad soberana concreta. De qué manera dicha voluntad soberana continúa de individuo a individuo, de manera que de aquellos que ejercitan la soberanía resulta el soberano, y de qué cosa derive la identidad del Estado, no obstante el continuo cambiarse de los individuos que lo componen, son todas cuestiones que SEYDEL demuestra no conocer, pero que no por esto dejan de existir.
La doctrina de Seydel fue llevada a sus últimas consecuencias por BORNHAK (1880) *Preuss. Staatsrecht*, I, pp. 63 y ss., (1896) *Allgemeine Staatslehre*, p. 13, quien identifica al Soberano con el Estado. Para la crítica a la doctrina de Seydel y de Bornhak, véase JELLINEK (1900) *Allgemeine Staatslehre*, pp. 140 y ss.; LUKAS (1901) *Die rechtliche Stellung des Parlamentes in der Gesetzbung Oesterreichs und der Konst. Monarchien des Deutschen Reiches*, pp. 35 y ss.; ANSCHÜTZ (1904) *Deutsches Staatsrecht*, en *Kohlers Encyklopädie der Rechtswissenschaft*, II, p. 457.

nen descomponer la realidad en sus últimos elementos[39]. La misma hipótesis que un estado o una relación de dominio constituyen el contenido esencial del Estado, se demuestra irreconciliable con la doctrina empírica del Estado, porque el concebir la persona del Soberano y de los súbditos como sujetos que cambian continuamente, y por otra parte reconocer que estas relaciones representan una unidad, aunque sea subjetiva, significa dar un salto fuera del empirismo[40]. Evaluado con el rigor de la lógica el resultado definitivo al cual llega el empirismo en lo que se refiere a la noción de la naturaleza del Estado, no es otra que una suma de *situaciones,* entendida sin embargo como una mera abreviación subjetiva para representar un fenómeno de difícil análisis, es decir, la verificación recíproca de las relaciones entre los hombres. El jurista, consciente de los límites entre los cuales deben quedar sus investigaciones, no se arriesga sin embargo a alcanzar grandes profundidades. Eso queda en el mundo subjetivo, en el cual se desarrolla la vida del derecho y donde domina no una ciencia abstracta, sino una acción real, y él crea y reconoce las unidades que en él se enfrentan, pero

---

[39]   Este conjunto de hechos es presentado por LINGG (1890) *Empirische Untersu-chungen zur allgemeinen Staatslehre*, en base a su teoría del Estado. Las impreci-siones, las conclusiones sacadas a la fuerza y las evidentes contradicciones, a las cuales este autor se ve obligado a recorrer, para alcanzar una solución del problema del derecho público de acuerdo al punto de vista desde el cual él parte, demuestran mejor cuanto no habría podido hacer una crítica más aguda, la imposibilidad de dar fundamento "empírico" a una doctrina jurídica. Bajo este aspecto, el libro antes citado, cuya parte crítica contiene importantes ob-servaciones, adquiere un valor notable. A ello se puede aplicar también, si bien al revés, la célebre frase de SPINOZA: *verum index sui et falsi* [su índice de verdad y falsedad]. A propósito de LINGG, ver la recensión de PREUSS (1891) en *Archv. F. oeff. Recht*, VI, pp. 163 y ss. y especialmente la preciada obra de TEZNER (1891) *Grünhuts heitschrift für Privat und öff. Recht*, XVIII, pp. 530 y ss.

[40]   De hecho, también LINGG (1890) *Empirische Untersuchungen zur allgemeinen Staatslehre*, p. 116, niega la identidad del Estado en los diversos períodos de tiempo, lo que es suficiente por sí mismo para excluir una noción duradera de las instituciones estatales. Véase, además, PREUSS (1891) *Archv. F. oeff. Recht*, pp. 166 y 167.

preocupándose si, frente a la ciencia abstracta, ese carácter unitario pueda o no justificarse.

2° El Estado posee una personalidad suya propia. Personalidad o persona es la capacidad de poder ser titular de derechos, en una palabra, la capacidad jurídica (*Rechtsfähigkeit*). Ella no pertenece al mundo objetivo, no es precisamente un ser, sino una relación, que intercede entre un sujeto y otro sujeto en el ordenamiento jurídico. La personalidad es concedida siempre por el derecho y no resulta nunca de la naturaleza. Reconocer abiertamente el hombre como sujeto de derecho es un postulado ético afirmado por el progreso de los siglos. Sin embargo, la historia nos enseña, lamentablemente, que es posible un ordenamiento jurídico en que no se cumpla con el postulado antes expresado. El esclavo tenía la capacidad natural de querer, pero no la capacidad jurídica, esto es, no podía poner en movimiento, en su interés, las normas del ordenamiento jurídico que protegían al individuo, porque esta capacidad, por su esencia, es artificial: no resulta de un proceso orgánico de la naturaleza, sino de la operación consciente de los hombres. No existe, por tanto, una personalidad natural sino solamente personalidad jurídica[41]. La expresión: "persona *física*" contiene una *contradictio in adiecto*: físicamente puede existir solo una sustancia, o una función de ella, mientras la *persona,* como se dijo antes, es una relación abstracta que existe solamente psicológicamente. El concepto de *personalidad* presupone, por lo tanto, una pluralidad de hombres que se encuentren en constante relación entre sí. Esta constatación debe ser garantizada mediante un ordenamiento jurídico estable, el mismo creado por los hombres. Ahora bien, es este ordenamiento

---

[41] Este concepto, por tanto tiempo desconocido, se está volviendo cada vez más claro. Ver entre las obras más recientes, GIERKE (1887) *Genossenschaftstheorie,* passim; PREUSS (1889), *Gemeinde, Staat, ecc,* p. 137; MEURER (1885) *Begriff und Eigentümer der heiligen Sachem,* I, pp. 74 y ss.; DERNBURG (1894) *Pandekten,* 4° ed., I, p. 139; LABAND (1901) *Staatsrecht,* I, pp. 79 y ss.; BERNATZIK (1890) *Kritischen Studien über den Begriff der jur. Person., Archiv f. oeff. R.,* V, pp. 236 y ss.; BURCKHARD (1891) *Zur Lehre von den jurist. Personen, Grünhuts Zeitschrift,* XVIII, pp. 7 y ss.; etc.

el que produce la unión de los participantes al derecho en el sentido antes expuesto. La personalidad individual no constituye por lo tanto el fundamento, sino el resultado de la sociedad jurídica. Lo que Aristóteles ha enseñado de la relación hombre y Estado, que este preexista a aquel[42], vale también para la relación entre sujeto jurídico y Estado. Afirmar que el Estado sea una pura apariencia y reconocer solamente a los individuos como sujetos originarios del derecho, significa romper el vínculo espiritual que existe entre las varias partes que concurren a formar el todo.

Cada sujeto del derecho debe tener una voluntad apropiada para realizar en él los intereses jurídicos. Ahora bien, cabe preguntarse, si al Estado se le atribuye la calidad de sujeto de derecho, ¿de dónde sacará él la voluntad que requiere? Puesto que cada voluntad es voluntad individual, el Estado resulta incapaz de querer. Por eso puede ser concebible únicamente una representación, como la que, mediante una persona capaz de querer, haga partícipe de la vida jurídica a quien que no es capaz de querer o de razonar. La voluntad del Estado no sería otra que la voluntad de los individuos, la cual únicamente por la fuerza del precepto de ley, pero no por otra necesidad cualquiera, valdría como voluntad del ser que se esconde detrás del individuo que expresa la voluntad; ser que por virtud propia no podría manifestarse de ninguna manera y de ningún modo y que, en consecuencia, sería un fantasma, una ficción.

Bastante diferente es, sin embargo, la verdadera condición de las cosas. La voluntad del Estado, el cual por lo demás no representa más que una de las tantas formas de personas colectivas, no es para nada una ficción, sino que existe a raíz de la misma necesidad lógica, para la cual una pluralidad de hombres permanente, concentrada[43], tendiendo con fuerzas comunes al alcance de los fines unidos

---

42 ARISTÓTELES, *Polit.*, I, 1235.
43 El texto usa el adjetivo "*einheitliche*" el cual no tiene un equivalente en la lengua italiana. CICALA (1909) *Rapporto giuridico*, Roma, Bocca, p. 17, nota, traduce: "una en la sustancia". No hemos aceptado esta traducción, porque nos parece que en este caso podría constituir una repetición en relación a la finalidad para

entre sí, se presenta ante nosotros como una unión, es decir, que responde a la idea que en el lenguaje común se expresa con la palabra unidad. Admitida la necesidad lógica de la existencia de unidad como resultado de muchas personas, se deduce que mientras los objetivos de la unidad sean permanentes, acentuados y coherentes entre sí, esta encontrará directamente su propia voluntad en los actos de voluntad constantemente dirigidos al alcance de estos objetivos. Por la misma necesidad lógica, para la cual la pluralidad es entendida por nosotros como unidad, nosotros consideramos como querer de la unidad, y no del individuo que materialmente quiere, la voluntad constante y activamente dirigida al logro de los fines de la unidad.

Todos los actos de voluntad de los miembros de la unidad, que miran a la finalidad común, tienen por lo tanto un doble carácter en relación a dos puntos de vista de los cuales se puede considerar la unidad. En el mundo físico-natural existen solamente actos de voluntad de la comunidad. Bajo este último punto de vista, el individuo que cumple el acto de voluntad llega a ser órgano volitivo de la unidad. El órgano volitivo no representa, por lo tanto, a la comunidad de la misma manera que la persona capaz de querer representa al incapaz, sino que es la colectividad misma que quiere, por la misma razón, que las actitudes de los miembros sean actitudes del todo. Representante y representado son siempre dos personas distintas. Unidad de personas y órgano, al contrario, no son independientes entre sí, pero el órgano constituye una parte integrante de la unidad. Detrás del representante hay otra persona, detrás del órgano no hay nada.

---

lo cual ha sido usada por el autor. El concepto alemán "*einheitlich*" es de algo que se refiere a un conjunto concebido como unidad, que proviene de un centro para lo cual "*einheitliche Verwaltung*" corresponde a nuestra administración concentrada. El adjetivo "concentrado", tampoco logra expresar exactamente el concepto del "*einheitlich*" alemán, en el sentido que se ha usado aquí. Pero el lector suplirá fácilmente la falta en nuestra lengua de una palabra más apropiada, teniendo presente las explicaciones dadas anteriormente. [Nota del traductor italiano, que es aplicable para la traducción castellana].

El hecho que respecto a nuestro pensamiento la voluntad individual se proyecte sobre una pluralidad unificada, se verifica cada vez que nos encontramos frente a una colectividad de hombres organizada en vista de un objetivo determinado. Dicha proyección, en su fundamento, es del todo independiente del reconocimiento de parte del ordenamiento jurídico. Una banda organizada de ladrones, una asociación prohibida por la ley, presentan con respecto de su capacidad de querer, las mismas características que se encuentran en las asociaciones lícitas. Por la misma razón el usurpador aparece como órgano de la voluntad del Estado no con menos fundamento de cuanto lo haya sido antes el soberano legítimo depuesto. Pero el órgano destinado de hecho para expresar el querer de una colectividad adquiere carácter jurídico solamente en virtud del ordenamiento jurídico, cuando éste reconoce la organización de la colectividad, ya subsistente con independencia de dicho reconocimiento, como ordenamiento interno de la vida de la colectividad misma.

El ordenamiento jurídico también puede crear o preordenar una tal organización, la cual, en cambio, debe ser necesariamente regulada por normas jurídicas en todos aquellos casos en los que la voluntad de la colectividad no es voluntad directa de un individuo, sino que es el resultado de actos volitivos de una pluralidad de hombres[44].

Hecha esta premisa, para poner en claro nuestro concepto jurídico fundamental, es necesario investigar los efectos que el or-

---

[44]   Aquellos que combaten la personalidad jurídica como una ficción, no se dan cuenta que al aceptar, como ellos lo hacen, la posibilidad de la voluntad de una mayoría, de una voluntad representativa, etc., en conformidad con sus criterios fundamentales, se verifica ya una ficción. En el mundo de las cosas reales no solamente no es posible sacar una voluntad unitaria de actos de voluntad de más personas, sino que no se pueden tampoco adicionar las voluntades porque una voluntad no puede querer por la otra. La relación entre varias voluntades y las normas que imperan sobre estas acciones pertenecen exclusivamente al mundo de la vida práctica de los hombres. ¡Que se intente por ejemplo, fundar sobre la realidad, en lugar que sobre las relaciones de las cosas, la doctrina de la representación!

denamiento jurídico puede atribuir a los actos de voluntad de los individuos. Es conocido, antes que todo, que el ordenamiento jurídico conserva la eficacia al acto de voluntad, incluso mucho tiempo después que este haya cesado de existir físicamente, hasta que un hecho opuesto no aparezca en contra de este. Mediante el testamento y la fundación el ordenamiento permite que la voluntad humana se realice más allá de la vida del individuo, aunque la voluntad misma ya no exista más en el mundo de los hechos objetivos. Desde la voluntad de más personas hace surgir una voluntad colectiva, la cual, como tal, está por encima de la voluntad de los individuos que concurren a formarla. Todas las elecciones y las resoluciones de las mayorías tienen este carácter. Una doctrina empírico-realista del derecho debería en consecuencia declarar como ficción cualquier resolución de mayoría puesto que, ¿cuál es el vínculo no "ficticio" capaz de fundir en una unidad intrínseca los actos de la voluntad que emanan de una pluralidad de individuos, desde el momento que los hechos mismos, si bien tienen un mismo contenido, son sin embargo diferentes entre sí? ¿Será entonces una ficción el Soberano en las repúblicas y, especialmente, en aquellas en las cuales también la ejecución es confiada a colegios, como ocurre actualmente en Suiza y en sus Cantones, de manera que la doctrina empírica no encuentre ninguna fórmula a la cual pueda adaptarse esta especie de Estados[45]?

Pero el ordenamiento jurídico puede seguir también el camino inverso, como cuando establece, por ejemplo, que una resolución deba ser tomada por la mayoría de votos.

Esto puede permitir a una minoría de las voluntades deliberantes, y tal vez a la voluntad de un solo individuo, anular la volun-

---

[45] Lingg (1890) *Empirische Untersuchungen zur allgemeinen Staatslehre*, p. 193, ha intentado presentar un individuo, el presidente, como verdadero portador de la voluntad deliberante en las deliberaciones colegiales. Acerca de la consistencia de las circunstancias jurídicas, que él presupone necesarias, ver la exacta observación de Preuss (1891) *Archv. F. oeff. Recht*, pp. 167 y ss. y de Tezner (1891) *Grünhunt heitschrift für Privat und öff. Recht*, pp. 534 y ss.

tad de una mayoría, como sucedía, por ejemplo, por el veto de los tribunos respecto a la voluntad del Senado, y como sucede con el veto del Presidente de los Estados Unidos respecto a los actos de voluntad legislativa del Congreso Norteamericano. Esto puede dar además autoridad a las diversas manifestaciones de la voluntad de los individuos, aunque por naturaleza estas tengan el mismo valor; y así, por ejemplo, por la voluntad de los órganos, valen leyes del todo diferentes de las psicológicas, según las cuales, en general, el acto de voluntad de un individuo no puede ser ni alterado ni destruido por la voluntad de otro. Proposiciones como: *negantis maior potestas*, procedimientos como la casación de una sentencia de parte de una jurisdicción superior, son fenómenos simplemente incomprensibles desde el punto de vista empírico psicológico. Estas proposiciones no representan para nada ficciones, puesto que los hechos sobre los cuales se fundan son los de la vida real y del ordinario modo de concebir las cosas en la práctica de la vida, y esto a pesar de que en ellos no haya nada de verdaderamente absoluto.

Resumiendo lo que hemos dicho hasta ahora, resulta que el Estado es una unidad de fines constituida por individuos humanos, establecida sobre un territorio limitado, que, desde el punto de vista de una noción práctica, posee una voluntad suya propia en la voluntad de sus miembros-órganos; resulta además que el ordenamiento jurídico, movido precisamente desde su expresa condición de hecho, que existe independientemente de este, es capaz de regular la formación de la voluntad del Estado. De esta manera el Estado, al crear su propio ordenamiento, se afirma como sujeto de derecho.

La noción de Estado como persona se presenta con claridad científica en el mismo momento en el cual es reconocido que en el Estado existe una voluntad unitaria, diferente de la de los individuos que lo constituyen. Si bien existe desde hace tiempo de manera más o menos definida, esta noción se concreta con todo rigor y claridad con Hobbes, cuya concepción materialista-sensualista del mundo repugna en modo absoluto las ideas hipostáticas: prueba esta evidente de que la misma teoría, la cual concibe el Estado como un agregado atómico de individuos, conduce necesariamente a la teoría de la personalidad[46]. Hobbes como es sabido, hace derivar el Estado de un pacto de sumisión del hombre, concebido como originariamente aislado, a la voluntad de un individuo o de una colectividad. Él se expresa de esta manera: "A la unión así conseguida se le llama *ciudad* o sociedad civil, y también persona civil. Porque al ser una la voluntad de todos ha de considerarse como una persona y ha de ser distinguida y reconocida con un único nombre por todos los particulares, y debe tener sus derechos y sus propiedades; de esta forma, ni un ciudadano ni un conjunto de ellos ha de considerarse como si fuera la *ciudad* (a excepción de aquél cuya voluntad está en lugar de las voluntades de los demás). Por lo tanto, *ciudad* (para definirla ya), es una sola persona cuya voluntad, como consecuencia de los acuerdos de muchos hombres, ha de tenerse en lugar de la de todos para que pueda disponer de las fuerzas y de las facultades de cada uno para la paz y la defensa común"[47]. La doctrina jurídica posterior, abstracción hecha, por supuesto, del repudio al fundamento de derecho natural, no ha podido alcanzar nada esencialmente nuevo.

---

[46]   No es, entonces, exacto hacer derivar la teoría personalista a partir de esa orgánica, como ha sucedido a menudo en los últimos tiempos; lo mismo sucede y es inexacto designar como su fuente la filosofía de HEGEL. Esta era la teoría dominante hasta fines del siglo XVII [cfr. PUFENDORF (1672) *De jure neturae etgenellam*, VII, c. II, 13; ROUSSEAU (1762) *Du contrat social*, I. I, c.VI], pero en Alemania fue eclipsada por la teoría orgánica de SCHELLING, hasta que fue traída de vuelta a la luz por ALBRECHT (1837), en su famosa recensión de la obra de derecho público de MAURENBRECHER (1837), aparecida en el *Anzeigen* de Goettingen, p. 1491, en que se produjo el incontestable punto de partida de la noción jurídica del Estado. GERBER aceptó entonces, en la segunda edición de su *Grundzüge des deutschen Staatsrecht* (1869), el punto de vista de ALBRECHT. Sobre el desarrollo de la teoría personalista, véanse las correctas observaciones de BERNATZIK (1890) *Kritischen Studien über den Begriff der jur. Person*, V, pp. 186 y ss.

[47]   HOBBES (1642) *De cive*, V, 9. [en latín, en el original; traducción incorporada ahora]. VAN KRIEKEN (1873) *Ueber die sog. Organishe Staatstheorie*, pp. 41 y ss., muestra un escaso conocimiento del pensamiento de HOBBES cuando, sobre la base de algún párrafo de sus escritos, lo presenta como un representante de la teoría orgánica. Sobre el mecanismo de su doctrina social, véase las justas observaciones de LANGE (1873) *Geschichte des Materialismus*, 2ª ed., pp. 234 y ss.

La doctrina de la personalidad del Estado ha sido valorada también en la consideración de que solamente ella está en condiciones de dar una explicación satisfactoria a los fenómenos del derecho público. Ella solamente, por ejemplo, está en grado de concebir jurídicamente el derecho internacional. Puesto que no cabe dudas de que sujetos del derecho internacional son los Estados; si el Estado es un "objeto", no se comprende de verdad como este objeto pueda ser sujeto de derecho. En efecto, los Estados permanecen constantemente como los mismos sujetos de derecho, pese a cualquier cambio que pueda sucederles a las personas de los soberanos. En base a este criterio, con plena razón fue rechazada por las Potencias la audaz pretensión de Lamartine, quien pretendía declarar eximida a la Segunda República francesa de las obligaciones internacionales asumidas por los gobiernos que la habían precedido, únicamente porque había cambiado la forma del Estado[48]. Aún menos explicable permanece el derecho internacional en base a la teoría de Lingg, el cual concibe jurídicamente el Estado como "un modo de ser de la soberanía". ¡Los *modos de ser* no pueden estipular tratados, ni promover guerras! Se ha intentado resolver satisfactoriamente la materia, jurídicamente tan complicada, de los contratos internacionales, mediante la teoría que concibe el Estado como objeto del derecho del Soberano, o bien con la otra que lo califica como una manera de ser de la soberanía. *Hic Rhodus, hic salta! ["aquí está Rodas, salta aquí"].* Una doctrina que es incapaz de construir jurídicamente las relaciones existentes no es tampoco capaz de comprenderlas, y por lo tanto carece de valor jurídico.

Las mismas consideraciones valen para la doctrina que considera el Estado como una simple relación de derecho, la cual no hace otra cosa, en resumen, sino reproducir bajo una forma diferente la teoría del *modo de ser* (*Zustandslehre*) sin llegar a ninguna conclusión acerca de la unidad y la continuidad del Estado, que ella resuelve en

---

[48]   Véase MARTENS (s/d), *Voelkerrecht*, I, p. 234.

una inmensa cadena de relaciones de poder político con los particulares y de los órganos del Estado entre sí[49].

Una teoría jurídica debe ser capaz de explicar exactamente las manifestaciones de la vida del derecho; ella no puede ser ni psicológica, ni naturalista, ni empírica, ni realista, sino exclusivamente jurídica. A estas exigencias no satisface la teoría absolutista (*Herrschertheorie*), ni la forma en la cual ha sido expuesta por Seydel, ni en los diversos matices asumidos por otros autores. Como ya se ha demostrado, ella no explica ni la limitación del derecho del Soberano[50], ni la existencia misma del Soberano, a menos que no se trate de un usurpador, ni el valor jurídico del orden de sucesión al trono, ya seis siglos antes puestos en evidencia por Bracton, con la afirmación que el Rey está sometido a la ley: *quia lex facit regem*. De la misma manera, sin explicación queda según la teoría absolutista todo el grave problema que forma el objeto de nuestro estudio, es decir, el problema de los derechos públicos de los súbditos, puesto que, dadas las premisas de las cuales ella parte, es más que lógico y más simple negar sin lugar a dudas toda la materia que explicarla como ella lo ha sido. Es por eso necesario estar agradecidos con Bornhak, quien, negando precisamente todo el derecho público subjetivo del individuo, ha llegado ingenuamente a proclamar la bancarrota de la teoría profesada por él[51].

Para completar la investigación que hemos iniciado nos queda, para examinarla en su valor jurídico, la teoría orgánica del Estado, la cual se contrapone directamente, tanto a la absolutista (*Herrschertheorie*) como a la otra del modo de ser (*Zustandstheorie*).

Entre todas las hipótesis acerca de la esencia del Estado, la orgánica es la más antigua y la más popular; tanto es así que forma ya el fundamento de la fábula de Menenio Agripa, y se encuentra

---

[49] JELLINEK (1900) *Allgemeine Staatslehre*, pp. 160 y ss. Su último representante es LÖNING (1901) *Staat*, en *Handwoerterbuch der Staatswissenschaften*, 2ª ed., VI, pp. 923 y ss.

[50] Véase JELLINEK (1880) *Die rechtliche Natur der Staatenverträge*, pp. 22 y ss.

[51] Véase BORNHAK (1880). *Das preussische Staats recht*.

completamente desarrollada en el mismo sistema filosófico que se ha ocupado a fondo del Estado, esto es, en la filosofía de Platón. Especialmente el parangón del Estado con el organismo humano se encuentra entre los escritores de todos los tiempos, los cuales, no raras veces recurren a la similitud inversa, de comparar el hombre con el Estado[52]. Sea cual sea la teoría del Estado que se desee aceptar, resulta bastante difícil evitar del todo la analogía entre el Estado y el organismo natural, la cual se presenta a cada instante, como una especie de necesidad psicológica.

Al respecto, es necesario constatar antes que todo el hecho, hasta ahora no suficientemente remarcado, y todavía tan natural, de que el concepto de organismo, como hoy lo entendemos, se ha desarrollado históricamente de una analogía detectada entre su significado originario y las relaciones humanas, de la misma manera como el concepto de ley en un principio comprendía exclusivamente una norma de derecho y solamente más tarde fue transportado por analogía a las leyes de la naturaleza[53]. Esto está indicado claramente a partir del origen de la palabra ὄργανον, que significa instrumento, esto es, un objeto que sirve a los fines humanos y a la acción humana. De ahí que Aristóteles llama ὄργανον al esclavo[54], y así en el griego más reciente existen palabras desde las cuales se deriva nuestra palabra "organismo". Ésta originariamente no significa otra cosa que un mecanismo provisto de instrumentos necesarios, y por lo tanto apto para la finalidad a la cual ha sido destinado, tanto es así que los romanos usaban indistintamente la palabra *organicus* para expresar el concepto de mecánico[55]. El concepto de instrumento fue trasladado sobre todo a los miembros humanos y a los instrumentos

---

[52] "El genio del hombre y sus pasiones excesivas entonces siguen consejos y, como un reino en discordia, su alma sufre todos los males de una revuelta": SHAKESPEARE, *Julio César* II, 1.

[53] JELLINEK (1887) *Gezets und Verordnung*, p. 37.

[54] *Ética Nic.*, VIII, 13, 1161 *b*, 4.

[55] VITRUVIO, 10, 1, establece esta diferencia entre *machina* y *organum*: "*machinae pluribus operibus maiores coguntur effectus habere, uti balistae torculariumque prela, organa autem unius operae prudenti tractu perficiunt, quod propositum est, ut scorpionis*

de los sentidos, por medio de los cuales las sensaciones son llevadas a la conciencia. Platón habla primero de "ὄργανα"[56] y Aristóteles después de él adoptará la voz órgano para indicar los miembros del cuerpo humano[57]. Finalmente se reconoce que la naturaleza es la creadora de los instrumentos originarios del hombre; sin embargo, por analogía con los hombres, se designan con el nombre de organismos los seres vivientes animales y vegetales, creados ellos también por la naturaleza con una innata correspondencia a los fines a los cuales están destinados. Cuando, en consecuencia, se asemeja el Estado a un organismo, se verifica el procedimiento inverso mediante el cual, desde la idea de instrumento necesario al hombre para su actividad e idóneo para el alcance de un determinado fin, se ha obtenido el concepto de organismo, como se entiende actualmente.

Esto también explica el hecho de que la teoría orgánica encuentre tantos seguidores incluso entre aquellos que no se ocupan de ciencia: Este hecho tiene un origen simplemente antropomórfico.

Las consideraciones expuestas aquí demuestran cuan poco justificada es la opinión de que el uso de las palabras "órgano" y "organización" merezca necesariamente una adhesión, cualquiera que sea, a la teoría orgánica del Estado[58]. Órgano estatal significa instru-

---

et anisocyclorum versationes", para quien órgano no es otra cosa que una forma de instrumento.

[56]   *Theaet.*, 185, C.

[57]   Bonitz (1870) *Index Aristotelicus*, voz "ὄργανον". El traspaso del concepto de instrumento a los miembros del cuerpo resulta claro en Aristóteles. Trendelenburg (1833), en su edición de *De anima* de Aristóteles, pp. 331 y ss., anota: *"ὄργανα proprio ad animalium partes vitacque quasi instrumenta trabuntur id enim agunt vel alieni consilio inserviunt"*.

[58]   Una confusión entre organización jurídica y natural y en general entre la existencia natural del Estado y su noción jurídica se encuentra en E. Mayer (1888) *Krit. Vierteljahrsschrift*, p. 578. La afirmación de Preuss (1902) *Ueber Organpersoenlichkeit* en *Schmolers Jahrbuch f. Cesetzgebung*, p. 558, de que únicamente un organismo puede tener órganos, demuestra que él no conoce la historia del concepto de órgano. El uso de la lengua hablada demuestra al mismo tiempo la ignorancia de la conexión que existe entre órgano y organismo. Detrás de los "órganos" de la opinión pública, de los partidos, de los intereses ciudadanos,

mento del Estado. Organización significa distribuir las funciones de acuerdo a un plan. El carácter propio del fenómeno natural, que forma las características de cualquier organismo, es el que falta totalmente en la acción consciente del hombre, que responde a la idea de "organizar" y por lo tanto también en el órgano estatal creado mediante conscientes y complicados procedimientos jurídicos[59].

Por lo tanto, desde los tiempos más antiguos, el conocimiento de lo que constituye la esencia del organismo ha crecido considerablemente con el avance de la ciencia natural, sin embargo, dicho concepto continúa presentando problemas que aún no están resueltos y que tal vez no se logrará nunca resolver.

La permanente correspondencia a la finalidad que, para seguir la terminología de Kant, la "razón práctica" descubre en las formas orgánicas[60], está en abierta antinomia con la pretensión de la "razón

---

etc. de la manera como son indicados en los diarios y revistas, también PREUSS reconoce que no hay organismo a menos que se quieran declarar organismos las chácharas, la búsqueda del escándalo, la indecencia, en cuanto que todo eso tiene su lugar en la prensa. Acerca de la historia de los conceptos de "mecánico" y de "orgánico", cfr. EUCKEN (1904) *Geistige stroemungen der Gegenwart*, pp. 125 y ss.

[59]   También PREUSS (1889) *Gemeinde*, p. 157, descuida la diferencia que existe entre un organismo jurídico y un organismo natural. Los procedimientos jurídicos como tales no son jamás naturales, en el sentido de procedimientos que se verifican automáticamente de acuerdo con la relación necesaria de causa y efecto. Como cualquier creación humana, ellos se ubican en el campo del poder de los hombres, esto es, en el arte. Los organólogos tienen repugnancia a la palabra arte, como si la libertad humana, que es tanto más alta cuanto más pueda crear, estuviera sometida a las fuerzas ciegas de la naturaleza.

[60]   Asociándose a la oscura concepción de la filosofía naturalista de SCHELLING, PREUSS (1889) p. 281, combate la idea teleológica de organismo, y con esto tiende a reponer con honor la doctrina a menudo reproducida de la inutilidad del Estado. De esta manera él se pone en contradicción con toda la teoría del conocimiento. Para establecer su concepto de organismo él tendría que haber consultado no solamente ROUX e HYRTI, sino en primer lugar todos los resultados de las modernas investigaciones lógicas. Nadie que se ocupe de la esencia del organismo debería desconocer las observaciones de KANT, y las otras, por ejemplo, de TRENDELEUBURG (1870) *Logische Untersuchgen*, 3ª ed., II, p. 143; de SIGWART (1893) *Logik*, II, pp. 248 y ss.; y de WUNDT (1893) *Logik*, 2ª ed., II, pp.

pura" de resolver en procesos mecánicos todos los procesos naturales aparentemente teleológicos[61]. Afirmar la existencia objetiva del organismo, es decir, considerándolo como una forma teleológica por sí mismo, independientemente de nuestro modo de concebirlo, significa abandonar el terreno de las investigaciones positivas para pasar al terreno del misticismo metafísico; significa volver a sustituir la ficción a la realidad.

Para apreciar en su justo valor la teoría orgánica del Estado es necesario, antes que todo, tener presente que ella no ofrece una

---

537 y ss. Ciertamente es necesario indagar la finalidad extrínseca del organismo. No se logra, sin embargo, comprender de qué manera se podría establecer el concepto de organismo sin aceptar la teleología inmanente a él. Sería lo mismo que querer eliminar la característica del líquido en la definición de océano. Desde el punto de vista de la doctrina orgánica del Estado, rechazar la teleología, significa especialmente destruir la vida del Estado. Si la totalidad no constituye una finalidad para aquel que pertenece a este todo, ¿cómo podrían concebirse los partidos políticos, los cuales intentan conseguir a través del Estado determinadas finalidades? ¿De qué manera se debe juzgar el gobierno y la Administración de un Estado?

61 La frase "*reine Urteilskraft*" y "*reine Vernunft*", que se encuentran a menudo contrapuestas en las obras de KANT han sido convertidas a menudo en italiano con las frases "razón práctica" y "razón pura", no obstante que la primera de ellas signifique literalmente "puro juicio" y represente en la literatura kantiana algo de diferente de la "*praktische Vernunft*" que es la razón práctica propiamente tal. Jellinek usa estas frases con el mismo significado que le atribuye KANT y quiere indicar con "*reine Urtheilskraft*" el juicio sintético que, de acuerdo a la manera ordinaria de concebir, nosotros hacemos al designar con la palabra *organismo* la agrupación de elementos diversos, aunque pensamos que tal agrupación esté determinada por una unidad final. En otras palabras, desde el punto de vista de nuestra forma ordinaria de concebir (*reine Urtheilskraft*) la palabra organismo indica, según el autor, el nexo de causalidad que nosotros constatamos entre la existencia de un grupo de elementos naturalmente diversos, pero unidos de hecho en el objetivo final, cuyo alcance nos parece a nosotros ser la causa determinante y la necesidad inmanente de la agrupación misma. Este juicio se diferencia esencialmente del juicio de la razón pura "*reine Vernunft*", la cual, queriendo penetrar más a fondo en la razón última del conocimiento, y sin embargo sin alcanzar la explicación, se encuentra sin embargo en la agrupación de la cual se trata, solamente un conjunto de fenómenos mecánicos que analiza y trata de explicar uno independientemente del otro. [Nota del traductor italiano].

noción jurídica, sino que tiende a explicar la existencia natural del Estado. Su objetivo es la ἐντελέχεια del Estado, como este resulta del concurso de todas las fuerzas cósmicas, independientemente de cada abstracción consciente del hombre y de cada idea de finalidad. Ya en la mente genial de Aristóteles, el Estado aparece como un todo, creado por las fuerzas operativas inconscientes de la naturaleza humana, y teniendo necesariamente una finalidad propia inmanente a él.

También después de Aristóteles, la doctrina orgánica ha buscado siempre concebir el Estado como una forma, que por su naturaleza y por sus objetivos, se escapa al beneplácito del hombre. En la lucha contra las doctrinas del derecho natural, las cuales consideran el ordenamiento del Estado como algo que depende exclusivamente del arbitrio de una mayoría ocasional, la teoría orgánica, unida a las tendencias conservadoras y reaccionarias, y sirviendo también de apoyo a las mismas, ha intentado descubrir las leyes naturales independientes de la voluntad humana de las cuales está gobernado el Estado. Con esto ella se presenta como una teoría metajurídica. Introducir el concepto de organismo en la ciencia del derecho significa, por lo tanto, caer en ese mismo error por el cual se atribuye al mundo del derecho una realidad objetiva igual a aquella que es propia del mundo externo. Además de esto, el concepto de organismo se adapta con la concepción jurídica no más de lo que se adaptan la teoría realista (*Herrschertheorie*) y la del modo de ser (*Zustandstheorie*) y tal vez incluso menos que esta. Aquello no sé qué de místico que rodea al concepto de organismo se encuentra en clara contradicción con el sentimiento jurídico, el cual requiere sobre todo claridad de ideas y que, por lo menos en esto, no ha sufrido de la banalidad de los demás intentos empíricos de explicar el Estado.

Lo que, en sustancia, queda todavía por establecer, es precisamente hasta qué punto la teoría orgánica, como teoría jurídica, puede contribuir a resolver los problemas del derecho público.

La analogía entre el organismo natural del Estado, utilizada cautamente entre ciertos límites, puede llegar a ser útil para la ciencia del derecho. La circunstancia de que la institución social que responde al nombre de Estado descansa inmediatamente sobre las cualidades naturales, físicas y espirituales del hombre y que, por consiguiente, tanto la institución misma, como su necesaria estructura interna, existen con independencia, no de la voluntad, sino del absoluto beneplácito del hombre, es la que hace aparecer el Estado como idéntico al organismo. Además del hecho de que las funciones estatales se cumplen con regularidad estable y que presentan siempre las mismas formas constantes, no obstante el cambiar de las personas y, por otro lado, la lentitud con la cual por regla el Estado evoluciona, no obstante la rápida renovación de los individuos que lo componen, contribuyen a acercar en nuestra mente la idea de Estado a la de organismo. Sin embargo, esto no autoriza a identificar el Estado con el organismo, identificación que por lo demás es inadmisible también desde el punto de vista de una noción puramente abstracta.

Los seguidores de la doctrina orgánica descuidan totalmente una serie entera de características, las cuales distinguen al Estado del organismo. El crecer, el envejecer y el morir no son procesos necesarios para el Estado, pero lo que le falta sobre todo es la capacidad regenerativa, que es esencial para el organismo. Especialmente el grandioso proceso de formación de los Estados, desarrollado en el siglo XIX, no presenta la más mínima analogía con la generación y con el desarrollo embrionario de una forma natural, a menos que no se quiera entender también el nacimiento de Minerva como un evento no simplemente mitológico.

Al Estado le falta además la continuidad en el espacio y la limitación en relación a los individuos que lo componen. Ello no puede ser considerado como equivalente a un organismo humano, por el hecho que no tiene una conciencia propia[62]. También desde el punto de vista de la ciencia jurídica, solamente los actos de volun-

---

[62] MERKEL (1889) *Holtzendorffs Euzyklopädie der Rechtswinssenschaft*, 5ª ed., p. 35. Para otras diferencias, SPENCER (1874) *Principles of sociology*, II, pp. 220-222.

tad de los órganos del Estado, en cuanto se manifiestan al mundo externo, pueden ser reconocidos como actos verdaderos y propios del Estado. El Estado, por sí mismo, no tiene ninguna consistencia psíquica. Saber reflexionar, probar una sensación, desear, querer, soñar, obrar, creer, son propiedades exclusivas del individuo. A este respecto la ciencia puede ciertamente constatar fenómenos colectivos, y en base a ellos proceder a investigaciones acerca del carácter y el patrimonio espiritual de todos los pueblos, pero la existencia de una individualidad (*ein einheitlichen Träger*), que sea sujeto de los fenómenos mismos, puede ser afirmada únicamente por la metafísica, la cual en cada época ha tenido la tendencia a construir como entidad viviente una vida del todo trascendental.

La utilidad jurídica que se puede extraer de la analogía de que se trata es la siguiente: en el Estado, como en el organismo natural, existe una constante actividad dirigida a la realización de los objetivos del uno como del otro. Y es desde esta actividad dirigida a la realización de los objetivos propios que ambos fenómenos derivan su carácter de unidad: "ambos constituyen finalidad de objetivo, *Entelechien*"[63]. Ellos se diferencian sin embargo sustancialmente en esto: que en el Estado la unidad de querer no es nunca obra de la mano creadora de la naturaleza, sino efecto de procedimientos conscientes, los cuales, en un Estado bien ordenado, tienen el carácter de procedimientos jurídicos; que la voluntad del Estado muy a menudo se realiza mediante la coacción practicada conscientemente, mientras que en los organismos unitarios no son para nada concebibles ni una voluntad que resulte de más voluntades, ni la coacción de una voluntad de parte de otra.

---

[63]   BERNATZIK (1890) *Kritischen Studien über den Begriff der jur. Person*, p. 276.

§ 4. El derecho público subjetivo del individuo

La vida del hombre se desarrolla a través de una ininterrumpida serie de relaciones con las cosas del mundo exterior y con los demás hombres. Estas relaciones constituyen las conexiones de la vida de los hombres (*Lebensver hältnisse*). Ellas son reconocidas y reguladas por el ordenamiento jurídico y así son elevadas al grado de relaciones jurídicas.

De las relaciones jurídicas nacen los derechos subjetivos, sobre cuya naturaleza domina la controversia. Dos opiniones se encuentran especialmente enfrentadas: una que busca la esencia del derecho en la voluntad; la otra en el mundo de los bienes (*Güterwelt*) contrapuesto a la voluntad.

La primera doctrina se enlaza a la vieja teoría del derecho natural, que concebía el derecho subjetivo como libertad. En el campo de la filosofía especulativa, la cual en la primera mitad del siglo XIX deviene un factor importantísimo también para la formación del derecho, se ha recibido un gran impulso especialmente de Hegel.

La filosofía de Hegel concibe el derecho como voluntad: es decir, el derecho objetivo, desarrollando evidentemente el pensamiento de Rousseau, como voluntad general; y, el derecho subjetivo, como manifestación de la potestad de querer (*Willensmacht*) del individuo. En relación a esta doctrina, ha sido formulada una definición del derecho subjetivo, la cual, con el fin de poner en evidencia la existencia de la libre voluntad, designa al derecho mismo como una facultad de querer (*Wollendürfen*), como una autoridad de querer (*Willensherrschaft*) o como una potestad de querer (*Willensmacht*), conferida por el ordenamiento jurídico.

Examinemos primero qué valor psicológico y jurídico tiene esta definición.

Cada acto de voluntad humana debe tener un determinado contenido. No se puede simplemente querer, sino que se puede únicamente querer alguna cosa, de la misma manera como no es posible ver, escuchar, sentir, pensar simplemente, sino que es necesario que cada percepción sensitiva y cada reflexión espiritual tenga alguna cosa como su propio contenido. Desde el punto de vista psicológico, es por lo tanto imposible que el ordenamiento jurídico reconozca o confiera una simple facultad o poder de querer. La facultad o la potestad de querer alguna cosa es concebible únicamente como contenido de una norma jurídica, que confiera un derecho. Ahora, basta una breve reflexión para que resulte claro cómo la relación que intercede entre el individuo y este algo es precisamente lo que constituye el contenido de cada norma jurídica que crea un derecho. Conseguir este algo al individuo, conservárselo, hacer posible el disfrute, son los fines del ordenamiento jurídico, en cuanto crea derechos individuales[64].

Sin embargo, la relación entre el individuo y las cosas que forman el objeto del derecho se establece en vista de la utilidad que estas cosas tienen para los objetivos individuales. Las cosas de las cuales se trata son las que sirven para realizar los objetivos individuales considerados necesarios por el ordenamiento jurídico, o simplemente reconocido por el mismo. En otros términos, ellos constituyen *bienes*. Todo lo que, considerado objetivamente, aparece como un *bien,* subjetivamente se convierte en un *interés. Interés* es la apreciación subjetiva de lo que para los fines del hombre constituye un bien. Toda la finalidad del derecho consiste en la tutela de los bienes y de los intereses. Para que un bien dé lugar a un interés no basta con el aprecio individual, sino que es necesario que un bien sea considerado como tal por la apreciación media que resulta del mismo ordenamiento jurídico[65]. La concepción del *derecho* co-

---

[64]   GIERKE (1895) *Deutsches Privatrecht*, I, p. 253.
[65]   El texto alemán dice: "Zum Interesse wird das Gut nicht durch die Individuelle, sondern durch die Durchschnittanwertschnätzung, welche die Rechtworduung selbst vornimm". El concepto del autor es que el ordenamiento jurí-

mo *interés* fue desarrollada, como es sabido, con gran perspicacia, por Jhering, al cual corresponde el mérito de haber demostrado la insuficiencia de la teoría de la pura voluntad (*Willenstheorie*). La concepción del derecho como *bien* encuentra su más fuerte apoyo en la teoría del derecho de Krause[66], a pesar de que la ciencia del derecho al formular esta doctrina no tome como base inmediata la teoría de ese autor. Dernburg más bien, independientemente de ella, califica

---

dico representa "una media de aprecio", una opinión media, como la síntesis de opiniones individuales acerca de la utilidad de las cosas. De esta manera, respecto al ordenamiento jurídico pueden existir cosas que un individuo determinado no reconocería como tales porque carecen de utilidad a sus ojos, como por el contrario basta el aprecio de un solo individuo para que una cosa adquiera el carácter de bien en sentido jurídico. Este concepto podría parecer en contradicción con la noción de bien según la economía política. En el análisis de la noción de bien los escritores de economía parten ordinariamente por el aprecio individual de la utilidad de las cosas (hedonismo) y sobre este aprecio fundan la doctrina de la utilidad límite o utilidad marginal. Basta, sin embargo, un conocimiento no del todo superficial de la ciencia económica para comprender como el aprecio estrictamente individual antes indicado, no representa más que un expediente metodológico para percibir mejor el concepto fundamental de la ciencia misma. La economía política, como el derecho, estudia los hechos y los fenómenos sociales en cuanto representan categorías constantes en la inmensa variedad de los acontecimientos humanos y, sin embargo, sus investigaciones y las conclusiones a las cuales llegan están necesariamente basadas sobre medias y no sobre el aprecio puramente individual. Si la aberración de un loco quisiera considerar útil para la satisfacción de sus propias necesidades una determinada especie y cantidad de vegetales y de minerales que él suponga existente en las inexplorables profundidades del mar o en las tierras polares, no por esto los minerales y los vegetales en cuestión podrían constituir bienes para el economista, de la misma manera de cómo no son bienes para el jurista. [Nota del traductor italiano]

66 En los seguidores de Karl Christian Friedrich KRAUSE se busca en vano una clara formulación del derecho subjetivo. AHRENS (1870) *Naturrecht*, 6ª ed., define el derecho objetivo, I, p. 228, y el sujeto de derecho, pp. 333 y ss., pero no menciona jamás expresamente el derecho subjetivo. RÖDER (1860) *Grundzüge des Naturrechts*, 2ª ed., I, p. 163, declara confusamente: *"Das Recht in seiner Beziehung auf das Subjekt, dem es zukommt zu leisten oder dich leisten zu Lassen, wird das subjetive Recht genannt"*["El derecho en su relación con el sujeto a quien se va a realizar o se le otorga se denomina derecho subjetivo"].

el derecho subjetivo del individuo como una participación de este en los bienes de la vida social[67].

Ambas definiciones hacen demasiada abstracción del elemento de la voluntad en el derecho. El bien, o el interés protegido por el derecho, llega a ser tal solamente cuando es puesto en relación con la voluntad humana. Un objeto del mundo exterior o una relación de hombre a hombre se hace parte integrante del mundo de los bienes y de los intereses humanos únicamente porque representa un posible contenido de la voluntad. Si por una parte se puede querer solamente un algo, por otro lado, este algo debe ser efectivamente querido o, por lo menos, debe poder ser querido, para que el derecho pueda ocuparse de él. La voluntad es el medio necesario por la cual *cualquier cosa* deviene *bien* o *interés*. Para proteger el *bien* o el *interés*, el ordenamiento jurídico debe, antes que nada, reconocer y garantizar la potestad del querer. La teoría de Hegel acerca del derecho público subjetivo pretendía que la potestad del querer fuera reconocida por sí misma. Pero un examen más profundo de la esencia del derecho demuestra que no es la voluntad abstracta, sino más bien la voluntad dirigida a fines determinados, aquella que está reconocida y garantizada, y que el móvil de la voluntad no se puede eliminar absolutamente del concepto de derecho. La voluntad es, sin embargo, un medio, no un propósito para la finalidad, tanto del individuo como del ordenamiento jurídico. El *derecho subjetivo*, por lo tanto, es *la potestad de querer que tiene el hombre, reconocida y protegida por el ordenamiento jurídico, en cuanto está dirigida a un bien o a un interés*. Únicamente el reconocimiento jurídico de la potestad de querer dirigida a un bien o a un interés puede producir esa individualización del derecho, esa conexión con una determinada persona que forma uno de los criterios esenciales del derecho subjetivo. Un interés es también tutelado jurídicamente por el derecho objetivo aun cuando no reconozca ninguna potestad de querer individual. Cada medida que tienda a tutelar el interés general, tutela necesa-

---

[67]   DERNBURG (1894) *Pandekten*, 4ª ed., I, p. 88.

riamente una suma de intereses particulares en bloque, sin crear con esto derechos subjetivos[68]. Solamente si la voluntad individual es reconocida como decisiva para la existencia y para la extensión del interés, este se transforma en un derecho público subjetivo.

Voluntad e *interés* o *bien* son comprendidos los tres necesariamente en el concepto del derecho. Pero no es en absoluto necesario que la persona a la cual pertenece la voluntad orientada hacia un interés sea la misma de la cual el interés se convierte en ventaja. El interés necesita para su existencia y para su función de una voluntad, la cual, sin embargo, no es necesario que sea la voluntad misma del interesado. Tomando la idea de otras consideraciones, que no son las mismas que se tratan aquí, y llegando a otros resultados, Bernatzik ha demostrado esto claramente, cuando ha reconocido la unilateralidad del dogma de la sola voluntad y del solo interés para la concepción del derecho subjetivo[69].

La potestad de querer es el elemento formal; el bien o el interés son el elemento material del derecho subjetivo[70]. Una investigación sobre el derecho público subjetivo deberá así, antes que nada, proponerse la pregunta: ¿El criterio distintivo del derecho público subjetivo, lo que constituye la diferencia entre él y el derecho privado subjetivo, consiste en el elemento formal o en el elemento sustancial? O bien, ¿entre una y otra especie de derecho existe una diferencia tanto formal como sustancial?

---

[68]   Lo cual ha sido plenamente reconocido por JHERING (1875) *Geist der römischen Rechts*, 3ª ed., III, p. 338.

[69]   BERNATZIK (1890) *Kritischen Studien über den Begriff der jur. Person.*, p. 332. Véanse también las importantes observaciones de REGELSBERGER (1893) *Pandekten*, I, pp. 74 y ss.

[70]   JHERING (1875) *Geist der römischen Rechts*, 3ª ed., III, pp. 327 y ss. considera el interés como el elemento formal del derecho, refiriéndose por otro lado expresamente al solo derecho privado, p. 328. Si se reconoce la potestad de querer como elemento constitutivo del concepto del derecho, el elemento formal se encontraría en la potestad misma, la cual no se confunde con el derecho a actuar.

Para responder a estas preguntas es necesario antes que nada analizar todavía más profundamente la esencia del derecho público subjetivo.

El ordenamiento jurídico se puede comportar de diversas maneras respecto de la voluntad individual. Puede prescribirle una determinada acción y, por consiguiente, limitar su natural libertad; puede reconocer su libertad natural; puede agregar a la capacidad natural de actuar algo que la voluntad individual no tiene por naturaleza; por último, puede rehusar añadir este algo, o bien quitarlo, después de haberlo concedido.

Órdenes, prohibiciones, permisos, concesiones, denegaciones, revocaciones son las formas que revisten las relaciones del ordenamiento jurídico con el individuo. Las cuatro últimas formas deben aquí ser objeto de un amplio tratamiento.

Cuando el ordenamiento del derecho privado regula las relaciones de intercambio económico, con ello no agrega absolutamente nada de nuevo a las formas que la libertad activa del hombre puede asumir frente a otros hombres. Las relaciones jurídicas pueden existir desde hace mucho tiempo como relaciones sociales antes que sean sometidas a normas jurídicas. También cuando el Estado crea una nueva institución del derecho privado, esta creación importa solamente el permiso para que la voluntad individual se manifieste en una nueva dirección. El ordenamiento jurídico reconoce las correspondientes acciones humanas como lícitas, es decir, permite que la voluntad individual use de su libertad natural en ciertas direcciones[71]. Pero este permiso se extiende solamente hasta donde la libertad natural puede chocar con la esfera de la libertad de los otros individuos. Si, por lo tanto, una acción no es capaz, absoluta o relativamente, de producir un efecto jurídicamente relevante respecto de otras personas, ella no puede ser calificada como una acción permitida. Entonces en cuanto sea abolida una limitación

---

[71]   En este lugar y a continuación, la frase: "libertad natural" es usada en el sentido de posibilidad psíquico-física de actuar independientemente del Estado.

jurídica existente al respecto, el acto de la abolición se conoce además como un permiso. Pero este permiso es puramente negativo, todo su efecto se reduce a la abolición de la prohibición. El derecho regula las relaciones entre los hombres, pero no se preocupa de las acciones, salvo cuando las mismas, a su juicio, no asumen el carácter de dichas relaciones. Por lo tanto, no hay ningún derecho de ir a paseo o a dormir, por cuanto y hasta cuando dichas acciones individuales no estén en relación con algún deber jurídico. Bajo este punto de vista, las acciones humanas se dividen en *jurídicamente relevantes* y *jurídicamente indiferentes*. Las acciones *jurídicamente relevantes*, permitidas por el ordenamiento jurídico, forman en su conjunto *aquello que jurídicamente es lícito* (*licere, Dürfen*).

El carácter propio del *licere* resulta claro, si nosotros examinamos los efectos de la prohibición. Algunas prohibiciones pueden ser reducidas a la fórmula: *para ti no es lícito*. Pero la prohibición no tiene para nada el efecto de hacer imposible la acción prohibida. Eso la hace únicamente contraria a la ley. La prohibición puede ser trasgredida, la libertad natural al contrario puede ser sometida al imperio de las normas, pero nunca destruida. Hasta que la libertad natural no encuentre obstáculo en una absoluta prohibición material, ella puede manifestarse no obstante las normas prohibitivas. El *non licere* (*Nichtdürfen*) no excluye en modo alguno el poder físico (*posse, Können*).

Pero el ordenamiento jurídico puede también sumar a la capacidad del individuo algo que él no posee por naturaleza. Es decir, puede concederle la facultad de pretender que algunas de sus acciones sean concebidas como hechos jurídicos y que, como tales, sean susceptibles de la tutela del Estado. Provocar la acción del Estado, hacer reconocer como jurídicamente relevante una acción emprendida por un individuo, la cual hasta ese momento no tenía importancia jurídica, no son atributos de la libertad natural del hombre. De acuerdo a la naturaleza de las cosas, esto puede suceder solamente por efecto de una determinación del Estado, provocada por la voluntad individual. Cualquiera que sea la unión natural de familia que el individuo contraiga, la unión misma lle-

ga a ser matrimonio únicamente con las condiciones establecidas
por el derecho objetivo; cualesquiera que sean las disposiciones
que el individuo asuma en previsión de su muerte, ellas son elevadas al grado de disposiciones testamentarias únicamente en base
a las prescripciones del derecho. La libertad natural está limitada
con respecto a esto. Todas las disposiciones que dicen relación
con la validez de los actos jurídicos o de los negocios jurídicos,
establecen una *potestad jurídica* (*rechtliches Können*), la que es una
concesión expresa del ordenamiento jurídico. Esta *potestad* (*posse-
Können*) está en clara contraposición con la facultad (*licere-Dürfen*).
No sería exacto decir: el incapaz no tiene la facultad de concluir
un contrato, sino que hay que decir: el incapaz no puede concluir
un contrato, ya que cualquier cosa que él haga no resulta nunca
un contrato. El supuesto negocio jurídico que él habría concluido
no existe; él ha consumado una acción jurídicamente inexistente.
Mucho menos constituyen una *no facultad*, un *non licere* (*Nichtdürfen*) aquellas prescripciones en virtud de las cuales, por ejemplo,
algunas personas no pueden hacer un testamento en común, la esposa no puede ser testigo del testamento del marido, los contratos
de donación necesitan para su validez de una declaración en forma
judicial o notarial, etcétera. El ordenamiento jurídico no prohíbe
de manera absoluta las acciones que contradicen a estas prescripciones, pero le niega toda eficacia jurídica: el juez no puede ser
llamado eficazmente para su tutela. La acción que es contraria a
un *non licere* es jurídicamente relevante, ella produce consecuencias jurídicas: la acción en cambio que es contraria a un *non posse*
no existe en el sentido jurídico, ella es jurídicamente irrelevante.
Para que llegue a ser jurídicamente relevante es necesario que
a la *potestad* natural se agregue el reconocimiento jurídico. Esto
puede verificarse solamente ampliando la capacidad de actuar del
individuo, atribuyéndole expresamente la capacidad, que antes no
tenía, de exigir para su interés el reconocimiento y la actividad
del Estado. Esta capacidad no es sin embargo el resultado de un
permiso, sino de una concesión. Las capacidades jurídicamente

relevantes, concedidas por el ordenamiento jurídico, forman en su conjunto la *potestad jurídica (das rechtliche Können)*[72].

El *non licere* jurídico puede ser trasgredido, el *non posse* jurídico, no puede ser transgredido jamás. En el primer caso la consecuencia jurídica de la acción prohibida es la pena y la obligación del resarcimiento; en el segundo caso la inexistencia de la acción, la cual no está prohibida es irrelevante. El *posse (Können)* es así independiente respecto al *licere (Dürfen)*, aquello puede existir y este faltar. Se puede atribuir la capacidad de actuar y prohibir su ejercicio. El *posse* no solamente puede existir sin el *licere*, sino que puede hasta coexistir con un *non licere*, como está demostrado en la *lex minus quam perfecta*. Solamente el *licere* no es jamás posible sin un *posse*[73].

Licere y *posse*, permitir y conceder, están relacionadas entre sí de tal manera que permitir y *licere* se refieren inmediatamente a las relaciones de una persona con otra; conceder y *posse* se refiere inmediatamente a las relaciones entre un todo, que crea el derecho, y la unidad comprendida en este todo, y luego en primera línea a las relaciones entre el Estado y el individuo. Lo que es lícito lo es res-

---

[72]   En la literatura jurídica no se ha puesto hasta ahora en plena luz la contraposición fundamental que existe entre el *licere (Dürfen)* y el *posse (Können)*. Generalmente el *licere* es ciertamente identificado con el *posse* jurídico. Pero también donde son contrapuestos entre sí, falta por lo general un criterio bien determinado. Así, desde luego, BRINZ (1873) *Lehrbuch der Pandekten*, 2ª ed., II, p. 65; BEKKER (1886) *System des heutige Pandektenrechtes*, I, pp. 47, 49 y ss. A un concepto exacto del *posse* se acercan THON (1873) *Rechtsnorm und subjektives Recht*, pp. 335 y ss., y BIERLING (1877) *Zur kritik der juristischen Grundbegriffe*, II, p. 56. Muchos sin embargo caen en el error acerca de la naturaleza del *licere* que identifican con lo que no es jurídicamente prohibido, por lo cual ni siquiera en ellos se puede encontrar una fórmula exacta de la relación entre *licere* y *posse*. Recientemente ZITELMANN (1897) *Internationales Privatrecht*, II, pp. 32 y ss., ha sostenido la existencia de derechos de potestad jurídica, los cuales, como por ejemplo el derecho de impugnar, atribuyen poder sobre un determinado efecto jurídico. Pero una parte de esta potestad es contenida en cada derecho y, en el derecho privado, está siempre unida a un *licere*, lo que es explicado más ampliamente en el texto.

[73]   Para evitar todo equívoco, téngase presente que en lo sucesivo por *posse (Köennen)* se entenderá siempre el *posse jurídico*.

pecto a personas iguales; lo que llega a ser jurídicamente posible lo
llega a ser respecto al Estado. Diversamente sucede para el *non licere*
y el *non posse* por una parte, para el mandar y el prohibir por la otra.
Aquello que es prohibido, constituye una cosa ilícita respecto al Estado, es decir, que el individuo, a causa de su potestad de hecho, no
puede sacar ninguna consecuencia jurídica de la acción prohibida
de otro, lo cual le haya causado daño. No es la persona en particular a causa de un poder propio, sino es el ordenamiento jurídico,
proporcionando directamente, o consintiendo que proporcionen
aquellos que le están sometidos, el que puede ordenar o prohibir y
en consecuencia exigir una determinada acción u omisión.

A un *non licere* que refleje una persona, el Estado puede conectar
un *posse* de otro. El sujeto inmediato al cual es debida la observancia
de un *non licere* es el Estado, y solo mediatamente, en razón de una
norma de derecho, algo puede ser no lícito respecto de otro individuo. Lo mismo sucede para el *posse* que, directamente, concierne al
Estado pero que, indirectamente, puede tener consecuencias para
los individuos, en tanto que el *posse* esté unido con un *licere*. Mientras la potestad jurídica pueda coincidir con lo que es lícito, en cuyo
caso reflejará tanto las relaciones con el Estado, como las relaciones
con los individuos, el *non posse* que no coincida con un *non licere* representa necesariamente una imposibilidad absoluta bajo todos los
aspectos. La potestad jurídica que yo no tengo, porque las normas
del derecho no me la atribuyen, no la tengo igualmente ni en términos generales ni por lo tanto en relación a alguien. El *posse* es el
resultado de una concesión con un contenido determinado, el *non
posse* es simplemente el resultado de una *no* concesión.

Lo que no tiene relación ni con una persona superior ni con una
igual, en la medida en que esto pueda suceder, no constituye ni un
licere, ni un *posse*, ni un *non licere*, ni un *non posse*. Cada derecho es
relación entre sujetos de derecho. Donde por cualquier motivo falta
la relación, por eso mismo falta también el derecho. Este campo de
actos estrechamente individuales es el de las acciones *jurídicamente
irrelevantes*.

Licere y *posse*, como ya ha sido demostrado, están tan conectados entre sí que cada *licere* tiene como presupuesto un *posse*. El ordenamiento jurídico ofrece los medios para realizar la libertad natural del individuo solamente en cuanto tal libertad haya sido reconocida jurídicamente. Cualquier permiso para ejercer mi libertad respecto a otra persona, descansa sobre el presupuesto de que el Estado reconocerá y tutelará las manifestaciones de esta libertad, entre los límites de lo que ha sido permitido[74]. Permitir sin garantizar no tendría ningún significado, porque, en tal caso, una acción sería declarada jurídicamente relevante únicamente en la forma, mientras que sería excluida toda posibilidad de hacerla valer efectivamente como tal.

Por el contrario, es bien posible que un *posse* exista sin un *licere*. Hay muchos casos en los cuales el ordenamiento jurídico se limita solo a *conceder*, es decir crea una nueva posibilidad de actuar, sin *permettere*, es decir, sin reconocer en una determinada dirección la libertad natural, la cual ya existía antes, independientemente del ordenamiento mismo. Cuando el Estado concede al ciudadano el derecho electoral, lo hace partícipe de un *posse* que no le viene de la naturaleza. La posibilidad de la existencia de los actos relativos a las elecciones políticas es creada únicamente por el ordenamiento jurídico. Todos los actos individuales relativos a las elecciones no contienen ningún *licere* por sí mismos, es decir, si se prescinde de lo que lo une al acto estatal con las elecciones y si, por lo tanto, se supone como no existente el *posse,* que mediante ellos está acordado, estos actos no representan un *licere*, sino que constituyen simples acciones jurídicamente irrelevantes. Solamente aquel que es autorizado por la ley puede ser reconocido como elector y, a raíz de esto, tomar parte en el acto eleccionario. Un *posse* jurídico puede existir aunque con ello tenga que necesariamente estar unido a un *licere*; y

---

[74]   Tutela que no se identifica siempre con el apremio judicial, sino que abraza el conjunto de las varias garantías concedidas por el derecho. Véase el capítulo final [§ 12 de esta edición castellana].

esto sucede siempre cuando se trata de relaciones entre el individuo y el Estado con carácter de derecho público.

Mirando más de cerca, se observa que los derechos privados están siempre conectados con una pretensión jurídica (*Anspruch*) de derecho público al reconocimiento y a la tutela, de manera que en ellos el *licere* y el *posse* se encuentran siempre unidos. El ordenamiento jurídico otorga además al individuo un *posse* jurídico, para que él se afirme jurídicamente respecto de los demás individuos. Pero también ese *posse* no puede referirse más que a hechos que tengan como base un *licere,* de manera que, también en estos casos, *posse* y *licere* estén unidos entre sí. El derecho privado tiene siempre como presupuesto la relación de persona particular a persona particular. Cualquier derecho privado subjetivo contiene, por lo tanto, necesariamente un *licere* y, en consecuencia, también necesariamente un *posse*.

Pero el derecho subjetivo del individuo en el campo del derecho público consiste exclusivamente en la capacidad de poner en movimiento normas jurídicas en beneficio o interés individual. Puesto que, si esto se agota en la relación entre el individuo y el Estado, no queda nada que pueda directamente dar vida a una relación entre individuo e individuo. Sobre la base del derecho público pueden sin embargo existir relaciones de derecho privado, pero éstas se distinguen siempre muy claramente de las relaciones del derecho público, en las cuales tienen su origen. El derecho público subjetivo del individuo, en consecuencia, tiene siempre como contenido únicamente un *posse*[75]. De esto se deduce que no entra en el complejo

---

[75]   Los hechos que me fueron objetados, como constituyentes de un pretendido *licere* (*Dürfen*) de derecho público (G. Meyer (1905) p. 134, n. 6; Tezner (s/d), *Kritische Vierteljahrschrift*, pp. 110 y ss.; Heimberger (1894) *Kritische Vierteljahrschrift.* pp. 238 y ss.; Layer (1902) *Prinzipien des Enteignungsrechtes*, p. 342), de acuerdo con mi doctrina, constituyen verdaderamente acciones jurídicamente irrelevantes, como lo he declarado expresamente en el capítulo VIII. Yo no puedo sin embargo pretender sino en consideración a las críticas que me atacan en base a mis presupuestos y no aquellas que parten de una doctrina bastante diferente de los derechos de libertad. Y, de hecho, Layer (1902) p. 342,

de las manifestaciones de la libertad natural reconocida por el ordenamiento jurídico, sino que por el contrario resulta exclusivamente de una ampliación de la libertad natural.

Todas las normas autónomas del derecho, teniendo presente lo que se ha dicho acerca de las funciones que le pertenecen, pueden ser clasificadas en normas que ordenan y normas que permiten, por un lado; y, en normas que conceden una potestad y normas que niegan un poder, por otro lado. El derecho público subjetivo no se funda sobre normas que permiten, sino exclusivamente sobre normas jurídicas que conceden una potestad.

El *posse* jurídico es idéntico con la capacidad jurídica. Él denota las particulares direcciones de acuerdo a las cuales la capacidad jurídica puede manifestarse. El conjunto del *posse* constituye la personalidad. Cada derecho público subjetivo del ciudadano tiene por base una calificación de la personalidad. El derecho público subjetivo, desde el punto de vista formal, consiste por lo tanto en pretensiones jurídicas (*Ansprüchen*), las cuales derivan de las calificaciones concretas de la personalidad[76].

La precisión con la cual se logra establecer el carácter del derecho público subjetivo respecto a su elemento formal no se obtiene respecto al elemento material.

---

n° 1, en su polémica acerca de mi manera de concebir el derecho electoral, destaca el hecho de que, al respecto, mi punto de vista es muy diferente del suyo. Para los que sin embargo están de acuerdo conmigo al reconocer en los derechos de libertad solamente las manifestaciones de una amplia esfera de libertad, mi afirmación de que el derecho público subjetivo representa un *posse* y no un *licere* queda sin respuesta e incontrovertido.

[76] O. MAYER (1895) *Deutsches Verwaltungsrecht*, I, p. 110, explica que el derecho público subjetivo consiste en una potestad sobre el mismo poder público. Esta proposición que se presta para ser fácilmente mal entendida es precisada mejor por MAYER en la ed. francesa de su obra (1903), vol. I, pp. 140 y ss., en la cual el derecho público subjetivo es definido como un "poder jurídico sobre el ejercicio de la potestad pública". Con esto, sin embargo, desaparece cualquier diferencia sustancial entre mi concepción y la suya.

Este carácter no puede consistir en la naturaleza del interés, ya que el derecho individual debe necesariamente tener como contenido un interés individual. Esto más bien debe buscarse en los motivos que han inducido al ordenamiento jurídico a reconocer el interés individual. Y, de hecho, el intento más antiguo de una distinción entre derecho privado y derecho público ha tenido lugar a partir de este punto de vista[77].

Cualquier interés individual encuentra su reconocimiento jurídico solamente cuando dicho reconocimiento es exigido por el interés general. No existe ningún interés jurídico individual que no tenga relación con un interés general. Solamente el grado de esta relación puede variar sensiblemente. Por lo tanto, los intereses individuales se distinguen en intereses constituidos mayormente por fines individuales e intereses constituidos mayormente por intereses generales. El interés individual reconocido mayormente en el interés general constituye el contenido del derecho público.

Pero el interés reconocido en pro del individuo mayormente en el interés general refleja al individuo mismo no como personalidad aislada, sino como miembro de la comunidad. Respecto al elemento material, el derecho público subjetivo es por lo tanto aquel que pertenece al individuo a causa de su calidad de miembro del Estado[78].

---

[77] *Digesto* I, 1, § 2. [= *Institutas*, I, 1, 4].

[78] La determinación del carácter material del derecho público es la que en sus diversos matices forma la nota dominante en la literatura reciente. WACH (1885) *Handbuch des deutschen Civilprozessrechts*, pp. 930 y ss. Ello también es aceptado por PRAZAK (1889) *Arch. Für öffen. Rech.*, IV, p. 270. Hacia el mismo objetivo tienden también las disertaciones de DANTSCHER (1888) *Die politischen Rechte der Untertanen*, pp. 54-75. Profundas y cuidadosas investigaciones acerca del elemento material se encuentran en GIERKE (1895) *Deutsches Privatrecht*, I, p. 182 y en muchos otros lugares. En la literatura más reciente merece ser especialmente mencionado LAYER (1902) *Prinzipien des Enteignungsrechtes*, p. 347. Acerca del conjunto de la doctrina sobre las características del derecho público se puede ver también a HOLLINGER (1904) *Das Kriterium des Gegensatzes zwischen dem öffentlichen und Privatrecht, Züricher Diss.*

Esta línea de límite material no se puede trazar siempre, en sí y por sí, con seguridad. Pero ella adquiere su importancia por la determinación del concepto jurídico, cuando se une con la característica formal del derecho público subjetivo. En los casos de duda, esto es, en los que las características jurídico-formales no ofrecen ninguna resolución, ésta se debe deducir de la combinación del criterio formal con el material.

Explicar y desarrollar estas nociones fundamentales es tarea del capítulo siguiente.

§ 5. Derecho subjetivo público y privado

En base a las consideraciones antes expuestas, podemos ahora establecer los criterios generales de los cuales resultan las diferencias entre el derecho subjetivo público y el privado.

La potestad jurídica del querer dirigida a un interés constituye siempre, directa o indirectamente, una potestad de querer dirigida hacia terceros. Aquel a quien pertenece un derecho se afirma en tal calidad por el hecho de poder disponer frente a terceros del interés al cual el derecho se refiere, ya sea ampliando la condición jurídica de los terceros mismos, o bien imponiendo a sus acciones un determinado contenido o un determinado límite. La función del derecho subjetivo, en cuanto refleja a terceros, se explica en el pretender o en el permitir. Por lo tanto, en cuanto el derecho subjetivo consiste en relaciones entre persona y persona, la íntima esencia de la potestad de querer reconocida jurídicamente consiste en la posibilidad de un cierto número de pretensiones y de permisos, cuyo contenido no se puede determinar *a priori*. Una pretensión concreta y actual, que se origina a partir de un derecho subjetivo y que esté dirigida en contra de una determinada persona, constituye una *pretensión jurídica (Anspruch)*[79]. Un permiso concreto dado, individualmente o en términos generales, a determinadas personas

---

[79] Acerca del concepto de pretensión jurídica (*Anspruch*), en el sentido aquí indicado ver UNGER (1856) *Sistem des österr. Allg. Privatrechts*, II, p. 324; MERKEL (1895) *Encyklopädie*, § 163; WINSCHEID (1900) *Lehrbuch des Pandektenrechts*, 8ª ed. I, p. 43 (edición de KIPP); BRINZ (1873) *Lehrbuch der Pandekten*, pp. 251 y ss; WUNDT (1893) *Logik*, pp. 15-16; DERNBURG (1894) *Pandekten*, p. 90; REGELS-BERGER (1893) *Pandekten*, pp. 213 y ss.; ENDEMANN (1905) *Lehrbuch des bürgerl. Rechts*, 9ª ed., I, p. 450. De manera diferente concibe la pretensión jurídica (*Anspruch)* THON (1873) *Rechtsnorm und subjektives Recht*, pp. 223 y ss. En contra de lo que en esta opinión hay de inadmisible, ver las observaciones de GLUTH (1888) *Archv. f. off. R.*, III, p. 570.

por aquel que está revestido de un derecho, constituye siempre una limitación de la potestad de querer potencialmente reconocida por el derecho, una renuncia a una potestad de querer, una *alienación* en el más amplio significado de la palabra. Hasta cuando a aquel que posee un derecho no se le quite el derecho mismo, la señalada alienación se refiere solamente a determinadas pretensiones. Si yo he prestado o arrendado algo mío a alguien, con esto yo le he alienado temporalmente una suma de pretensiones que abstractamente me pertenecen como propietario. Pretensión jurídica y alienación de pretensión jurídica son las dos funciones del derecho subjetivas a las cuales, como tercera, se agrega la alienación del derecho mismo, por efecto de la renuncia o de la transferencia de él[80].

De frente al derecho abstractamente potencial, la pretensión jurídica es siempre actual, concreta. Aunque la prohibición de turbar mi derecho de propiedad sea sancionada respecto a todos, sin embargo, a mí no me corresponde una pretensión jurídica para que se remueva o se retire la molestia, sino hacia aquel que de alguna manera haya ya comenzado una molestia[81]. Si por el hecho de tener un certificado de renta pública tengo por ley un derecho a pretender los intereses semestrales, este derecho se transforma en una pretensión jurídica solamente con el vencimiento de cada cuota. El derecho es a la pretensión jurídica casi como la *actio* a la *formula*: como el Pretor prometía traducir la *actio* en la *formula*, así él la concedía.

---

[80]   THON (1873), *Rechtsnorm und subjektives Recht*, p. 327, declara que el poder de alienación no puede ser comprendido en el contenido del derecho. A decir verdad, la capacidad de disponer es uno de los elementos causales de cada acto dispositivo, de la misma manera, como el objeto forma uno de los elementos causales en el proceso del acto de disposición. No de otra manera el lanzar una piedra no está determinado solamente por la fuerza de aquel que lo opera, sino también por la naturaleza del objeto lanzado.

[81]   En contra, WINDSCHEID (1900) *Lehrbuch des Pandektenrechts*, p. 56, el cual habla de pretensiones jurídicas reales (*dinglichen Ausprüchen*) contra cualquiera. Ver las apropiadas observaciones de BRINZ (1873) *Lehrbuch der Pandekten*, p. 252, THON (1873) *Rechtsnorm und subjektives Recht*, p. 159, DERNBURG (1894) *Pandekten*, I, 39, n. 5, y también KIPP en WINDSCHEID (1900) *Lehrbuch des Pandektenrechts*, n. 3.

En la posibilidad jurídica de pretender algo de otro, unido a la facultad de disponer del derecho y de la misma pretensión, se manifiesta el *licere* (*Dürfen*). Esta es la característica específica del derecho privado. El derecho privado es por lo general separable de la persona de aquel que está investido (*Träger*) mediante la voluntad del investido mismo. Limitaciones de la facultad de disponer pueden tener lugar producto de normas jurídicas prohibitivas o, más bien, como resultado de convenciones, pero estas limitaciones no derivan nunca de la esencia del derecho mismo.

Solamente este *licere*, que forma la sustancia del derecho privado, tiene importancia jurídica. El goce del derecho en cuanto no tiene ninguna relación con terceros, constituye una acción jurídicamente irrelevante. El ordenamiento jurídico me permite vender mi caballo, prestarlo o arrendarlo, pero para él es indiferente que yo lo cabalgue o lo use para el tiro. La posibilidad del goce del derecho es uno de los fines más importantes que el ordenamiento jurídico tiende a alcanzar a favor del individuo; pero esta finalidad es de naturaleza económica y ética y no de naturaleza jurídica. Este se encuentra más allá del ordenamiento jurídico, como el fin último de las cosas humanas se encuentra necesariamente más allá de estas. El hecho jurídicamente irrelevante del goce del derecho puede, por otro lado, ser limitado por Estado, en el interés general, mediante órdenes o prohibiciones. En tal caso, las acciones relativas salen del campo de las jurídicamente irrelevantes. La libertad natural es puesta en relación de dependencia con el Estado, es decir, limitada. En lugar de un goce jurídicamente irrelevante del propio derecho, reemplaza en tal hipótesis el hecho jurídicamente importante de una acción delictiva.

El derecho privado está, por lo tanto, dirigido siempre hacia otra persona, sometida ella también al poder soberano. La adquisición y la pérdida de derechos privados no aumentan ni disminuyen la personalidad. Esta es independiente del contenido del *licere* (*Dürfen*) que la persona posee.

Diversamente sucede para el *posse* (*Können*), el cual, en base a las normas que ofrecen al que tiene derecho la posibilidad de ejercer una coacción (*machtverlaihende Sätze*), está unido con cualquier derecho privado y forma el criterio específico del derecho público subjetivo. Este *posse* (*Können*) no es separable de la persona sin que la misma quede afectada, y es independiente de la posesión concreta de derechos privados. Las capacidades jurídicas atribuidas al individuo por el ordenamiento jurídico, solo en base a las cuales es posible la adquisición de los derechos particulares y la defensa de los ya adquiridos, constituyen el elemento que permanece constante aún en las condiciones jurídicas concretas cambiantes. Esto resulta claro cuando se considera que dichas capacidades descansan sobre relaciones permanentes del individuo con el Estado, que el Estado tutela de manera general cada derecho de los particulares, y que las normas del derecho privado constituyen para el Estado solamente las causas y las condiciones para las cuales y bajo las cuales él se siente inducido al ejercicio de su deber de tutela. El conjunto de esta capacidad constituye, como se señala antes, la *capacidad jurídica* del individuo, es decir, su personalidad. Lo que se designa como personalidad del particular no es otra cosa que la fusión en una unidad de las varias capacidades reconocidas y concedidas por el ordenamiento jurídico, todas las cuales consisten en la posibilidad de provocar, en el interés del individuo, la acción del Estado, de poner en movimiento las normas del ordenamiento jurídico.

Pero si las condiciones del derecho público, es decir la personalidad del individuo, se deducen del complejo de las cualidades y de las capacidades permanentes que el ordenamiento jurídico confiere al individuo mismo, se sigue que a la par del derecho privado subjetivo, la personalidad representa, antes que nada, algo potencial. Así, igualmente, las pretensiones jurídicas constituyen su principal función. Sin embargo, estas pretensiones están dirigidas hacia el sujeto del poder estatal, y su objeto, en consecuencia, es siempre una concesión del Estado, lo que no puede ser conseguido por el individuo mediante su actividad individual. Además, la calificación del derecho público del individuo descansa sobre una relación estrechamente personal entre este y el Estado. Por lo tanto, su contenido no es un poder privado para disponer. Ciertamente la modificación de la personalidad puede depender hasta un cierto punto de la voluntad del individuo. Pero un *status,* como relación estrictamente personal entre el Estado y el individuo, no puede ser objeto de la facultad de disponer de parte del individuo sino, a lo más, en la forma de una renuncia. Pretensión jurídica y renuncia a una pretensión jurídica, y además renuncia a un *status,* en cuanto el ordenamiento lo permita, son las formas en las cuales se manifiesta la condición (*Zustand*) del derecho público. Mientras, sin embargo, la facultad de renunciar a un derecho es un fenómeno ordinario de la vida jurídica, la facultad de renunciar a un *status* es un fenómeno excepcional. Estando el *status* conectado con el individuo y, en su conjunto, constituyendo la personalidad de estos, él es renunciable únicamente cuando el ordenamiento jurídico lo permita expresamente. De esta manera, la posibilidad misma de la renuncia al *status* comprende una ampliación de la esfera de la potestad jurídica (*rechtliches Können*) de la persona.

La sola potestad de querer (*Wollenkönnen*) es el criterio formal de la pretensión jurídica (*Anspruch*) de derecho público, la facultad de querer (*Wollendürfen*), la que descansa sobre una potestad de querer (*Wollenkönnen*), es el criterio formal de la pretensión de derecho privado[82]. El elemento material de ambas pretensiones es el mismo interés. Pero, a causa de la diversidad formal, también los intereses se diferencian entre sí. El derecho público subjetivo es, por un lado, un interés protegido solamente por su potestad de querer (*Wollenkönnen*); mientras que, por su parte, el derecho privado subjetivo es un interés para cuya realización le es concedida también una facultad de querer (*Wollendürfen*). Voluntad concedida

---

[82]   Dada la gran delicadeza de estas distinciones, que algunos han calificado de su-
tilezas, creo oportuno reproducir íntegramente este pasaje del texto alemán:
"*Ausschliechen Wollenkönnen ist das formale Kriterium des öffentlich-rechliche, Wollen-
durfen, das auf einem Wollenkönnen rubt, da des privatrechtlichen Anspruchs*" [Nota del
traductor italiano].

y voluntad permitida son las dos formas jurídicas mediante las cuales el hombre puede satisfacer sus intereses.

Las pretensiones (*Ansprüche*) de derecho privado pueden surgir de derechos o de situaciones de derecho privado (*privatrechtliche Zustände*); las de derecho público solo inmediatamente de una calificación de la personalidad. A la relación que, en el campo del derecho privado intercede entre derecho y pretensión jurídica (*Anspruch*), se contrapone en el campo del derecho público la relación entre condición o situación (*Zustande*) y pretensión jurídica. Por el contrario, el *status* de derecho privado que proviene de la pertenencia a una comunidad (familia o asociación) se comporta respecto a las pretensiones que de él mismo se derivan de manera análoga a aquello que se verifica para las pretensiones del derecho público. En la expresión: *derecho público subjetivo*, es necesario, por lo tanto, atribuir a la palabra *derecho* aquel significado más amplio en el cual la palabra misma designa tanto la pretensión jurídica como la relación jurídica que a la pretensión sirve de base. Correctamente es necesario, sin embargo, referir esta expresión solamente a la pretensión jurídica; puesto que la situación jurídica que sirve de base a la pretensión jurídica de derecho público es una relación de derecho, no un derecho.

Nuestra terminología jurídica no se ha perfeccionado todavía lo suficiente como para expresar siempre con seguridad dichas sutiles distinciones. Pero el haber destacado la diferencia antes expuesta no autoriza de ninguna manera a negar el carácter de derechos individuales a las pretensiones jurídicas de derecho público. No solamente las analogías existentes entre las pretensiones jurídicas de derecho público y las indudablemente subjetivas que derivan de las relaciones de *status* de derecho privado, sino también el hecho de que un derecho privado se puede agotar en una pretensión jurídica, demuestran suficientemente que el derecho subjetivo privado y el público no son otra cosa que partes de una sola unidad lógica, la que abraza a ambos.

Como el *posse* tiene siempre carácter de derecho público, así las limitaciones del *posse* y también las del *licere*, tienen también ellas carácter de derecho público. Mientras que, sin embargo, las normas jurídicas que confieren una potestad crean pretensiones individuales, las que prohíben o que niegan una potestad existen exclusivamente en el interés general, aun cuando su resultado se torna en ventaja del interés individual. En la medida que el Estado tutela y satisface de variadas formas los intereses de los hombres, no solamente con el reconocer la voluntad individual y con el acordar la propia tutela al derecho individual, sino también mediante órdenes, prohibiciones, denegaciones de potestad, medidas policiales y, por último, todo el conjunto de la actividad, las que se explican en el interés general. No existe forma de actividad estatal que, en definitiva, no se resuelva exclusivamente en la tutela de intereses.

Los resultados hasta ahora obtenidos nos sirven de base para encontrar la línea límite que, en casos de duda, separa el derecho privado del público. Naturalmente en esto ponemos atención solamente al derecho moderno; ya que en este campo no es posible pensar en un criterio distintivo absoluto que pueda ser válido en cada época. A la par de cada derecho, este criterio está unido con la sucesión de los acontecimientos históricos. Demostrar esto con una investigación profunda debería ser la tarea de la búsqueda histórico-jurídica por sí misma[83].

Las relaciones de *status* dependientes del derecho de familia se afirman como relaciones de derecho privado porque de ellos deriva inmediatamente un *licere*, el cual, sin embargo, está limitado de manera entonces acentuada por las normas jurídicas prohibitivas, y la facultad de disponer con respecto a estas relaciones queda limitada a un campo más restringido que en otras relaciones de derecho.

La dificultad para determinar los límites entre el derecho subjetivo privado y el público se enfrenta especialmente en relación a

---

[83] LEUTHOLD (1884) *Oeffentliches Recht und oeffentliche Klage, Hirths Annalen*, pp. 356 y ss., y la literatura citada en p. 357, n. 1.

las pretensiones jurídicas hacia el Estado, las cuales tienen por objeto una cosa o una prestación con valor económico. Para resolverlas, Sohm ha repartido todo el campo del derecho en *derecho de imperio* (*Gewaltrecht*) y *derecho patrimonial* (*Vermögensrecht*[84]), y asigna al primero como público y al segundo como privado. Esta división, además del hecho de que en ella no encuentran ningún lugar enteras categorías de relaciones jurídicas, no corresponde a la realidad del derecho. Que el derecho de familia no tenga carácter de derecho público ni siquiera por esa parte que representa derecho de imperio, a pesar de que el interés general contribuya a la formación en mayor medida que en otros campos del derecho privado, ha sido ya demostrada. Pero además del derecho de familia, existen otras numerosas relaciones de derecho en las cuales se enfrenta un poder de una persona sobre otra, sin que por esto las relaciones de las cuales se trata, tomen lugar entre aquellas de derecho público. Por otro lado, hay pretensiones jurídicas de carácter patrimonial que se fundan sobre el *imperium* estatal y que, en consecuencia, forman el contenido de una relación especial de *imperium*. Los créditos por impuestos debidos al Estado tienen al mismo tiempo carácter de derecho de imperio y de derecho patrimonial, sin que sea posible clasificarlos en una más bien que en otra categoría. La dificultad para trazar al respecto una línea de división aumenta por el hecho de que el Estado, lo mismo que el individuo, goza de una doble calificación. También, aunque de una manera diferente a los particulares, es sujeto de una potestad de hecho, sujeto de un *posse* jurídico (*Konnen*), es decir sujeto de derecho, y sujeto de un *licere* (*Dürfen*). Si bien todas sus acciones tienen lugar en el interés general, sin embargo, puede servirse de los mismos medios que están a disposición del individuo, para traducir en acto sus intereses. También esto, por varias razones, que no es el caso de examinar ampliamente, y para cumplir mejor sus diversas finalidades, puede limitarse a figurar como un

---

[84]   Sohm (1889) *Institutionen*, 4ª ed., pp. 14-15 (otras también en la 11ª ed. (1903) pp. 23 y ss.). En contra, véase la apropiada observación de Wach (1885) *Handbuch des deutschen Civilprozessrechts*, p. 88. Sobre el derecho público-patrimonial, véase también Sarwey (1880) *Das öffentliche Recht und die Verwaltungsrechtspflege*, pp. 297 y ss. y pp. 499 y ss.

sujeto de derecho privado y, en cuanto contraparte de los súbditos, como portador, a la par que ellos, de simples derechos privados.

El Estado como sujeto de derechos y de deberes patrimoniales es designado con el nombre de Fisco[85]. Se presenta por lo tanto la cuestión: ¿cuándo el Fisco es sujeto de derechos y de deberes privados y cuándo de derechos y de deberes públicos? Y, en conexión con esa, estas otras: ¿cuándo la pretensión del particular hacia el Estado es una pretensión del súbdito? ¿Cuándo de una persona que se contrapone al Estado, considerado también él como sujeto de derecho privado? ¿Cuándo esta pretensión es pretensión de un *posse* jurídico *(Können)*? ¿Cuándo de un *licere (Dürfen)* del individuo?

Estas preguntas naturalmente deben ser resueltas con criterios formales y, especialmente, no dependen de quiénes, en los casos concretos, sean llamados o no a juzgar los tribunales civiles[86]. La atribución de la competencia a los tribunales civiles o administra-

---

[85]   La noción que el Estado como sujeto patrimonial sea únicamente el Fisco se encuentra en primer lugar en Zachariä (1865) *Deutsches Staats und Bundesrecht*, 3ª ed., II, pp. 402-403. Ella se encuentra nuevamente en Sarwey (1880) *Das öffentliche Recht und die Verwaltungsrechtspflege*, p. 572 y es acentuada de manera especial en Wach (1885) *Handbuch des deutschen Civilprozessrechts*, p. 92: "Der Fiscus ist der Staat in seiner vermögensrechtlichen, privatrechtlichen und publizistichen Beziehung". La reciente literatura alemana de derecho público persiste todavía en el error de creer que el Fisco es el Estado solo en su calidad de sujeto de derecho privado. Véase Laband (1901) *Staatsrecht*, IV, pp. 332; Zorn (1895) *Das Staatsrecht des deutschen Staatsrechts*, 2ª ed., II, p. 695; Schulze (1886) *Lehrbuch des deutschen Staatsrecht,* I, p. 576; Seydel (1896) *Bayer. Staatsrecht*, 2ª ed., II, p. 371 (que polemiza en manera no clara contra aquello que sostengo). Un concepto exacto se encuentra únicamente en G. Meyer (1905) *Lehrbuch des deutschen Staatsrechts*, 6ª ed. a cargo de Anschütz, p. 201. Para el derecho francés la doctrina correcta es expuesta por O. Mayer (1886) *Théorie des franz. V. R.,* I, pp. 376 y ss.; para el derecho alemán, el mismo, O. Mayer (1895) *Deutsches V. R.,* pp. 142 y ss.; Hänel (1892) *Deutsches Staatsrecht*, I, pp. 161 y ss. Véase también Hatschek (1899) *Die rechtliche Stellung des Fiskus im B.G.B. (Sonderabdruck aus dem Verwaltungsarchiv)*.

[86]   Como por ejemplo hace Thon (1873) *Rechtsnorm und subjektives Recht*, p. 131. Por el contrario, Bierling (1877) *Zur kritik der juristischen Grundbegriffe*, II, p. 153 y Dernburg (1894) pp. 46-47.

tivos no puede ofrecer ningún criterio acerca del carácter esencial de cada objeto jurídico, sea porque los Tribunales civiles deben necesariamente juzgar ellos mismos también en materia de derecho público, como los administrativos juzgan en materia de derecho privado, especialmente bajo la forma de sentencias prejudiciales, sea porque en el mismo objeto, el derecho privado y el público pueden estar tan íntimamente unidos entre sí, y que una separación procesal de dos elementos puede llegar a ser imposible. Además, por el hecho mismo de la actividad judicial, el juez civil se encuentra en posición de efectuar un juzgamiento de derecho público en cuanto que, precisamente, como se ha indicado antes y como se desarrollará más ampliamente, todas las pretensiones para la tutela jurídica, como sea que se hayan formulado, tienen el carácter de puro derecho público. La distinción puede ser, por lo tanto, extraída únicamente de la sustancia de la cosa[87].

Antes que nada, tienen carácter de derecho público todas las pretensiones del Estado, las cuales encuentran su fundamento exclusivamente en su *imperium* y, por lo tanto, cualquiera que sea la jurisdicción llamada a conocer, ellas deben ser juzgadas exclusivamente desde el punto de vista del derecho público. Naturalmente que esto no quita que el Estado tenga plena libertad para modificar la relación del derecho público injertando sobre él elementos de derecho privado, como por otro lado mediante los *privilegia fisci,* lo

---

[87] La demostración sobre la cual se detiene el autor encuentra su razón en el ordenamiento judicial de Alemania, donde las más importantes controversias de derecho público y, en especial, casi todas las cuestiones relativas a los derechos que nosotros llamamos políticos son decisivos para un sistema regular de tribunales administrativos. En Italia el criterio que el autor combate no tendría razón de ser, desde el momento que, entre nosotros, la competencia de los tribunales ordinarios se extiende también a los así llamados derechos políticos, o por lo menos a una gran parte de las controversias relativas. Para evitar peligrosas confusiones sería conveniente tener presente que el sistema de tribunales vigente en Alemania no tiene nada que ver con el complejo administrativo francés, para el cual están por principio sustraídas a los tribunales ordinarios; también las controversias de derecho privado, cuando el actor o el que conviene es la Administración del Estado [Nota del traductor italiano].

que confiere una tutela más eficaz a los derechos privados. El Estado, por lo tanto, cobra los impuestos vencidos con los procedimientos del derecho civil, en lugar de ejecución administrativa, cuando en concurso con otros acreedores, si bien con anticipación respecto de ellos, solicita ser pagado sobre el activo de la quiebra y puede, por lo mismo, como acreedor de una herencia, dirigirse al juez para obtener una orden de ejecución forzada. El derecho de secuestro del Estado a causa de impuestos públicos tiene naturaleza de derecho privado, aunque sirva a fines públicos. El Estado puede además licitar el cobro de los impuestos (aranceles, impuestos indirectos) y por lo tanto hacer objeto de un negocio de derecho privado el derecho de soberanía que le pertenece. Aunque dicho sistema contraste con la idea moderna del Estado y con la del derecho público, sin embargo esos ejemplos que antes se verificaban notoriamente más a menudo, subsisten todavía hoy. Ellos constituyen verdaderamente el último reducto de un tiempo en el cual todos los derechos tenían un contenido económico, y no solamente aquellos que se indicaron más arriba, eran considerados como derechos privados; es decir, de una época en la cual también los derechos de soberanía del Estado, especialmente en materia de finanzas, se concebían, por lo general, como derechos privados del Estado.

Por otro lado, una institución permanece puramente de derecho privado si ella, aunque constituida en el interés general, es sin embargo regulada por el Estado, en todo o en parte, no en vista del logro de los objetivos de interés general que son propios de la institución, o por lo menos, no preferentemente para este fin, sino para los fines fiscales que están más allá de la institución misma. De esta manera, los negocios jurídicos que el Estado concluye a causa de un monopolio de los tabacos que le pertenece son de puro derecho privado, ya que el Estado ha creado el monopolio no para proveer a los particulares de tabaco, sino para proveerse de dinero. Administrar los servicios públicos de utilidad general, que tienen por objeto el transporte y el tráfico, es ciertamente una tarea del Estado para el interés general, pero dicha administración no se ejerce solamente en vista del interés general: los negocios jurídicos concluidos con el público tienen, por lo tanto, por principio, carácter de derecho privado, incluso cuando no sea posible servirse de procedimientos de derecho privado para el ejercicio de las pretensiones que de ellos se derivan. En este campo, en el cual no es posible establecer siempre con claridad los límites entre el derecho público y el privado en base a características sustanciales, el Estado puede ciertamente transformar formalmente las pretensiones de derecho privado en pretensiones de derecho público. El más contundente ejemplo al respecto son los negocios jurídicos que se concluyen en Francia para fines de la administración pública y que han sido formalmente declarados contratos de derecho público. Las pretensiones que de dichos negocios jurídicos derivan para los que contratan con el Estado no son juzgadas de acuerdo con el derecho civil y no pueden hacerse valer sino siguiendo el procedimiento de tribunales administrativos.

Con respecto al derecho positivo existen, por lo tanto, dos categorías de pretensiones jurídicas de derecho público: *formales* y *materiales*. Las primeras, de acuerdo con el ordenamiento positivo, hay que juzgarlas según las normas de derecho público, tengan o no según su naturaleza el carácter de derecho público. La segunda categoría comprende los derechos públicos que son tales por sí mismos, independientemente del procedimiento que el derecho positivo prescribe para hacerlos valer. Dada la continuidad de la vida, que nuestra inteligencia no está en grado de dividir, en algunos casos es indispensable que la voluntad del legislador establezca una distinción formal entre derecho público y derecho privado y en tal hipótesis, por la naturaleza misma de las cosas, al criterio individual de cada Estado en particular se da una amplitud más o menos grande. Pero la clasificación en una o en otra categoría debe tener lugar según si un determinado derecho tiene las características de derecho público o de derecho privado, y no de acuerdo a la jurisdicción que está llamado a conocerlo. Si no fuera más que para otro motivo, que la acción judicial puede también faltar del todo, y que a disposición del ofendido pueden encontrarse exclusivamente los imperfectos medios de defensa del derecho público.

Justamente, por lo que se ha expuesto, también las pretensiones jurídicas del individuo hacia el Estado que tienen carácter patrimonial son esencialmente de derecho público cuando derivan de una relación de derecho público, o sea de la posición que tiene el individuo como miembro del Estado, y lo que importa es que a su tutela esté fuertemente interesado, también, el interés general. Todas las formas de pretensiones de resarcimiento respecto del Estado en consecuencia de actos de soberanía[88], las solicitudes de restitución de impuestos erróneamente pagados, o bien conseguidos ilegalmente, tienen carácter de derecho público[89], porque derivan de relaciones de derecho público y dado que es un importante interés general que el poder público no dañe las esferas patrimoniales privadas sin una adecuada causa legal. De derecho público son las pretensiones jurídicas del Soberano al pago de la dotación de la Corona, de los empleados al pago del sueldo o de otras prestaciones, de los Diputados al pago de la Dieta, porque todas estas pretensiones descansan sobre relaciones de derecho público y son además tuteladas también en vista del interés general. De derecho público es la concesión del derecho de expropiación, ya que él deriva del ejercicio de la soberanía estatal y no puede ser atribuido más que al interés general. A favor de aquellos cuyos derechos reales son sometidos a la expropiación mediante disposiciones de la autoridad, surge de las disposiciones mismas la pretensión al resarcimiento hacia el expropiante. También aquí es sobre todo el interés general el que prohíbe dañar la esfera del derecho privado por fines públicos, lo que se deduce claramente de las acostumbradas declaraciones de tutela de la propiedad contenidas en las cartas constitucionales[90].

---

[88]   O. MAYER (1895) *Deutsches V. R.*, II, pp. 345 y ss.; ANSCHÜTZ (1897) *Ersatzanspruch*, pp. 26 y ss.

[89]   GLÄSSING (1896) *Das Recht der Rückforderung im Gebiet des deutsachen öff. Rechts*, en *Hirths Annalen*, fascículo de septiembre, p. 67. Sin embargo, la legislación y la jurisprudencia no muestran, como se expone en la discusión antes mencionada, algún criterio único y claro.

[90]   Esta pretensión jurídica a la tutela de la propiedad se diferencia de los derechos de libertad por el hecho de que ella no implica ninguna negación de una

La pretensión jurídica al resarcimiento, antes mencionada, debe considerársela de derecho público[91], aunque la legislación atribuya al juez civil la competencia para juzgarla. Aunque en el caso concreto será difícil trazar una línea divisoria, el Estado, no obstante, podrá atribuir formalmente a la pretensión jurídica de que se trata la calificación de pretensión de derecho privado o de pretensión de derecho público, como ocurre en varios Estados en los cuales las disposiciones pertinentes eligen uno u otro de los dos criterios señalados[92].

Los principios hasta ahora expuestos deben igualmente servir de guía cuando se trata de determinar la naturaleza de las pretensiones jurídicas hacia corporaciones de derecho público, y de aquellas que, como pretensiones indirectas de derecho público, están orientadas contra personas diferentes del Estado, pero que ejercitan también ellas poderes públicos[93], o bien de pretensiones que estas últimas personas dirigen hacia el Estado o hacia aquellos que forman parte del Estado. En estos casos será necesario establecer sobre todo si la pretensión emana de una corporación en su calidad de persona autónoma, independiente del Estado, o de quién ejecuta la voluntad del Estado, o en último término por una persona de derecho

---

condición anterior que tenga por objeto no solamente la libertad de ilegales usurpaciones del Estado, sino también una pretensión positiva a la tutela de la propiedad, como de hecho se verifica en la expropiación.

[91]   GRÜNHUT (1873) *Das Enteignungsrecht*, p. 184; O. MAYER (1895) *Deutsches V. R.*, II, p. 349; LAYER (1902) *Prinzipien des Enteignungsrechtes*, pp. 482 y ss.

[92]   Ver la comparación de las disposiciones legislativas, en LAYER (1902) *Prinzipien des Enteignungsrechtes*, pp. 466 y ss.

[93]   Hemos traducido el texto alemán así: "ejerciendo poderes públicos", porque nos ha parecido que esta formulación explica mejor el concepto principal de la frase alemana, sobre la cual en este punto es necesario llamar la atención del lector. Para mejor exactitud de la traducción es necesario, por otro lado, agregar que con la frase usada el autor, de acuerdo a las ideas que se encuentran desarrolladas en los capítulos, se refiere al ejercicio de poderes públicos traspasados por el Estado a la comunidad o a personas de derecho público, pero que no pertenecen a la misma como poderes suyos propios. En otras palabras, la frase poderes públicos es necesario entenderla en el sentido de poderes derivados del Estado y no originarios [Nota del traductor italiano].

público en cuanto ejercita libremente la potestad estatal (un poder público) de acuerdo a la ley; en segundo lugar, será necesario establecer en qué caso la corporación está obligada a la realización de la pretensión. Mayores detalles al respecto serán expuestos en un capítulo sucesivo[94].

La existencia de una vasta área fronteriza, que sirve de fundamento común al derecho privado y al público, hace que se considere como cierta una acción recíproca de ambos en la vida del derecho. Pero un más profundo y atento examen permite deducir que la acción recíproca de las dos especies de derecho y su interdependencia atraviesa toda la vida del derecho. El derecho privado, bajo muchos aspectos, es el presupuesto indispensable del derecho público, y el derecho público también lo es del privado. Antes que nada, la pretensión a la tutela jurídica que tiene esencialmente carácter de derecho público, en su concreta eficacia está condicionada de muchas maneras por la existencia de un derecho privado, el cual únicamente mediante su unión con la pretensión misma, alcanza su plena existencia jurídica. Todo el derecho tributario se conecta con relaciones de derecho privado, la pretensión del Estado a la prestación del servicio militar es modificada por relaciones de derecho de familia, el derecho electoral y la elegibilidad al Parlamento, a la representación comunal, etc., en los Estados en los cuales existe la representación del censo o de los intereses, descansa sobre un presupuesto de derecho privado. El orden de sucesión al trono se basa sobre hechos de derecho de familia; el derecho a un escaño en la Cámara Alta puede ser conectado a la descendencia de determinada familia, a la posesión de un fideicomiso, etc. Por otro lado, la pretensión del derecho público puede nacer del derecho privado, en cuanto esto sea permitido por la naturaleza de la pretensión y no exista una prohibición determinada. A favor de la pretensión del derecho público puede ser concedido un derecho de hipoteca, ello puede formar un objeto de un negocio jurídico, de un contrato de

---

[94]   Véase el cap. XVI [que no se incluye en esta edición castellana].

arriendo (sede de la oficina). Enumerar todos los casos en los cuales el derecho privado está condicionado por el derecho público y viceversa, sería apenas posible. Pero también la lista más completa difícilmente podría aspirar a un valor científico.

La pretensión jurídica del derecho se puede además transformar en una pretensión de derecho privado. Así por ejemplo la acción (*Anspruch*) para el pago de la pena pecuniaria que el Estado ejercita en contra de los herederos de aquel que ha sido condenado en las formas de la ley, hay que entenderla como una acción de puro derecho privado[95] ya que la pena puede tocar solamente al culpable, y no a su heredero, de acuerdo al derecho privado. De la misma manera tienen carácter de derecho privado las pretensiones de los herederos de un empleado público derivada de las relaciones del servicio público de este, ya que el derecho público no puede ser objeto del derecho hereditario[96][97].

---

[95]   Código Penal, § 30; Código de Procedimiento Penal, § 497.

[96]   Véase O. MAYER (1895) *Deutsches V. R.*, I, p. 111.

[97]   Aquí el autor se refiere a los créditos que los herederos de los empleados pueden cobrar a la Administración pública por los intereses hereditarios, es decir para actividades existentes en el patrimonio del difunto, como son por ejemplo las cuotas del sueldo y de la pensión no cobradas todavía o todavía no cobrables al momento de la muerte; y las indemnizaciones debidas al difunto y por este no cobradas. No entran en este concepto del autor las pretensiones jurídicas a la pensión o a especiales indemnizaciones que le corresponden eventualmente a la viuda, a los huérfanos y a los descendientes del empleado muerto, ya que tales pretensiones son por el autor mismo expresamente calificadas como pretensiones de derecho público. Las pretensiones de palabra no hacen parte de la herencia del empleado y no derivan a las personas a las cuales corresponde la calidad de herederos, que podrían también faltar, a la cual los interesados podrían renunciar, pero de las relaciones de familia existentes. Una aplicación práctica de este concepto se encuentra en la jurisprudencia de nuestra Corte de cuentas. La cual afirma constantemente que la viuda y los huérfanos del empleado tienen derecho a la pensión de devolución *iure proprio* y no *iure successioni*, y en base a este criterio ha considerado no aplicable a la pensión de la viuda y de los huérfanos ninguna retención por las deudas hacia el administrador, contratos del empleado muerto a causa de sus funciones [Nota del traductor italiano].

Si una pretensión de derecho público se debe cumplir mediante prestaciones económicas, estas son de la misma naturaleza que las de derecho privado: pago, renuncia en lugar de pago. Por otra parte, la forma en la cual tienen lugar la prestación de un servicio personal no es para nada diferente de aquellas de las prestaciones que descansan sobre un contrato de obra de derecho privado y sus similares negocios jurídicos. Del mismo modo, las formas de ejecución no tienen naturaleza específica ni de derecho privado ni de derecho público, sino de categorías jurídicas generales.

Como consecuencia del hecho de que el derecho patrimonial puede ser tanto privado como público, categorías completas de normas, originariamente modeladas en consideración del derecho privado, adquieren una importancia que va más allá de los límites de este derecho. Las normas jurídicas acerca del error, del dolo y de la culpa, acerca del plazo, de la condición, etc., valen lo mismo para uno que para otro campo del derecho, a menos que su aplicabilidad sea excluida expresamente; las normas fundamentales sobre la compensación, sobre la responsabilidad del acreedor, sobre la obligación personal hacia el acreedor, sobre el depósito, sobre la prescripción, más o menos modificadas, pueden igualmente encontrar aplicación respecto de las prestaciones de derecho público.

Una calificación de derecho privado deberá a menudo asegurar prejudicialmente para los fines de la jurisdicción de derecho público. Así, por ejemplo, la condición de propietario o de pertenencia a una asociación pública. Al respecto, ciertamente pueden existir algunas diferencias particulares entre la seguridad de la calificación para los fines del derecho civil y la seguridad para los fines del derecho público. En el caso concreto es posible que, en razón de la ley, el concepto de heredero o de legatario, como presupuesto de la obligación de pagar el impuesto a la herencia de la sucesión, esté formulado diversamente de aquel al cual se unen los derechos y las obligaciones del heredero o del legatario de acuerdo al derecho civil. En otros casos, por el contrario, el estricto juicio de acuerdo al derecho civil del presupuesto concreto de una pretensión de derecho público será la condición jurídica de la pretensión misma.

En esta hipótesis dependerá del caso especial el resolver a cuál jurisdicción le corresponda tomar la decisión definitiva al respecto.

Si una pretensión jurídica no tiene más que un simple origen de derecho público, pero está constituida sin embargo únicamente para el interés privado, ella cae enteramente en el derecho privado. Por lo tanto, no tienen carácter de derecho público los derechos que descansan sobre concesiones, patentes y otros actos jurídicos administrativos[98]. Lo mismo hay que decir si, como consecuencia de la aplicación del derecho público, ha tenido lugar un daño en la esfera jurídica individual de derecho privado y de ello se deduzca una pretensión de reparación, como sucede con los actos de oficio que exceden la competencia de aquel que lo cumple y por medio de los cuales el funcionario, con dolo o con culpa, dañe ilegalmente los intereses privados. La obligación *ex delicto*, que en tal caso se crea, tiene carácter de puro derecho privado.

---

[98]   Véase el capítulo § 8. Acerca de los privilegios, véase SARWEY (1880) *Das öffentliche Recht und die Verwaltungsrechtspflege*, p. 335; WACH (1885) *Handbuch des deutschen Civilprozessrechts*, p. 99.

§ 6. Derecho reflejo y derecho subjetivo

Entre las características específicas del derecho público está aquella según la cual tanto la persona que otorga la tutela jurídica como aquella que directa o indirectamente es obligada a concederla, es una sola: el Estado. El Estado puede cumplir su obligación únicamente limitando su actividad respecto a los súbditos. Esta limitación no puede tener lugar no obstante de la misma manera que tiene respecto del privado, el cual, en el interés de terceros, sea obligado a una acción o a una omisión que, en sí y por sí, se traduce en la natural capacidad de disponer del individuo. En cambio, la acción o la omisión a la cual está obligado el Estado debe ser regulada por el ordenamiento jurídico de manera tal que haya normas jurídicas objetivas que ordenen a los órganos del Estado una determinada acción u omisión en una dirección determinada. Lo que el individuo cumple mediante su acción directa, el Estado lo realiza con el establecimiento de normas de derecho, es decir, mediante la legislación material. El derecho público subjetivo del súbdito no solamente es creado y tutelado por el derecho objetivo, sino que viene también realizado por el mismo. La pretensión jurídica concedida por el Estado puede ser realizada solamente por el Estado mismo.

De esto proviene la falsa opinión de que el derecho subjetivo no es en sustancia más que un espejismo, que donde se cree descubrir el derecho subjetivo existe solamente el derecho objetivo, y que lo que se designa como derecho subjetivo no sea otra cosa que el reflejo del derecho objetivo. Esta opinión ha sido acogida por primera vez por Gerber[99], en cuanto refleja los derechos de libertad y la pretensión a la tutela jurídica. Ella es compartida por todos

---

[99] GERBER (1852) *Über öffentliche Rechte*, pp. 78-79; (1865) *Grundüge* p. 34. GERBER, sin embargo, está lejos de negar, por principio, cualquier derecho público subjetivo. Al contrario, él reconoce plenamente la contraposición entre de-

aquellos que limitan el derecho público subjetivo a un campo más o menos restringido o bien lo niegan del todo.

El problema que nosotros aquí nos proponemos resolver es la controversia de los límites entre el derecho objetivo y el subjetivo, lo que tiene una gran importancia teórica y práctica: teórica, porque esta controversia toca uno de los más importantes problemas fundamentales de la doctrina general del derecho; y, práctica, porque la resolución de cualquier problema en el campo del derecho público está condicionada esencialmente por la exacta solución del problema en cuestión.

Para lograrlo es necesario determinar la relación de finalidad que las normas del derecho público tienen con los intereses humanos. Cualquier derecho público existe en el interés general, el cual es idéntico con el interés del Estado. El interés general no es, sin embargo, idéntico a la suma de los intereses de los individuos, aunque muy a menudo se resuelva en un interés individual[100]. Antes que nada, todo el interés general va más allá del interés de los hombres que en un determinado momento forman el Estado, pues abraza de la misma manera el interés de las generaciones futuras, extendiéndose más allá hacia el futuro. El interés general requiere a menudo, por lo tanto, prestaciones individuales, cuyo resultado no beneficia a los que las entregan ni es necesario que aproveche a los demás asociados existentes en el mismo período de tiempo. Piénsese en el servicio militar, que eventualmente puede llegar hasta el aniquilamiento del individuo, y que es, sin embargo, en el interés

---

rechos y deberes del Estado y derechos y deberes del individuo. Ver especialmente GERBER (1865) *Grundzüge,* pp. 50 y ss., y pp. 227 y ss.

[100] Sobre la identidad y la contraposición entre el interés individual y el general, cfr. LEUTHOLD (1884) *Hirths Annualen,* pp. 332 y ss.; NEUMANN (1886), *Hirths Annualen,* pp. 356 ss. A la expresión "interés público" que ambos declaran ambigua, es mejor sustituir en la terminología jurídica la expresión más clara de "interés general". Un tratado muy profundo acerca del interés público con un amplio examen de la literatura relativa se encuentra en LAYER (1902) *Prinzipien des Enteignungsrechtes,* pp. 176 y ss. Su solución al problema se sintetiza en el concepto de que el interés público sea interés social (p. 222).

general; en el derecho de reversibilidad del Estado respecto a las ferrovías, que se verifica muchas decenas de años después de su apertura al ejercicio; piénsese en las numerosas instituciones del Estado las cuales, de hecho y de derecho, pueden ser utilizadas solamente por un restringido número de individuos; en las numerosas limitaciones de la libertad individual que provienen de medidas policiales, y se deberá reconocer que el interés general no es idéntico a la suma de los intereses de los particulares. El interés general es más bien un interés compuesto, que resulta del contraste de los intereses individuales sobre la base de las ideas dominantes en un determinado período de tiempo y de las condiciones especiales de cada Estado en particular; un interés que puede presentarse quizás como extraño al interés individual o como contrapuesto al mismo, y que a menudo debe necesariamente presentarse como tal.

De cada norma del derecho público resulta evidente que ella debe servir a los fines del Estado y, por consiguiente, que está dictada en el interés general. Pero no es para nada necesario que cada una de las normas jurídicas sirva también para fines individuales. El ordenamiento jurídico comprende normas que son más bien de interés individual, pero solamente en cuanto la realización del interés individual se presenta como un interés general.

Cuando las normas jurídicas de derecho público prescriben, persiguiendo el interés general, una determinada acción u omisión a los órganos del Estado, puede suceder que el resultado de esta acción o de esta omisión beneficie a determinados individuos sin que el ordenamiento jurídico, al establecer la norma de la cual se trata, se haya propuesto ampliar la esfera jurídica propia de estas personas. En estos casos se podrá hablar de un efecto reflejo del derecho objetivo[101].

---

[101] El concepto de efecto reflejo del derecho se encuentra formulado por primera vez con toda claridad por Jhering (1865) *Geist des röm. Rechts*, 1ª ed., III, 1, pp. 327-328. Véase al respecto su ensayo sobre efectos reflejos en Jhering (1871) *Jahrbücher für Dogmatik*, X, pp. 245 y ss.

Pero ¿cuál es la característica que nos enseña a distinguir la norma que crea un derecho individual, de aquella que constituye solamente un derecho objetivo?

Formalmente este problema se resuelve fácilmente. Donde la existencia de una pretensión jurídica individual está excluida por la naturaleza misma de las cosas o porque al respecto es negada la tutela jurídica, ahí se reconoce solamente derecho objetivo. Por cuanto reflejan las relaciones entre el individuo y el Estado, que forman el objeto de nuestro examen, las pretensiones jurídicas positivas formales resultan, por lo tanto, del reconocimiento de una pretensión jurídica individual a la tutela jurídica. Pero este criterio formal no es suficiente para resolver el problema en toda su extensión. En los casos dudosos, el juez deberá verificar si al particular le está abierta o no la acción judicial y esta decisión, a falta de disposiciones positivas, puede tener lugar solamente en base a un criterio material. Además, muy a menudo el ordenamiento jurídico otorga únicamente una defensa incompleta al interés individual que necesita de protección, la que no es suficiente para atribuir al interés mismo la calidad de interés jurídico formal. Por último, un grave problema de *lege ferenda* es aquel de determinar cuáles intereses formalmente carentes de protección deban y puedan ser elevados al grado de intereses jurídicamente protegidos.

En general *de lege lata,* el criterio material puede consistir únicamente en la constatación de un interés individual reconocido expresa o implícitamente por el ordenamiento jurídico. Pero como el reconocimiento expreso coincide con el criterio formal, sucede que la esfera del derecho subjetivo sobre la base del criterio material viene a ser, por lo general, mucho más amplia de aquella que existe en el criterio formal. Yo llamo *derecho subjetivo formal* al contenido de la última esfera, y *derecho subjetivo material*, al de la primera. El establecer los límites de estos últimos derechos subjetivos en relación al reflejo del derecho objetivo o, más brevemente, en relación al *derecho reflejo,* es extraordinariamente difícil, dado que siempre se verifica cuando al jurista le falta el fundamento del criterio formal.

Pero el derecho positivo puede restringir o ampliar a gusto la esfera de los intereses formales. En el último caso, es decir, cuando se trata de ampliarlos, el interés subjetivo material no constituye nunca un límite insuperable para las concesiones del ordenamiento jurídico, de manera que también donde no es posible la existencia de algún interés individual, a pesar de todo, puede ser creada una pretensión jurídica protegida. Esta hipótesis constituirá, por lo demás, la excepción; y, en la práctica, conducirá a resultados dignos de reflexión, como se demostrará a continuación con algunos ejemplos.

Más difícil aún se presenta la investigación *de lege ferenda*. Una línea fronteriza absoluta entre los intereses materiales generales y los individuales se puede apenas trazar con certeza. Hasta donde el legislador pueda alcanzar en el reconocimiento de estos últimos, es por lo tanto algo que, en muchos casos, depende únicamente de su criterio. Lo que se puede constatar es únicamente que en todos los Estados modernos existe una acentuada tendencia histórica a ampliar siempre más la esfera de los derechos formales. La introducción de una regular jurisdicción administrativa fue ciertamente el paso más importante en este camino. Pero este camino no ha sido recorrido todavía por completo; aún hay numerosos intereses individuales-materiales que esperan impacientemente su reconocimiento formal. Las continuas concesiones al respecto y el reconocimiento de siempre nuevos intereses individuales, de acuerdo a las fuertes corrientes populares, forman una característica propia de nuestro tiempo, tan rico de contradicciones, en el cual numerosas clases sociales combaten el individualismo en la sociedad y hacen necesaria su defensa de parte del Estado.

La contraposición entre derecho subjetivo material y formal lleva necesariamente a la otra entre derecho reflejo formal y material.

A continuación, se tratará de explicar mediante algunos ejemplos la contraposición entre derecho subjetivo formal y derecho reflejo formal, contraposición que necesita de la máxima precisión jurídica, tanto más que, en relación a la práctica jurídica, ella representa el problema más importante entre todos aquellos de los cuales nos ocupamos.

Las normas jurídicas, las cuales establecen los criterios para la legislación futura o para la interpretación de las leyes existentes, no crean por lo general ningún derecho subjetivo[102]. De esta manera, contienen solamente derecho objetivo y no derechos subjetivos las normas que por ejemplo proclaman la igualdad de los derechos de los ciudadanos, establecen la prohibición de tribunales excepcionales, establecen la introducción del matrimonio civil o una ley acerca de la enseñanza, enuncian los principios de la oralidad y publicidad de las discusiones judiciales, etc. Si a pesar de esto el derecho positivo del Estado concede a un particular un medio jurídico para la anulación de las leyes y de las ordenanzas que contradicen dichas prescripciones estatutarias, este medio tiene en sustancia el carácter de una acción popular; con ello se atribuye al individuo una capacidad que en los Estados modernos pertenece, por lo general, a los órganos estatales llamados a tutelar el ordenamiento jurídico. No es para nada una excepción la jurisprudencia del tribunal federal suizo, el cual, de la prohibición de la jurisdicción eclesiástica y de las prescripciones contenidas en las constituciones cantonales acerca del ordenamiento de las magistraturas cantonales, reconoce derechos generales de los ciudadanos suizos y, en conformidad con esto, admite hasta las acciones para la anulación de las leyes cantonales que violan las mencionadas normas jurídicas[103].

---

[102]   Al respecto, el Estatuto constitucional prusiano va mucho más lejos que todos los demás. Además de la promesa de introducir el matrimonio civil y una ley sobre el estado civil (art. 19), como también de una ley sobre la instrucción pública (art. 26), en el título: "De los derechos de los prusianos", se enumeran las leyes futuras sobre el patrimonio eclesiástico (art. 17), sobre la vigilancia del Estado sobre las escuelas (art. 23) sobre la garantía de una retribución fija para los maestros de la escuela básica en base a las condiciones locales (art. 25). Frente a estas disposiciones, el título respectivo del original belga es mucho más graduado, jurídicamente correcto y, sobre todo, práctico.

[103]   BLUMER y MOREL (1877-1887) *Handbich des zchweizerischen Bundesstaatsrechts*, III, pp. 174-180.

Simple efecto reflejo existe además siempre que al particular, exclusivamente en el interés general, le sea concedida la capacidad de interponer un obstáculo a una acción de la autoridad. Como, por ejemplo, no existe ningún derecho a la denuncia de las acciones criminales[104], ya que este pretendido derecho subjetivo no es otra cosa que un reflejo de las prescripciones de procedimiento penal, de acuerdo a las cuales el ministerio público debe investigar de oficio la existencia de acciones criminales. La denuncia en este caso es la causa originaria de la investigación de oficio, no el ejercicio de un derecho. Existe solamente efecto reflejo si un particular, únicamente en el interés general, llega a ser objeto de una medida estatal. Así, la pretensión jurídica de los pobres a la asistencia, sancionada en las legislaciones de muchos Estados, es simplemente un reflejo de las relativas obligaciones legales del Estado o de las Comunas, sin que el individuo que necesita de la ayuda tenga derecho a pretenderlo[105]. Un carácter parecido tiene la pretensión del militar al pago[106]. Dichos ejemplos demuestran al mismo tiempo cuan amplio puede ser al respecto el arbitrio del legislador, desde el momento que, a causa de sus propias disposiciones, ha podido crear pretensiones jurídicas individuales[107].

---

[104] Ver Código de Procedimiento Penal, § 158; Código de Procedimiento Penal austriaco, § 86.

[105] Ley sobre el domicilio de ayuda del 12 de marzo 1894 [ley imperial que regula el derecho a manutención en caso de necesidad y destitución], ley prusiana del 8 de marzo de 1871, §36, G. Meyer (1893) *Verwaltungsrecht*, 2ª ed., I, p. 129 y legislación allí citada en la nota 13; Löning (1884) *Verwaltungsrecht*, pp. 699 y ss.; Sarwey (1880) *Das öffentliche Recht und die Verwaltungsrechtspflege*, p. 533. Por Baviera ver Seydel (1896) *Bayer. Staatsr.*, 2ª ed. III, p. 120. En Austria, por el contrario, precisamente la ley acerca del indigente de diciembre de 1863: el pobre no tiene derecho a pretender una determinada especie de ayuda, pero posee, en relación a la Municipalidad a la cual pertenece, una pretensión jurídica que le ha sido dada expresamente, y que puede hacerla valer con los procedimientos contencioso-administrativos.

[106] Ver Laband (1901) *Das Staatsrecht des Deutschen Reichs*, IV, p. 153.

[107] Las leyes recientes acerca de la tutela de los obreros muestran de la manera más clara la transformación del derecho reflejo formal en pretensión jurídica formal. Un deber de ayudar a los obreros inhabilitados para el trabajo existía

Solo un efecto reflejo deriva de las disposiciones que requieran de la publicidad para determinados actos estatales. No es necesario, por cierto, una amplia demostración para darse cuenta de que las disposiciones de ley, las cuales prescriben la publicidad para ciertos procedimientos estatales, como por ejemplo las sesiones del Parlamento o para las audiencias judiciales, son divulgadas exclusivamente para el interés general. De estas disposiciones resulta para ciertos funcionarios y para ciertos empleados el deber de admitir el público en los lugares asignados para esto en el Parlamento y en los edificios judiciales; pero esto no significa para cualquier individuo una pretensión jurídica de asistir a los respectivos debates[108]. Y, de hecho, nunca es muy grande el número de aquellos que, por efecto de dichas disposiciones, tienen la posibilidad jurídica de encontrarse en los lugares asignados al público. Si estos son ocupados, se ha alcanzado la finalidad del ordenamiento jurídico, y las demás personas son de hecho y de derecho excluidas de asistir a una audiencia o una reunión. En estos casos, sin embargo, al particular no le ha sido dado ningún medio jurídico contra la denegación de admisión. La inobservancia de la publicidad o la exclusión de determinadas personas no pueden, por ende, constituir una lesión al derecho subjetivo, y los medios para impedir o renovar la ilegal limitación de la publicidad son exclusivamente aquellos establecidos por el ordenamiento jurídico para remover la violación del derecho objetivo.

Solamente efectos reflejos constituyen, en última instancia, los derechos al uso de cosas o de institutos públicos. La calidad pública de dichos objetos consiste en las normas jurídicas las cuales prescriben la admisión del público a su uso[109]. Si el Estado construye

---

también antes; en base a las leyes para la ayuda ha sido creado por el imperio alemán solamente de las leyes relativas de política social.

108   Exacta es al respecto la decisión del Tribunal del Imperio de 21 de marzo de 1882, contenida en *Reichsger. Entsch. in Strafsachen* II, p. 361 [recopilación de las sentencias del Tribunal del Imperio alemán en materia penal publicada por la Fiscalía del Imperio (*Raichsanwaltschaft*)].

109   Sarwey (1880) *Das öffentliche Recht und die Verwaltungsrechtspflege*, p. 429, admite en estos casos una lesión del "derecho de la personalidad", y por lo tanto,

una nueva calle alpina en el Tirol o en Suiza, no se deduce de esto un derecho para todos los ingleses de usufructuarla, sino que existe únicamente el deber del propietario de esta cosa, destinada al uso público de dejar pasar sin impedimento a todos aquellos que viajan por encima de ella, a menos que una limitación a este uso público sea admitida por motivos de derecho internacional o policial. Tanto menos existe un derecho para todos los hombres de visitar los museos de Berlín o el Louvre de París. Estas colecciones son más bien accesibles a cualquiera; es decir, el Estado, en el interés público, no impide a nadie, en ciertos días y en ciertas horas, entrar en estos edificios y admirar los tesoros artísticos que se contienen en él.

Sucede diversamente para las cosas y las instituciones públicas cuyo ordenamiento implica la obligación de contratar con cualquiera que intente favorecerse de ellas. Más aún, para estas cosas e instituciones es indiferente si las mismas pertenecen al Estado, a corporaciones o a privados (correo, teléfono, trenes, teatros, transporte público, etc.). En relación a estas, la calidad de cosas o de instituciones públicas consiste en la obligación de concluir con cualquiera, en determinadas condiciones, negocios jurídicos cuyo contenido está establecido con anterioridad y que hacen surgir derechos individuales de carácter estrictamente privado para el uso de las cosas y de las instituciones de las cuales se trata. Pero sería absurdo admitir un derecho público individual a celebrar negocios jurídicos como complemento de la obligación para celebrarlos. La

---

ninguna pretensión jurídica individual. Él afirma (p. 501) que eventualmente puede verificarse un derecho público patrimonial del individuo. A pesar de esto, falta aquí, en cada caso, la ubicación de la pretensión en la esfera jurídica individual. La eventual pretensión jurídica no está dirigida nunca a una concesión, sino siempre a la revocación de una disposición que impide el uso de la cosa. Esta pretensión es igual a la que tiene por objeto la revocación de las limitaciones ilegales de la libertad. A continuación, se demostrará que por efecto de esta única pretensión la manifestación de la libertad legal no tiene ninguna importancia jurídica. En la literatura reciente, cfr. las apropiadas observaciones de Anschütz (1897) *Der Frsatzanspruch aus Vermögensbeschäddigungen durch rechmässige Handhabung der Staatsgewalt* (Sonnder-Abdrunk aus dem Verwaltungs archv), pp. 108 y ss.

obligación de celebrar negocios jurídicos es una obligación de derecho público establecido por la ley que existe por lo tanto solamente frente al Estado. Su inobservancia implica, por lo tanto, la trasgresión de una norma jurídica y, en consecuencia, el trasgresor, en cuanto haya actuado con dolo o con culpa, se hace culpable de un hecho ilegal punible con penas disciplinarias de policía o criminales. En cuanto el rechazo ilegal tenga como consecuencia un daño patrimonial del particular, puede hacer surgir a favor del mismo una acción de resarcimiento de los daños; pero la obligación *ex delicto* no tiene en absoluto como presupuesto necesario una relación de derecho privado. Nada impide que de la trasgresión del derecho público nazcan pretensiones jurídicas de derecho privado.

Una pretensión individual de derecho público para el uso de las instituciones públicas será posible únicamente cuando el Estado haya establecido al respecto condiciones que se refieran a individuos determinados, como por ejemplo, la prueba del examen de madurez para asistir a una universidad. Estos casos deben ser considerados desde otro punto de vista.

Ni siquiera la circunstancia de que una cosa sea reconocida como abierta al uso internacional, gracias al derecho internacional general o de acuerdos especiales, crea algún derecho subjetivo de uso a favor de los Estados y de sus súbditos, sino que implica solamente el deber de parte de los Estados de no impedir este uso y de hacerlo ejercitar. No existe, por lo tanto, como consecuencia, ningún derecho a la navegación de los mares abiertos, sino únicamente un deber internacional de los Estados de no excluir a ningún miembro de un Estado libre de la navegación del mar abierto, cualquiera que sea el sistema de navegación que éstos utilicen[110]. Los acuerdos (*Ve-*

---

[110]   Solamente STÖRK (1887) *Holtzendorffs Handbuch des Völkerrechts*, II, p. 486, ha reconocido plenamente que de la libertad del mar no se puede deducir ningún derecho subjetivo a favor de los Estados. Extraña que ZORN (1895) *Staatsrecht*, II, pp. 823 y ss., no obstante su negación del derecho internacional, admita luego la existencia de derechos públicos subjetivos de todos los Estados sobre el mar libre.

reinbarungen) acerca de un río internacional no conceden para nada a los Estados ribereños y a terceros un derecho de libre navegación a través del territorio de los Estados extranjeros que tenga el carácter de una especie de servidumbre política positiva, sino que establecen solamente el acuerdo de los Estados para prohibir que se obstaculice dicha navegación[111]. Si se violan dichas disposiciones, tiene lugar una violación del derecho internacional objetivo general o contractual, no la violación de un derecho individual.

De lo que se ha dicho hasta ahora resulta la insostenibilidad de la idea de un derecho real público[112].

En caso de que se discuta judicialmente acerca de la calidad de una cosa como cosa pública, no se puede tratar nunca de constatar un derecho público del individuo, sino siempre solamente de decidir una cuestión prejudicial que tiene por objeto la certificación de un hecho de derecho público. También cuando el propietario de una cosa compite contra alguien acerca de la calidad de dicha cosa como cosa pública, no se trata nunca de contraponer un derecho, sino siempre un deber. Únicamente refiriéndose al derecho que tiene el Estado de exigir a todos el cumplimiento de los deberes públicos se puede discutir si, también en estos casos, existe un derecho público subjetivo. La misma soberanía del Estado sobre su territo-

---

[111] Con corrección jurídica, el acto del Congreso de Viena declara sobre este punto: "La navegación (…) será enteramente libre y no podrá, bajo las relaciones del comercio, ser negada a nadie".

[112] SEYDEL (1873) *Grundzüge*, pp. 41 y ss. Una amplia exposición acerca del derecho real público forma parte del sistema de O. MAYER (1895) *Deutsches Verwaltungsrecht*, II, pp. 2 y ss., especialmente pp. 60 y ss. Véase, a propósito, mi comentario en *Verwaltungsarchiv*, p. 331 y mi (1900) *Allg. Staatslehre*, cap. XIII. No me ha sido posible ocuparme más ampliamente de las nuevas e importantes observaciones de O. MAYER (1901) *Archv. f. öff. R.*, pp. 40 y ss. Otro intento de establecer una propiedad pública en LAYER (1902) *Prinzipien des Enteignungsrechtes*, pp. 645 y ss., el cual declara la propiedad una categoría general y distingue la propiedad pública de la privada en relación al interés que le sirve de base. A pesar de ello, LAYER no se aleja mucho de mi concepción. Hasta cuando existe la finalidad pública, ella hace someterse la cosa al derecho público; cuando esta finalidad no existe, "entrevé, por así decirlo, el derecho civil" (p. 644).

rio no tiene ninguna analogía con la propiedad del derecho privado. Desde el punto de vista del derecho público, esta soberanía consiste esencialmente en el dominio *(imperium)* respecto de las personas que residen en el territorio, y este dominio no tiene nada de arbitrario, sino que es de orden estrictamente legal[113][114]. Esta comprende la facultad de exigir prestaciones y abstenciones de cualquier persona por el solo hecho de residir en el territorio, cualquiera que sea el Estado al cual la persona misma pertenezca, lo que indirectamente puede tener como consecuencia también una modificación en las condiciones del territorio. También, de acuerdo al derecho internacional, la soberanía territorial consiste en la potestad jurídica del solo derecho público de excluir de su propio territorio la potestad de los Estados y de las personas extranjeras. La misma anexión o la cesión de un territorio consisten en extender o restringir en el espacio el dominio sobre las personas; la hipoteca del territorio de un Estado se resuelve con la creación de obligaciones personales del Estado hacia otro Estado[115][116].

---

[113] ROSIN (1886) *Das Recht der öffentlichen Genossenschaft*, p. 46; G. MEYER (1905) *Staatsrecht*, § 74.

[114] El concepto al que alude el autor es que mientras para el derecho de propiedad el propietario tiene la libre disponibilidad de la cosa *a su arbitrio*, el dominio del Estado sobre las personas sólo puede ejercerse de conformidad con la ley [Nota del traductor italiano].

[115] Mayores detalles al respecto en mi *Allg. Staatslehre* (1900) cap. XIII.

[116] De acuerdo a PREUSS (1889) *Gemeinde*, p. 406, la soberanía territorial debería consistir en la capacidad jurídica de modificar el territorio. Esta capacidad no es, sin embargo, otra cosa que una forma especial de la capacidad general de disponer perteneciente al Estado o, en otros términos, de la soberanía del Estado; sobre todo de esa soberanía que PREUSS niega muy tajantemente descuidando del todo que "Hoheit" y "supremitas" son sinónimos y significan esencialmente la misma cosa. No es difícil probar que el concepto de soberanía se ha desarrollado desde el dominio territorial feudal y desde el poder judicial que provenían de él como resulta claramente del paso de BEAUMANOIR, *Coutumes de Beauvoisis*, ed. de BEUGNOT (1842), II, pp. 22, tan famoso en Francia, pero poco conocido en Alemania: "Porce que noz parlons en cest libre, en plusors liex, du sovrain, et de ce qu'il pot et doit fere, li aucun pourroient entendre, porce que noz ne nommons ne duc ne conte, que ce fust du roy, mais en toz les liex que li rois n'est pas nommés, nos entendons de cix que

La existencia de derechos públicos subjetivos formales, los cuales no constituyen simples derechos reflejos, se justifica desde un punto de vista general en la consideración que no todas las normas jurídicas, como es útil repetir aquí para mayor claridad, son promulgadas exclusivamente para el interés general. Existe un gran número de normas jurídicas, las cuales tienen como finalidad de primer orden servir a los intereses individuales. Sin lugar a dudas, también el interés general concurre necesariamente a la creación de cualquier norma jurídica. Pero las normas de derecho privado han sido promulgadas esencialmente para el interés de las personas

---

tiennent en baronnie, *car çascuns barons est sovrains en sa baronnie. Voirs est que li rois est sovrains par desor tous*, et a, de son droit, le general garde de son roiame, par quoi il pot fere tex establissemens comme il li plest por le commun porfit, et ce qu'il establist doit estre tenu. Et se n'i a nul si grant desous li qui ne puist estre trais en se cort par defaute de droit ou par faus jugement". Las acostumbradas exposiciones de la historia del concepto de soberanía suelen comenzar con Bodin. Gierke (1868) *Deutsches Genossenschaftsrecht*, III, § 11, ha demostrado de manera profunda la unión entre el concepto antiguo de Estado y la historia medieval de la corporación, por una parte, y la doctrina moderna de la soberanía por otra parte. Una historia completa de esta doctrina debería sin embargo estudiar a fondo la formación de la idea de Estado en Inglaterra y en Francia. De esto resultaría que en estos países en los cuales, al contrario de Italia y de Alemania, incapaces políticamente, el Estado moderno se desarrolló de manera siempre progresiva y por último en forma típica, el dominio territorial del rey se transforma gradualmente en dominio sobre las personas, de manera que el territorio llega a ser la extensión del dominio con respecto al espacio. Hacer de un elemento tan secundario, como lo es la capacidad de modificar el territorio, un elemento esencial del concepto de Estado y poner en él el criterio distintivo del Estado en relación al territorio, significa no clarificar sino confundir la idea de Estado. Cual sea el valor práctico de dicha construcción, se puede concluir del derecho municipal austriaco, de acuerdo al cual, precisamente la mayor parte de las ordenanzas comunales, una unión de comunas o una modificación de sus límites necesita solamente de la aprobación de la comunidad local superior, mientras que las autoridades estatales tienen solamente un derecho de oposición contra las modificaciones planificadas (*Manzsche Taschenausgabe der oesterr. Gesetze*, 9ª ed., pp. 4 y ss. [edición de bolsillo publicada por la editorial Manzsche que recopila las leyes del Imperio Austrohúngaro). Véase además mis observaciones en (1900) *Allg. Staatslehre*, cap. XIV.

particulares, y el interés general consiste en gran parte solamente en el modo de ordenar el derecho privado.

El criterio jurídico formal del cual se puede deducir si, en base al derecho positivo, una norma está destinada a servir únicamente al interés general o también al individual, consiste en la capacidad o no atribuida al individuo de poner en movimiento normas de derecho público en su interés. La teoría de los efectos reflejos no está en grado de explicar esta capacidad. Puesto que tanto en el derecho privado cuanto en el derecho público hay un gran número de hechos estatales, estos pueden ser iniciados solamente bajo solicitud de los individuos interesados y en cuanto éstos lo requieran. La voluntad individual, en mayor o menor medida, es siempre el presupuesto de una amplia esfera de actividad estatal. No solamente el impulso a dicha actividad es dado por la voluntad individual, como por ejemplo las denuncias penales, sino sobre todo el desarrollo de la relativa función estatal está constantemente condicionado, hasta el final, por la voluntad individual[117]. Explicar tal fenómeno, como si esta actividad de los órganos del Estado representa solamente la ejecución de normas de derecho objetivo, significa excluir el derecho subjetivo en toda su extensión del campo de los conceptos que tienen valor jurídico. Tales sofismas son por cierto posibles dialécticamente, pero se demuestran científicamente carentes de valor, ya que descuidan totalmente la relación de medio a fin que existe entre el derecho y los intereses del hombre, y olvidan que dicha consideración debe actuar como eterna moderadora del empuje de la concepción formalista, la cual de otra manera no tendría ningún freno. Aun cuando la finalidad del derecho, por el hecho mismo que lo crea, tenga que situarse fuera del derecho mismo, sin embargo, él es el necesario regulador de cada

---

[117] Con razón MERKEL (1889) *Holtzendorffs Euzyklopädie der Rechtswinssenschaft*, § 153, insiste en destacar que la potestad jurídica individual forma una de las características constitutivas del derecho público subjetivo.

construcción jurídica, la cual de otra manera se reduce a una escolástica infructuosa.

Además de esto, la distinción sobre la cual se ha insistido es sin duda una distinción jurídico-formal, y sin embargo, bajo todo punto de vista ella debe necesariamente influir en la formación del concepto jurídico. Si se descuida esta distinción, si cada derecho público subjetivo se considera un simple reflejo del derecho objetivo, no se está más en grado de explicar cómo este supuesto reflejo pueda individualizarse de manera tal de atribuir las relativas pretensiones jurídicas solamente a particulares determinados de manera concreta. ¿Por qué solamente aquel que es atacado en su pretensión puede experimentar la acción administrativa? ¿Por qué al respecto no basta la denuncia? ¿Por qué es inadmisible la acción popular propuesta por un tercero? ¿De dónde proviene la conexión existente entre el derecho objetivo y el individuo? ¿Aquel que constituye una acción administrativa tiende a la defensa de su derecho o de la del Estado? Una correcta concepción del derecho no puede aceptar más que la primera alternativa. El derecho público es puesto al servicio del interés individual mediante la concesión de remedios jurídicos individuales, y con esto la misma esfera jurídica del individuo experimenta una ampliación.

Pero si es necesario separar claramente la pretensión jurídica individual del simple reflejo del derecho objetivo, se presenta lógicamente la pregunta: ¿Cuál es la persona contra la cual la pretensión misma está dirigida? ¿Cuál es el sujeto obligado a consecuencia de la pretensión individual? La respuesta aparentemente simple, pero que, sin embargo, requiere de muchas explicaciones; es la siguiente: el Estado.

El Estado, sin embargo, como a continuación será ampliamente demostrado, se presenta siempre frente al individuo con la vestimenta de aquel que regula la competencia de los propios órganos. Ahora bien, hay órganos y funciones que existen y deben operar exclusivamente para el interés general; estos no pueden ser sujetos pasivos de pretensiones jurídicas individuales. En este orden de ideas se presenta sobre todo la legislación[118], a menos que los órganos legislativos no ejerciten también funciones de carácter no legislativo. A los órganos que no pertenecen a esta categoría, incumbe, en cambio, entre otros deberes, el de operar en el interés individual para la satisfacción de pretensiones individuales.

La última categoría comprende especialmente los funcionarios provistos de la potestad de mandar y de juzgar, es decir, las autoridades. En la gran mayoría de los casos es a estos funcionarios que se dirige inmediatamente la pretensión jurídica, aunque puede suceder, como se indicó anteriormente, que ella esté dirigida al Soberano o a las Cámaras.

Por lo general, la pretensión jurídica individual tiene como sujeto pasivo una determinada competencia estatal representada por una autoridad. Como el Estado puede actuar solamente a través de órganos, así solamente por medio de los órganos él puede convertirse en sujeto pasivo de una obligación; sin embargo, la pretensión jurídica puede estar dirigida solamente contra el órgano, el cual, en los casos particulares, conforme al ordenamiento jurídico, está obligado, por efecto de su competencia, a satisfacer la pretensión misma.

Grave error sería, por otro lado, concebir esta relación como si las personas que funcionan como órganos del Estado estuvieran obligadas a algo con respecto a los privados. Ellas en cambio se encuentran exclusivamente en una relación de obligación de derecho público hacia el Estado. El juez está obligado a actuar solamente debido a su deber de oficio. Pero más obligado está el tribunal, es decir el Estado que quiere y actúa en el tribunal, a satisfacer la pretensión del particular a la protección jurídica.

---

[118]   La inadmisibilidad de pretensiones jurídicas individuales las cuales tengan por objeto la legislación se puede comprender como una *communis opinio*. Véase, por ejemplo, STHAL (1856) *Philosophie des Rechts*. II, 2, p. 629; GERBER (1865) *Grundzüge*, p. 207. Y en el último tiempo BERNATZIK (1891) *Grünhuts Zeitscrift*, XVIII, p. 157, ha afirmado la existencia de derechos hacia el legislador sin dar ninguna base sólida a esta tesis, que contradice la teoría de derecho público aceptado hasta ahora.

§ 7. El sistema de derechos públicos de los individuos. Los cuatro *status*

Cada derecho privado es separable de la persona que está revestida de él (*Träger*), sin que quede disminuida su misma personalidad. No es la existencia de hecho de los derechos la que decide acerca de la capacidad jurídica.

La calificación del derecho público, por el contrario, no es separable de la persona a la cual se refiere (*Träger*), sin que la personalidad misma quede disminuida. El Soberano que ha renunciado a la Corona, el ciudadano al cual, a causa de la modificación de la Constitución, se le quita el derecho electoral, experimenta una modificación en su misma capacidad jurídica: hay toda una serie de actos que ellos ya no pueden llevar a cabo con validez jurídica. La esfera de su potestad jurídica (*Können*) ha sido restringida, ellos han sufrido una *capitis diminutio*. La posición de la persona misma, como miembro del Estado, se ha vuelto diferente, mientras que cada aumento o disminución de los derechos privados no amplía ni restringe la personalidad, a menos que a los derechos privados no estén expresamente unidas consecuencias de derecho público.

La personalidad por sí misma es, por lo tanto, de derecho público (*juris publici*)[119]. Solamente como miembro del Estado ——de acuerdo con el más amplio significado que el Estado moderno atribuye a esta calidad de cada cual, de cualquier manera que esté sometido a su soberanía—— el hombre es en general sujeto (*Träger*) de derecho. Esto significa nada menos que la participación en la tutela jurídica. Un ser viviente es elevado a la condición de persona, de *sujeto de derecho*, antes que cualquier otro motivo por el hecho de

---

[119] Esta proposición es reconocida más o menos claramente en la reciente literatura del derecho civil. Véase UNGER (1856) *Sistem des österr. Allg. Privatrechts*, I, §§ 25 y 29; BRINZ (1873) *Lehrbuch der Pandekten*, 1, § 52; DERNBURG (1894) *Pandekten*, § 49, especialmente p. 117, n. 5: "La capacidad jurídica es *iuris publici*"

que el Estado le atribuye la capacidad de solicitar eficazmente la tutela jurídica estatal. Es el Estado, por tanto, el que crea la personalidad. El esclavo antes que el Estado lo hubiera liberado o le hubiera atribuido la limitada capacidad de disponer de su peculio, no era persona ni siquiera en el sentido que poseía dicha calidad como inherente a él, independientemente del reconocimiento del Estado. Naturalmente era reconocido como hombre. Esto, sin embargo, no importaba que él fuera sujeto de derechos sino únicamente sujeto de deberes[120]. De la calidad de hombre, histórica y lógicamente, resulta como consecuencia necesaria solamente el deber, no el derecho respecto del Estado.

Ya que la personalidad es derecho público, todo el derecho privado, como ha sido demostrado en el capítulo anterior, tiene como base el derecho público. Todo el sistema jurídico es una construcción por sí misma, y aquello que la crítica separa, no por esto viene separado del conjunto, en la realidad de la vida jurídica. No hay derecho privado que no tenga como presupuesto una determinada calidad pública de la persona. No hay propiedad sin la capacidad de poseer; no hay contrato sin la capacidad de obligarse; no hay matrimonio sin *connubium*; no hay testamento sin *testamenti factio*. Estas capacidades, que son la base de los actos de derecho privado, no significan otra cosa sino que a un sujeto le ha sido atribuida la calificación necesaria para poder solicitar válidamente, en su interés y en circunstancias determinadas, la tutela jurídica del Estado; que el Estado, en otras palabras, está obligado a iniciar o a dejar ciertas acciones en el interés individual de determinados individuos.

De esta manera se resuelve también la controversia muy discutida, y que no es una simple cuestión de palabras, esto es, si la personalidad por sí misma constituye o no un derecho[121]. Quién acepta

---

[120]   BIERLING (1877) *Zur kritik der juristischen Grundbegriffe*, p. 24; PERNICE (1873) *M. Ant. Labeo*, I, p. 127.

[121]   Como es sabido, SAVIGNY (1840) *System*, I, pp. 335 y ss., y UNGER (1856) *Sistem des österr. Allg. Privatrechts*, I, § 60, niegan tajantemente los derechos a la personalidad propia. Otros sostenedores y contrarios de esta doctrina son citados

la primera hipótesis se obstruye el camino del conocimiento del fundamento de todo el sistema del derecho. Teóricamente la personalidad es una relación con el Estado calificador del individuo. Por lo tanto, ella es jurídicamente una condición, un *status*[122], al cual se puede conectar el derecho particular, pero eso mismo no constituye un derecho. Quién tiene un derecho es *persona*. El derecho tiene como contenido un *tener (avere)* la persona un *ser (essere)*.

La personalidad del individuo no es, por lo mismo, una cantidad constante, sino una cantidad variable. Ella puede ser aumentada o disminuida por la ley o por otro acto que modifique el Derecho. Por lo tanto, el principio de igualdad jurídica, como formulan las constituciones modernas, no implica la garantía de una igual condición jurídica, y menos todavía de una igual capacidad jurídica, sino solamente que, ante iguales condiciones objetivas y subjetivas, a un individuo no puede corresponderle una personalidad más amplia que la de otro. Todas las luchas sociales y políticas de los tiempos modernos han tenido sustancialmente el efecto de ampliar el concepto de la personalidad. A los esclavos y a los siervos de la gleba la personalidad les fue concedida; a los súbditos les ha sido aumentada

---

por Regelsberger (1853) *Pandekten*, I, p. 198, n. 4, el cual, por su parte, considera la personalidad como un derecho. Además, Kipp en Windscheid (1900) *Lehrbuch des Pandektenrechts*, I, § 37, n. 2a. La persistencia en afirmar dichos derechos encuentra su origen en el hecho de que la existencia y cierta calidad del hombre pueden ser objeto de acciones delictuosas. Pero la vida, la salud, la libertad, el honor, etc. no son objetos que el hombre posee, sino propiedad o calidad que constituyen su ser concreto; ellas no entran en la categoría del *tener* sino en la del *ser*. El sujeto no puede nunca llegar a ser él mismo un objeto. El objeto de las acciones delictuosas, en los casos indicados, no es por lo tanto un derecho, sino el mismo sujeto jurídico. La tutela de los derechos no es más que una finalidad de segundo orden para el ordenamiento jurídico. En primer lugar, es la tutela lo que forma el presupuesto de cada derecho, la persona misma que está revestida del derecho, en aquellos caracteres que concurren a formar su ser.

122 En el significado que la menos antigua jurisprudencia romana atribuía al *status hominis*, es decir, "una condición jurídica que le correspondía a un hombre determinado o a una determinada clase de personas". Pernice (1873) *Labeo*, I, p. 96.

con la atribución a ellos de una suma de capacidad que antes no poseían. El ciudadano del Estado moderno con derecho electoral, con la ilimitada capacidad de adquirir y de poseer, es una personalidad diferente por extensión de la personalidad del individuo perteneciente al Estado feudal y absoluto, ligado a la tierra y excluido de la participación en la vida del Estado.

En cuanto el individuo está sometido al Estado, está desprovisto de personalidad. En el ámbito en el cual predomina el precepto imperativo y coactivo del Estado, el individuo no tiene ninguna capacidad de pretender que el Estado aleje, en el interés individual, la propia actividad de sus fines libremente elegidos. En este ámbito el individuo es únicamente sujeto de deberes, es decir exclusivamente miembro o instrumento de una unidad superior. Un Estado constituido en su totalidad por individuos que sean solamente objetos de deberes, a excepción de uno solo, que los domina, es lógicamente posible, aunque no haya existido nunca en la realidad; eso sería un Estado de esclavos, con una sola persona jurídicamente capaz a la cabeza, frente a un pueblo absolutamente carente de personalidad y de derechos. Cuando Hegel afirma como característica del Oriente que allí uno sólo haya sido libre[123], el concepto de libertad hay que entenderlo en el sentido de la participación activa en la vida del Estado; ya que en los peores gobiernos despóticos la capacidad de acudir al magistrado pertenece a muchos y con eso es atribuida a los mismos una limitada personalidad.

El Estado moderno está construido sobre otra base. Lo que Aristóteles ha enseñado, en su profundo conocimiento de la verdadera naturaleza del Estado, es que en él la soberanía existe en el interés de los súbditos, que los fines del Estado no son realizables sin que los hechos estatales concretos conserven la impronta de este carácter de la soberanía, independientemente de quién o de cuántos poseen el poder supremo, lo que ha encontrado su demostración en las instituciones del Estado moderno, y la encuentra siempre

---

[123]   Hegel (1837) *Vorlesungen über die philosophie der Geschichte*, p. 23.

más en la legislación y en la Administración, determinadas por las exigencias, tanto de la sociedad en su conjunto como de cada clase social luchando para conseguir una mayor importancia del Estado.

La soberanía del Estado es, por consiguiente, una soberanía sobre hombres libres, es decir, sobre personas. Al reconocer la personalidad del individuo, el Estado se limita a sí mismo.

Esta limitación es de dos especies. Primero que todo, el Estado traza una línea divisoria entre él mismo y la personalidad de los súbditos; reconoce una esfera individual libre del Estado, es decir, no sometida por principio a la autoridad del Estado. La noción y el reconocimiento explícito de esta esfera son esencialmente resultado del desarrollo de la civilización moderna. En la Antigüedad ella había quedado simplemente en el olvido, no obstante existiera de hecho también en los Estados de esa época, ya que allí el individuo estaba sometido solamente al poder legal. Pero el Estado no limita solamente de forma negativa el campo de su autoridad. Al decidir cumplir acciones positivas en el interés individual, esto le atribuye al individuo la capacidad jurídica de exigir la actividad del Estado, el cual, de esta manera, está obligado, en razón de su mismo ordenamiento jurídico, a reconocer al individuo la facultad de pretender jurídicamente un *dare* (dar), un *facere* (hacer) o un *praestare* (prestar). Finalmente, el Estado, cuya voluntad está constituida en sustancia por la de los individuos, concede a un mayor o menor número de personas la capacidad de operar en el interés estatal, o al reconocer en la voluntad de aquellos, la voluntad del Estado, o bien atribuyéndoles la capacidad de cumplir funciones que el Estado, a causa de su ordenamiento jurídico, ha declarado que le pertenecen.

Por el hecho de pertenecer al Estado, de ser miembro de él, el individuo está capacitado bajo diversos aspectos. Las posibles relaciones en la cuales puede encontrarse con el Estado lo ponen en una serie de condiciones jurídicamente relevantes. *Las pretensiones jurídicas que resultan de dichas condiciones son los así llamados derechos públicos subjetivos.* Los derechos públicos subjetivos consisten, por lo tanto, como ya antes ha sido dicho, exclusivamente en *pretensiones jurídicas* (*Ansprüche*) que resultan directamente de las *condiciones jurídicas* (*Zustände*).

Debido a su pertenencia al Estado, el individuo se encuentra, por ende, en una pluralidad de relaciones de *status*. A causa de la subordinación al Estado, que forma la base de cada actividad estatal, el individuo, entre la esfera de sus deberes individuales, se encuentra en el *status pasivo* (*passiven status*), en el *status subiectionis*, en el cual está excluida la autodeterminación y, por lo tanto, la personalidad. Una personalidad absoluta del individuo, no subordinada por lo general de algún modo a la voluntad del Estado, es una concepción incompatible con la naturaleza del Estado, la que se encuentra solamente en la mística personalidad pre-estatal de la especulación del derecho natural. Cada personalidad es, por consiguiente, relativa, es decir, limitada; y, de hecho, incluso, la personalidad del Estado.

Llamado a cumplir determinados fines, el Estado también está limitado en su capacidad de actuar, por efecto del deber moral que a él le incumbe de reconocer la personalidad de los súbditos; él aparece jurídicamente obligado debido a su mismo ordenamiento jurídico. La relación entre el Estado y el particular está hecha de tal manera que tanto uno como el otro aparecen como dos magnitudes, las cuales se integran mutuamente. Con el desarrollo de la personalidad individual disminuye la extensión del *status pasivo* y, con ello, el campo de la potestad del Estado. No por nada la historia política moderna tiene como contenido el constate desarrollo de la personalidad individual y, con ello la limitación del Estado. Si la capacidad del Estado de dar prestaciones es hoy incomparablemente más amplia que en el pasado, esto tiene su fundamento en el hecho de que el Estado moderno se compensa continuamente de la limitación de su esfera de actividad con el orientarse por otros caminos, con crear nuevos deberes para los súbditos, esto es, uno después de otro, es un objetivo de su acción administrativa, campos de los cuales su poder soberano había estado hasta ese momento jurídicamente excluido.

La soberanía del Estado es un poder objetivamente limitado, que se ejercita para el interés general. Esto es, una potestad ejercitada sobre personas, que no son en todo y para todo subordinadas, es decir, sobre hombres libres. Al miembro del Estado pertenece por lo tanto un *status*, en el cual él es señor absoluto, una esfera libre del Estado, una esfera que excluye el *imperium*. Esta es la esfera de la libertad individual, del *status negativo*, del *status libertatis*, en la cual los fines estrictamente individuales se cumplen mediante la libre actividad de los individuos.

Toda la actividad del Estado está ejercida en el interés de los súbditos. En cuanto el Estado, en el cumplimiento de sus tareas reconoce al individuo la capacidad jurídica de pretender que el poder estatal se use en su favor, en cuanto le da la facultad de servirse de las instituciones estatales, en cuanto, en una palabra, concede al individuo pretensiones jurídicas positivas, le reconoce el *status positivo*, el *status civitatis*, que se presenta como el fundamento del complejo de las prestaciones estatales para el interés individual.

La actividad del Estado es posible solamente mediante la acción individual. En cuanto el Estado reconoce al individuo la capacidad de actuar por cuenta del Estado, lo promueve a una condición más elevada, más calificada, a la ciudadanía activa. Esto es *status activo*, el *status activae civitatis,* en el cual el individuo está autorizado para ejercer los así llamados derechos políticos en su significado estricto.

En estos cuatro *status*, el pasivo, el negativo, el positivo y el activo, se sintetizan las condiciones en las cuales puede encontrarse el individuo en el Estado como miembro de él. Prestaciones al Estado, libertad [respecto] del Estado, pretensiones hacia el Estado, prestaciones por cuenta del Estado son los puntos de vista desde los cuales puede ser considerada la situación de derecho público del individuo. Estos cuatro *status* forman una línea ascendente en cuanto que primero, el individuo, por el hecho de que está obligado a prestar obediencia al Estado, aparece carente de personalidad, luego le es reconocida una esfera independiente, libre del Estado, luego el Estado mismo se obliga a prestaciones hacia el individuo, hasta que finalmente la voluntad individual está llamada a participar en el ejercicio del poder estatal o quizás le viene reconocida como investidura (*Träger*) del *imperium* del Estado.

Estos varios modos de considerar al individuo no son exclusivos del Estado. En cualquier parte que el individuo se presenta como miembro, como parte de un todo superior, unido por un objetivo común, el efecto necesario de su pertenencia a la comunidad, su individualidad es considerada bajo un punto de vista especial y, por lo tanto, bajo muchos y especiales puntos de vista. Esto sucede tanto en comunidades organizadas, como en las no organizadas; y entre las no organizadas, a las cuales les falta la personalidad jurídica, sobre todo en el matrimonio y en la familia.

El matrimonio califica la individualidad de los cónyuges en sus relaciones recíprocas y, en un ámbito menor, también respecto a terceros. Ello atribuye a los cónyuges, durante la duración del matrimonio, capacidades jurídicas inherentes a las personas y de ellas no separables. Lo mismo sucede en las relaciones entre padres e hijos. Marido y mujer, padre y madre, hijo, hija, son relaciones inherentes a la personalidad que, bajo determinados aspectos, concurren a constituirla y que, en toda su duración, atribuyen a aquellos entre los cuales interceden una calificación inseparable de ellos. También estas relaciones tienen como contenido un ser y no un tener. Así, por ejemplo, aquel que tiene la patria potestad, no tiene un derecho al cual pueda, en todo o en parte, renunciar, como cualquier derecho privado, sino que es padre. Solamente en caso excepcional la capacidad de disponer de aquel que está investido del derecho puede disminuir la calidad resultante del derecho mismo (adopción)[124]. Así se explica la afirmación, tan a menudo repetida, pero muy raramente justificada, de que el derecho de familia, en aquella parte que no representa

---

[124]   Código Civil [it.], § 1765.

derecho patrimonial, constituye derecho público. Dicha afirmación es justa únicamente en el sentido que, en estos casos, no se trata de un derecho privado, en el sentido de libre disponibilidad de intereses individuales, sino de una condición jurídica que, por lo general, no puede ser modificada o destruida a gusto, es decir, de un *status familiae*. Entendido en este sentido, el derecho de familia es *juris publici*, es decir, que las normas jurídicas que en ellas dominan se presentan en la mayor parte como normas a las cuales no es lícito derogar.

Verdaderamente, bajo un determinado punto de vista, la familia podría también ser concebida como una institución de derecho público, en el sentido de una institución que descansa sobre el *imperium* estatal. El Estado comprende entre las tareas de su administración también la espontánea renovación de la población, como también el cuidar de la primera infancia y de una parte de la educación de la juventud, no según los criterios de Platón, sino en el sentido de dejar libre la acción individual entre los límites establecidos por la ley, confiando al respecto el desarrollo corporal y moral de la naturaleza humana. Ahora, especialmente en la educación de la juventud y en el ejercicio de los derechos y deberes que se refieren a ello, se enfrentan sin lugar a dudas una forma de acción individual por cuenta del Estado, para la cual el individuo puede, con razón, ser considerado como representante de la colectividad, lo cual, no solamente para el interés de él, le ha atribuido el ejercicio de un poder sobre las personas. Que al Estado no le sean reconocidas las funciones de cabeza de familia, se deduce del cuidado que este tiene de los niños huérfanos, la cual constituye actualmente una parte esencial de la administración pública. De la misma manera, que el contenido esencial de la tutela constituya, por su naturaleza, pública administración, y que el tutor o el cuidador, no obstante las relaciones patrimoniales de derecho privado que puedan existir entre ellos y el pupilo o el incapaz, representan la tutela pública para los incapaces, no necesita de pruebas, para quién conoce la estructura del derecho administrativo y las perfeccionadas normas jurídicas que este contiene para la tutela de los pobres, de los obreros, y para la educación de la juventud[125].

En la historia de los pueblos civilizados se encuentra un período en el cual la familia se presentaba como una organización dominical, reemplazante de varias maneras del poder estatal, en ese tiempo todavía no desarrollado. Con el desarrollo del Estado se ha verificado un proceso de absorción de la potestad de imperio que pertenecía a la familia, o más bien al cabeza de familia, de la misma manera como el poder soberano del Estado moderno se ha desarrollado en general antes que nada como un poder autónomo de asociaciones no estatales, absorbido luego por la creciente autoridad del Estado. Por lo demás, también a la familia moderna le ha quedado un residuo de la antigua potestad de *imperium*, reconocida y garantizada por el Estado bajo la forma de patria potestad. No obstante que, para las limitaciones devenidas con el pasar del tiempo, la patria potestad no puede explicarse actualmente más que en límites muy restringidos, ella conserva sin embargo todavía hoy rasgos claros de su original carácter de soberanía. En otras importantes relaciones del derecho de familia ha desaparecido en cambio cualquier rasgo de una transferencia o ejercicio de *imperium*. Y esto gracias a las relaciones físico-morales de los cónyuges, como han sido reconocidas por el ordenamiento jurídico de los pueblos civiles occidentales. La injerencia del Estado en el matrimonio como en Esparta, o bien el profundo sometimiento de la mujer al dominio del marido, como sucede a menudo en los pueblos islámicos, contradicen el sentimiento moral moderno y, por lo mismo, el sentimiento jurídico.

Por el hecho de ser miembro de la familia, como por el hecho de ser miembro del Estado, el individuo se encuentra en un determinado número de condiciones jurídicas. Entre ellas se encuentra el estado de sometimiento al poder familiar, la esfera libre de dicho poder, las pretensiones jurídicas hacia aquel que ejercita el poder

---

[125]   GLÄSSING (1901) *Die oeff. Rechtl. Natur des neuen deutschen Vormundschaftrechtes*, *Archiv f. oeff. R.*, XVI (1901) pp. 161 y ss. y pp. 425 y ss.

familiar, la capacidad de participación en el ejercicio del poder mismo, o bien para ser investido del mismo poder. (*Trägerschaft*).

Pero no solamente de la pertenencia a la familia y a otras comunidades sin personalidad jurídica, le corresponden al individuo determinadas calificaciones, sino también y tal vez en mayor medida de la pertenencia a cualquier comunidad que tenga la personalidad jurídica. Cada asociación y especialmente aquella que ha alcanzado la personalidad jurídica en razón de sus mismos objetivos permanentes, para la realización de los cuales se requiere unidad de querer, implica necesariamente una calificación para aquellos que pertenecen a esa asociación. En cada una de ellas existe un poder social al cual, en la competencia de la asociación misma, están sometidos los miembros de ella; a cada miembro le es reconocida tácitamente una esfera no sujeta a la injerencia de la asociación, y esta esfera, teniendo en cuenta que los fines de la asociación son estrictamente determinados, resulta mucho más amplia de la esfera de libertad del poder estatal que le corresponde al ciudadano. Del hecho de ser miembro de una asociación, se deriva la capacidad jurídica de pretender que la asociación provea para los fines individuales confiados a su cuidado, lo que constituye el contenido esencial de la calidad de miembro de la asociación, para aquellos a los cuales la calidad misma pertenece. Finalmente, la asociación califica a sus miembros como personas que participan a la formación de la voluntad social, es decir como órganos de la voluntad social. Estos derechos que derivan de la calidad de miembros de la asociación, de la misma manera que las condiciones (*Zustände*) de derecho público del miembro del Estado, no son modificables, ni tampoco se pueden separar de la persona que está a cargo de ellos sin que sea modificada su posición como miembro de la sociedad. Lo que se comprueba también para las asociaciones que tienen carácter estrictamente privado. El accionista, por ejemplo, no puede renunciar a su derecho a voto en la junta de accionistas, ni permitir que se limite la extensión del derecho mismo. Solo a través de la enajenación de la acción social y, por lo tanto, con la transformación de su posición en la sociedad, le es posible modificar la consistencia de sus derechos de miembro de la sociedad misma.

Lo que se ha observado para cada simple sociedad tiene naturalmente valor, y si es posible en una forma aún más característica, para la Iglesia, para las municipalidades y para las comunidades territoriales más amplias. Después de lo que se ha dicho, no hace falta una ulterior demostración al respecto. Las cuatro formas de *status* jurídicos de miembros de dichas comunidades derivan, como consecuencia necesaria, del carácter de las instituciones de las cuales se trata. Las relaciones que constituyen estos *status* demuestran más bien, con el tipo de relaciones estatales, una semejanza aún mayor de la que se verifica en relación a las asociaciones facultativas constituidas únicamente para el logro de objetivos limitados.

A este propósito se presenta un problema que es de importancia fundamental para la comprensión del sistema de los derechos públicos en general. ¿Son derechos públicos únicamente aquellos que resultan de la pertenencia al Estado, o dichos derechos derivan también de la participación en otras comunidades? Con las relaciones jurídicas que derivan de la pertenencia a una comunidad, esta última hipótesis debe ser necesariamente recogida en el caso que se logre probar que existen comunidades de derecho público diversas del Estado.

La comunidad de derecho público atribuye necesariamente a sus miembros calificaciones de derecho público. Pero únicamente la comunidad de derecho público, y no cualquier comunidad, puede producir dicha calificación.

La innegable analogía que existe en la condición de quién es miembro de cualquier especie de asociación, hasta la asociación estatal, conduce a concebir de manera única, respecto a su estructura jurídica, la posición jurídica del individuo en todas aquellas personas colectivas, y desde este punto de vista encuentra algún fundamento el concepto de contraponer al derecho privado un derecho social[126].

---

[126]   Este concepto ha sido enunciado por GIERKE en muchas partes de sus obras. Con GIERKE están de acuerdo PREUSS (1889) *Gemeinde*, pp. 236 y ss., y BERNA-

Comparando las relaciones jurídicas en las cuales se pueden encontrar las personas entre sí, en cuanto no sean consideradas como pertenecientes a un todo superior, con las relaciones jurídicas que derivan de la pertenencia a una comunidad, las cuales se unen a la personalidad misma del individuo, no se puede desconocer que entre una y otra categoría existen profundas diferencias. Sin embargo, esto significaría concebir de manera demasiado restringida la esencia del derecho privado, si se lo limitara a las relaciones económicas de los individuos, independientemente de cada relación con cualquier comunidad. La acción colectiva desarrollada por medio de la asociación no es más que una forma de la libre actividad individual, tendiente a la satisfacción de intereses puramente individuales. Las diversas formas jurídicas de sociedad y de corporaciones, creadas por particulares para integrar su fuerza y sus acciones aisladas con el fin de realizar mejor, más seguramente y más completamente sus intereses, no exceden los límites del derecho privado. El derecho privado comprende todas las acciones *"quae ad utilitatem singolorum pertinent"*, y el ver en cada asociación una institución que no tiene carácter de derecho privado, sino que pertenece a un derecho de orden superior, significa apreciar demasiado poco la actividad privada, tanto más si, por efecto de la base del derecho público, sobre la cual descansa el derecho privado, también en las relaciones jurídicas de las personas no asociadas se encuentra siempre algún elemento de derecho público.

Los derechos privados de cualquier especie son posibles únicamente entre aquellos que el Estado reconoce como sus miembros,

---

TZIK (1890) *Kritischen Studien über den Begriff der jur. Person*, pp. 211 y ss. A pesar de esto GIERKE (1887) *Genossenschaftstheorie*, p. 155, acepta la división de las asociaciones en asociaciones de derecho privado y asociaciones de derecho público y esta división intenta aplicarla en toda su extensión. Al contrario, conciben el derecho interno de las asociaciones simplemente como una parte del derecho público, JHERING (1877) *Der Zweck im Recht*, I, p. 303; DANTSCHER (1888) *Die politischen Rechte der Untertanen*, pp. 40 y ss.; STEIN (1869) *Die Lehre von der vollziehenden Gewalt*, 2ª ed., III, pp. 6, 105 y ss. El concepto de derecho social se encuentra también mencionado en G. MEYER (1895) *Staatsrecht*, § 15.

en el sentido más amplio de la palabra, a los cuales, por tanto, en cuanto están sometidos al dominio [*imperium*] del Estado, deben atribuírseles por lo menos ciertas cualidades jurídicas. Hasta cuando al *peregrinus* no fue acordado el *commercium* no hubo ninguna relación jurídica entre él y el ciudadano. El derecho privado no es un derecho entre hombres aislados, sino entre individuos pertenecientes a una comunidad sometida a un poder soberano. No es más que por esta razón, que no es por lo tanto posible una absoluta contraposición entre derecho privado y derecho social. Cada derecho privado es al mismo tiempo derecho social.

Una vez sin embargo que el derecho de las asociaciones no está sustraído por principio al derecho privado, se presenta el problema de encontrar el criterio que permita distinguir la asociación de derecho público entre el conjunto de las asociaciones. La búsqueda de este criterio, como asimismo la determinación de los derechos públicos que pertenecen a dichas asociaciones, y de aquellos que de ellas derivan para aquellos que pertenecen a ellas, están reservados para otro capítulo especial. A estas alturas basta hacer mención anticipadamente al resultado al cual se llegará respecto a la condición jurídica del individuo en la comunidad de derecho público, esto es, que el ser miembro de una asociación de derecho público produce indirectamente calificaciones y pretensiones de derecho público.

PARTE ESPECIAL:
LOS DERECHOS DE
LAS PERSONAS

§ 8. El estado negativo (*status libertatis*)

La esfera de la libertad individual

Después de que en Virginia fue solemnemente deliberada, el 12 de junio de 1776, una declaración de derechos, como signo manifiesto de la resolución de separarse de la madre patria, y después de que los otros estados de la joven Confederación americana hubiesen seguido este ejemplo, la declaración de algunos "derechos del hombre y del ciudadano" o, más generalmente, de algunos derechos fundamentales o de libertad, ha sido considerada largamente como una de las tareas más importantes de la legislación constitucional[127]. Comenzando por la Declaración de los Derechos del Hombre y del Ciudadano de la Asamblea Constituyente francesa, de 1789, los estatutos constitucionales europeos, uno después del otro, sin excepción, han emprendido la enumeración de un catálogo de tales derechos. No es difícil de explicar la razón teórica de este fenómeno.

El derecho natural había propuesto el problema: ¿cómo es posible el Estado, moral y jurídicamente? ¿De qué manera puede esto justificarse? Y especialmente, ¿cómo se justifica el Estado de frente al individuo, que el derecho natural, en severa oposición con el concepto antiguo y medieval, considera como origen de cualquier otro fenómeno social, como aquello que, mediante su libre autodeterminación y en conformidad con sus fines, crea espontáneamente el orden estatal? Como cada obra del hombre, el Estado, creado por el individuo, existe exclusivamente en consideración de objetivos

---

[127] Para mayores detalles, véase JELLINEK (1904) *Die Erkldrung der Menscken und Bürgerrechte*, 2ª ed., pp. 13 y ss. (traducción francesa de G. Fardis, Paris, 1902, pp. 18 y ss).

individuales. La limitación de la libertad individual del hombre se justifica y se impone solamente en cuanto lo permiten los objetivos individuales y esta misma limitación es permitida solamente porque al individuo le sea asegurado el disfrute de aquel residuo de libertad natural que le queda luego de deducir la parte absorbida de la existencia de un poder coactivo, indispensable para asegurar la coexistencia de los individuos. Beccaria ha anunciado de la manera más clara estos conceptos, cuando ha declarado que los hombres, en el Estado, sacrifican solamente una parte de su libertad, para gozar con tanta mayor seguridad y tranquilidad la otra parte que a ellos les queda[128]. Por lo tanto, los estatutos constitucionales tenían que, antes que nada, trazar una línea de estrecha separación entre la parte de libertad originaria dejada al miembro del Estado y la potestad del Estado. De allí también el fenómeno característico, que muchos estatutos constitucionales antepongan la determinación de los derechos fundamentales a las normas sobre el ordenamiento del Estado.

Contrariamente a tal doctrina, es fácil distinguir a primera vista que los derechos individuales fundamentales no son ordenados según un sistema determinado, sino que su origen deriva del contraste con el preexistente orden del Estado. Aunque se los quiera hacer parecer como el producto lógico de una teoría general del hombre y del Estado, en su concreta forma legislativa, ellos no pueden explicarse más que históricamente. Es por todos sabido que ellos constituyen en primer lugar la negación de las restricciones que habían estado vigentes hasta ese momento determinado. Porque primero había habido censura, fue proclamada la libertad de prensa; porque había habido restricción religiosa, fue proclamada la libertad de culto. Esto resulta de la manera más evidente en las leyes constitucionales de aquellos Estados en los cuales, hasta la introducción de la Constitución, habían imperado especiales limitaciones de la libertad individual y, en consecuencia, la abolición de estas

---

[128]   Beccaria (1764) *Dei delitti e delle pene*, § II.

características restricciones de la libertad ha llevado a comprender en el catálogo de los derechos fundamentales números especiales que, naturalmente, no figuran en otras Constituciones. Así, por ejemplo, en Austria, bajo la impresión inmediata de la abolición del sometimiento feudal y de las prestaciones que se comprometían, la libertad de cualquier vasallaje o servidumbre fue elevada en la Constitución del 4 de marzo de 1847 a una parte integrante de los derechos fundamentales; lo mismo tuvo lugar por la sancionada capacidad ilimitada de adquirir, en consecuencia de la supresión de las normas restrictivas acerca de la compra de inmuebles por parte de cierta categoría de ciudadanos[129].

El propósito legislativo de esta enumeración de derechos fundamentales era dual: esta debía servir para proteger la libertad individual, en sus determinadas manifestaciones, no solamente contra la Administración del Estado, es decir, contra la restricción judicial y especialmente contra la de la policía, como también contra la legislación. Esta debía constituir una barrera no solamente para los funcionarios, sino también para la misma voluntad legislativa del Estado, de la cual la enumeración emanaba.

Las disposiciones estatutarias mencionadas anteriormente, tienden de dos modos a realizar ambos propósitos: o prohibiendo a la legislación introducir nuevas disposiciones restrictivas de la libertad garantizada, o prescribiendo que el legislador debe considerar determinados principios como base de una futura legislación. En cuanto a la prohibición, no es este el lugar para demostrar ampliamente que eso no representa nada de absoluto, que las disposiciones legislativas que se contradicen pueden ser declaradas privadas de eficacia solo donde existen jurisdicciones competentes para exami-

---

[129] §§ 32 y 30. A estos corresponden literalmente los artículos 6 y 7 de la vigente Ley Fundamental sobre los Derechos Generales de los Ciudadanos. Cfr. la Constitución de Baviera, Tít. IV, 6, la de Württemberg, § 25 y la de Hesse, arts. 25 y 26. Ver también el abolido art. 42 de la Constitución prusiana.

nar si las leyes son conforme a la Constitución[130] y que donde tales jurisdicciones no existen, también las leyes que contradicen las
normas constitucionales poseen pleno valor legal en la forma y en
la sustancia[131]. De lo mismo no es necesario demostrar que, en general, nada garantiza la efectiva adopción de un determinado principio legislativo en la legislación positiva. La interpretación de tales
disposiciones estatutarias es dejada al mismo legislador y de ahí se
sigue que las otras leyes ordinarias que deberían estar conforme a
la norma estatutaria constituyen en sí mismas una interpretación
auténtica de las normas en cuestión.

En ningún caso, por lo tanto, como anteriormente se ha notado,
al individuo le puede corresponder una pretensión jurídica a la promulgación de una ley con un determinado contenido. Las normas
jurídicas si bien pueden prescribir alguna cosa en el interés individual son, sin embargo, siempre establecidas en el interés general.
Las disposiciones estatutarias ahora recordadas, como en general
toda aquella parte de los "derechos de libertad", que son dirigidas
al legislador, no crean por lo tanto ningún derecho individual. Que
las leyes emanadas sobre la base de tales normas constitucionales
aprovechen al interés individual, es un efecto reflejo del derecho
objetivo, no la satisfacción de una pretensión jurídica subjetiva.
Tanto menos se puede deducir de tales normas una acción directa
de cada cual hacia el tribunal o hacia la Administración de Estado.
En cuanto no tienen solamente valor abrogativo, las normas tantas
veces citadas no representan entonces más que la tendencia hacia
una ulterior elaboración legislativa, la cual tome en consideración
todo el conjunto de la vida social. Solo normas como estas que declaran abolida la censura o que reconocen la libertad religiosa, pueden asumir de inmediato un valor concreto, porque el vacío que
resulta de la abolición de las prescripciones restrictivas es propiamente la condición de hecho deseada por el legislador.

---

[130]   Como los tribunales federales para todas las leyes americanas y el tribunal
federal suizo para las leyes cantonales.
[131]   Véase JELLINEK (1887) *Gesetz und Verordnung*, p. 263.

Pero si la norma constitucional proclama un principio positivo, como es especialmente la igualdad ante la ley, la negación que en tal principio está contenida de cualquier desigualdad frente a la ley, requiere, para tener valor, una obra concreta por parte del legislador. Al contrario de aquello que sucede en las hipótesis mencionadas más arriba, aquí se verifica un vacío, pero un vacío que solo el legislador está en grado de llenar. Si mientras la práctica administrativa o judicial se deja conducir a reconocer en tales casos una concreta pretensión jurídica individual, esto quiere decir simplemente que el funcionario administrativo o el juez ha sustituido al legislador, o sea, ha colmado según su arbitrio el vacío de la ley. Tanto la ciencia del derecho como la jurisprudencia, sin embargo, de ningún modo permiten que una laguna como esa pueda ser asimilada a la hipótesis en la cual depende del magistrado no de crear, sino de reconocer la norma a aplicar en un caso concreto. No una simple aplicación de la ley existente, sino la creación de una ley nueva es el acto con el cual el legislador traduce en ley concreta una norma estatutaria. Pero lo que para el legislador es libre actividad creadora del derecho, para el juez es arbitrariedad contraria al Estatuto. El juez moderno, por lo menos el continental, no tiene la función pretoria de *adjudicar, suplir, corregir* (*adiudicare, supplere, corrigere*); él no es creador, sino guardián del derecho ya creado. En consecuencia, si el juez se declara competente para decidir en tales casos sobre las instancias individuales, él se pone en el puesto del legislador. Una prueba convincente de esto es ofrecida por la jurisprudencia del tribunal federal suizo, el cual considera la norma de la Constitución federal que establece la igualdad de los ciudadanos suizos ante la ley, como creadora de una pretensión jurídica individual[132]. En las respectivas sentencias se buscaría en vano un principio general y ni siquiera la aplicación no contradictoria de reglas determinadas[133].

---

[132] Art. 4.

[133] Características son especialmente las dos sentencias contradictorias sobre el caso del abogado Jäggi. Este fue condenado por injurias a la pena de prisión, porque habiéndose fallado según la ley penal de Soletta, no se le podía aplicar una pena pecuniaria. El Tribunal Federal encontró en esto una violación de la

La jurisprudencia del Tribunal del Imperio y la práctica de las autoridades administrativas en Austria ofrecen otro ejemplo de la impropiedad recién señalada. El artículo 17 de la Ley Fundamental del Estado sobre los derechos generales de los ciudadanos, de 21 de diciembre de 1867, declara: "Todas las razas del Estado tienen iguales derechos y cada raza tiene derecho inviolable a la garantía y a la protección de su nacionalidad y de su lengua. El Estado reconoce la igualdad jurídica de todas las lenguas habladas, en la escuela, en los trabajos y en la vida pública". Este artículo está, antes que nada, concebido en términos no del todo jurídicos, porque atribuye *derechos* a las nacionalidades, las cuales no poseen personalidad alguna, y a las lenguas, que no pueden convertirse jamás en sujetos de derechos. Además de estas disposiciones generales, falta un contenido

---

igualdad ante la ley. Después de poco tiempo, la misma persona, en base al art. 60 del Código de Procedimiento Civil de Soletta, no fue admitido para representar las partes ante el tribunal porque no gozaba de los derechos civiles y políticos del ciudadano. La apelación en contra de esta disposición fue rechazada por el Tribunal Federal con la siguiente motivación: "No cada desigualdad en la condición jurídica de las clases individuales de ciudadanos constituye desigualdad ante la ley. La desigualdad ante la ley conforme a la constitución se encuentra solamente cuando una ley hace descender la desigualdad jurídica de las desigualdades de hecho que, en base a conceptos jurídicos fundamentales dominantes, están fuera de discusión en lo que respecta a las consecuencias legales relacionadas". Véase Decisioni del Tribunale federale svizzero, N.F., VI, pp. 332 y 477. Interesante y original es también la sentencia en la causa Sutter, Decisioni del Tribunale federale svizzero, N.F., XIII, n. 20, p. 104 y ss. El Gran Consejo de Appenzel Inner-Rhoden había prohibido del todo el baile los domingos y los días festivos. Como resultado de las quejas de los hoteleros de montaña, fue permitida la denominada *Alpstubeten*. Esto motivó a otros hoteleros a apelar la decisión ante el Tribunal Federal, el cual rechazó el recurso con la siguiente motivación: "Ni la Constitución federal, ni la cantonal establecen un derecho fundamental de los ciudadanos a bailar ellos mismos o mantener sus propias fiestas de baile. La legislación es libre de establecer a este extremo, aquellas limitaciones que puedan parecerle conforme al interés público. Si la legislación ha creído tener que haber hecho una excepción a las limitaciones en favor de algunas festividades, en ello no se encuentra ciertamente ninguna violación a la norma fundamental de la igualdad ante la ley". Sobre art. 4 de la Constitución federal, véase además Silbernagel (1902) *Die Gleichheit vor dem Gesetz und die bundesrechtliche Praxis, Zeirschrift für Sohveiz. Recht*, 43, pp. 85 y ss.

concreto, el cual no puede ser jamás obtenido del principio vago de la igualdad jurídica. Son necesarias más medidas legislativas, tanto para designar los sujetos de derecho, a los cuales debe ser atribuida una pretensión jurídica en la materia de la cual se tratase, cuanto para distinguir las disposiciones de derecho objetivo atinentes a la organización del Estado, los cuales, por su carácter, deben necesariamente permanecer inviolables respecto a la apreciación del juez o del funcionario.

Ahora, el Tribunal del Imperio austriaco, al declarar que el artículo 19 crea directamente pretensiones jurídicas subjetivas a favor de los ciudadanos, ha atribuido en sus sentencias a la citada norma constitucional un contenido que, *de lege lata*, podría ser sustituido con igual fundamento por una distinta y tal vez completamente opuesta interpretación[134]. Con criterios distintos se podrían considerar, bajo ciertos aspectos, las ordenanzas del Gobierno fundadas sobre el artículo 19, pero, en rigor, tampoco éstas pueden considerarse como interpretación e implementación lícita y satisfactoria de la vaga norma constitucional. Del punto de vista del estricto criterio jurídico debe, por lo tanto, considerarse que el artículo 19 contiene solo una promesa *de lege ferenda*, dirigida exclusivamente al legislador, que se encuentra al mismo nivel de otras disposiciones de la ley constitucional austriaca, como por ejemplo la disposición según la cual las audiencias frente al juez de cognición de los casos civiles y penales deban ser orales y públicas, o que la magistratura, en todos los grados de jurisdicción, deba ser separada de la Administración, normas que no son consideradas por nadie como originadoras de ningún derecho individual[135]. En estos casos falta sobre todo el concreto interés individual, que forma el presupuesto de una pretensión jurídica individual. Las normas sobre el uso de las

---

[134] Ver, por ejemplo, HYE VON GLUNECK (1874) *Sammlung der nache gepflogener öffentlichen Verhandlung geschöpften Erkenntnisse des kk. österr. Reichsgerichtes*, III, n. 129, V, n. 203, VI, n. 257 y 269.

[135] Ver la decisión del Tribunal del Imperio austriaco, HYE VON GLUNECK (1874) *Sammlung*, I, n. 13, VIII, n. 373.

varias lenguas, sobre el orden de las instituciones públicas, no pueden ser promulgadas más que en el interés general y solo sobre la base de un ordenamiento ya regulado por la ley puede el legislador, y solo éste, reconocer jurídicamente el interés individual conectado con la implementación de instituciones públicas. Más allá de eso, ni siquiera materialmente el citado artículo tiene el propósito de servir por sí mismo a regular las esferas de libertad de los ciudadanos austriacos. Evidentemente solo contiene obligaciones para que el poder político proceda con una acción positiva, la cual, en virtud de otras disposiciones, puede tomar forma concreta solamente en una vía legislativa.

"Defensa y administración" son tareas positivas del Estado: no es, por lo tanto, posible concebir un derecho individual a que el Estado ordene sus instituciones de acuerdo con los principios reconocidos por éste. Solo a la representación del pueblo, como un órgano constitucional directo de interés general, es debido, en virtud de su competencia, presentar al Gobierno las solicitudes que se refieren a esto.

En este punto es útil llamar la atención acerca de un fenómeno muy importante de la vida jurídica americana.

La declaración de los derechos en las Constituciones de los Estados individuales de la Confederación americana contiene la enunciación de derechos de naturaleza general a favor de los individuos, como la libertad, la igualdad, el derecho a la adquisición y a la posesión de la propiedad, a una existencia próspera y a procurarse los medios que puedan proporcionarla. Por otra parte, el juez americano tiene el deber de examinar la constitucionalidad de las leyes. Ha sucedido que en algunos Estados han sido declaradas inconstitucionales por los jueces muchas leyes que tienen por propósito la protección de los trabajadores, la limitación de la jornada de trabajo, el trabajo de las mujeres y los niños, el descanso festivo, las cuales, en otros Estados, o en el mismo Estado, en sucesivas ocasiones, no han dado lugar a ningún reparo. Queriendo ser imparcial, parece evidente que, en estos casos, la decisión del juez a menudo está influida por las ideas del partido al que el juez pertenece, más que de la interpretación del derecho objetivo. Para que en los Estados Unidos una medida de política social no dé lugar a disputas, es necesario, en muchos casos, que estas se sancionen en forma de leyes constitucionales[136].

Aunque el reconocimiento de una acción judicial no constituye un criterio absoluto para la existencia de un derecho individual, sin embargo, cuando la pretensión jurídica subjetiva del individuo hacia el Estado no cuenta con tal protección, es casi imposible, en la materia en cuestión, distinguir la pretensión jurídica del reflejo del derecho objetivo. Esta tutela judicial faltaba para un gran número de derechos subjetivos, antes de que fueran instituidos los tribunales constitucionales y administrativos. Por lo tanto, la opinión mantenida por Gerber, según la cual los derechos de libertad constituyen derecho objetivo, prohibiciones dirigidas al Estado, no derecho subjetivo, ni concesiones al individuo[137], es plenamente justificada respecto al tiempo en el cual Gerber primero la enunció. Solamente luego de la institución del Tribunal Federal suizo, del Tribunal del Imperio austriaco, de los tribunales administrativos en varios Estados alemanes y en Austria, el interés individual, que se ocultaba tras las fórmulas de los derechos fundamentales, ha sido expresamente reconocido y protegido. Ciertamente, ante el juez ordinario, las diversas esferas de la libertad también gozaban previamente de una protección legal efectiva, en base a las disposiciones de las leyes penales y del procedimiento penal. Por lo tanto,

---

[136] Cfr. E. FREUND (1904) *The Police Power, Public Policy and Constitutional Rights*, § 315 y ss., § 735. Así, por ejemplo, el Tribunal Supremo de Nebraska ha declarado contra el principio constitucional de la libertad personal una limitación de la jornada de trabajo para las mujeres y el Tribunal Supremo de Illinois ha sostenido que la jornada de ocho horas para el trabajo de las mujeres es contraria a la igualdad entre el hombre y la mujer. En estos últimos tiempos, según las noticias atendibles, la Corte Suprema de la Unión habría rechazado como contraria a la libertad de los contratos la limitación de la jornada laboral.

[137] Véase *supra* § 5. Igualmente, LABAND (1901) *Das Staatsrecht des Deutschen Reichs* I, pp. 138 y ss. y SEYDEL (1884) *Bayerisches Staatsrecht*, I, p. 301.

dicha protección no estaba dirigida a las normas constitucionales que reconocen la libertad personal, la inviolabilidad del domicilio o el secreto epistolar, sino sobre todo a instituir una defensa contra la arbitrariedad administrativa, defensa que, por un largo tiempo, consistió solo en el recurso administrativo y, por lo tanto, un remedio jurídico que, por su naturaleza, no permite establecer con certeza una separación entre el interés individual jurídico y el interés individual de hecho.

El *status* negativo no ha sido creado como consecuencia de las libertades reconocidas legislativamente en el interés individual. Diversos eventos históricos han llevado a reconocer expresamente ciertas manifestaciones esenciales de la libre actividad de los individuos. Pero un examen más profundo demuestra claramente que existe aún un número casi infinito de manifestaciones del *status* negativo, las cuales tienen una naturaleza jurídica idéntica a las libertades sancionadas de los Estatutos Constitucionales. El derecho de no pagar ningún impuesto más que los establecidos por la ley; el derecho a no ser requerido para el servicio militar más allá de una cierta edad; el derecho de ausentarse, si se desea, de las funciones de tutor o jurado, cuando concurren determinadas circunstancias; el derecho de emprender libremente todos los negocios jurídicos de derecho privado, tienen el mismo carácter de los derechos fundamentales, aun sin ser comprendidos en el elenco de éstos[138]. Todos los derechos fundamentales requieren de otras leyes posteriores que

---

[138] En este sentido son justas las observaciones de LABAND (1901) I, p. 138, nota 2, y de SEYDEL (1884) I, p. 301. Únicamente no es exacta la conclusión de que entonces no exista algún derecho subjetivo. Tarea del análisis jurídico es reconocer aquello que es real en el fin que el legislador tenía al regular expresamente tales derechos de libertad. La doctrina opuesta, sostenida en la reciente literatura de G. MEYER (1905) *Staatsrecht*, pp. 799 y ss., la cual, según la tradición, ve en los derechos de libertad derechos subjetivos, o que como LÖNING (1884) *Verwaltungsrecht*, p. 12, ve en el derecho subjetivo de la libertad, el origen de la insostenible teoría según la cual las cualidades de la personalidad podrían ser al mismo tiempo objeto de los derechos de la misma personalidad. Una exposición precisa de las doctrinas acerca de los derechos de la libertad en la reciente literatura se encuentra en GIESE (1905) *Die Grundrechte*, pp. 27 y ss.

regulen su ejercicio. La libertad sancionada incondicionalmente en cualquier campo podría tener por consecuencia subvertir todo el Estado. Es también tarea del legislador, teniendo en cuenta las relaciones individuales de cada Estado individual, dar a estas disposiciones legislativas un contenido concreto, para el cual no es posible encontrar una fórmula que tenga valor general. De esto proviene el fenómeno característico de textos de ley idénticos, a los que, en dos Estados distintos, es atribuido un contenido del todo diferente, sea de la legislación o de la jurisprudencia. Desde este punto de vista, es de gran interés comparar entre ellos las disposiciones legislativas, a través de las cuales las libertades consagradas en los estatutos se han implementado en Suiza por una parte y en los grandes Estados monárquicos como Prusia y Austria, por otro lado, así como la jurisprudencia de los tribunales competentes encargados de declarar el derecho público.

Pero, dado que las libertades son reconocidas solo dentro de los límites determinados por las leyes y, por otra parte, no es posible formular un principio general al cual las leyes mismas sean informadas, no se puede hacer más que llevar la libertad a la fórmula que todo lo abraza: el individuo no debe ser forzado por el Estado hacia alguna disposición contraria a la ley y de aquello que en consecuencia tiene el derecho (*Anspruch*), derivando del reconocimiento de su libertad, de obtener que las autoridades se abstengan de impartirles órdenes no conformes con la norma antes mencionada y a pretender que tales órdenes sean, si es necesario, anuladas[139].

Cada libertad no es más que exención de restricciones ilegales. La subordinación, o sea el *status* pasivo del individuo, es un *status* limitado por la ley. Jurídicamente no es entonces correcto hablar de derechos de libertad: más bien existe la libertad, la cual solamente en cuanto es contrapuesta a determinadas restricciones, una vez existente, adquiere varios matices, adquiere una individualidad

---

[139] En la reciente literatura, confrontar en el mismo sentido, ANSCHÜTZ (1904) en la *Enzyklopädie* de KÖHLER, p. 535.

propia, más del punto de vista político que del punto de vista jurídico. Pero la situación en la que se viene a encontrar el individuo, en consecuencia, de las leyes que reconocen y regulan dichas libertades, es sustancialmente idéntica en todos los casos. Y, por otra parte, también todos los deberes hacia el Estado, sin excepción, se pueden reducir al denominador común del deber de obediencia. Cualquiera sea la orden que dirija el Estado al individuo, no puede pretender más que la obediencia del ciudadano: obediencia que, en el fondo, constituye el contenido jurídicamente idéntico a la obligación del servicio militar, de la obligación de pagar los impuestos, de hacer de testigo y de otros cientos de obligaciones derivadas de las leyes, cualquiera sea su nombre. Sumisión y libertad de la sumisión son las dos posibilidades, entre ellas contradictorias, entre las cuales puede elegir el Estado cuando se trata de regular cualquier relación con los propios súbditos.

Ahora, si se examina la libertad así concebida en su contenido jurídico, resulta que esta corresponde exactamente con las acciones de los ciudadanos *jurídicamente irrelevantes* de frente al Estado. Cuando, en virtud de la libertad de prensa, alguien publica un folleto, esto constituye un hecho que, como tal, es decir, haciendo abstracción de los negocios jurídicos que se puede conectar a ella, no toca el derecho de nadie, y especialmente no toca el derecho del Estado: un hecho por tanto que no difiere de la acción de quien bebe su propio vino o pasea en su propio campo. Lo mismo se puede decir del derecho de la libre elección de la profesión, del derecho a la libertad de fe religiosa, etc., los cuales no modifican la esfera legal de nadie. Las acciones que están dentro del campo de estas libertades pueden adquirir importancia jurídica, pero bajo un punto de vista distinto y nunca de frente al Estado. La conclusión de un contrato de edición no es ejercicio de la libertad de prensa y el derecho a voto en el presbiterio no es ejercicio de la libertad religiosa. Ni siquiera las disposiciones legislativas, con las cuales se limitan tales derechos de libertad, atribuyen a las relativas acciones el carácter de acciones jurídicamente relevantes, porque el Estado no tiene interés de que estas sean emprendidas u omitidas, sino que no excedan los límites de la ley. Así, el Estado ejercita la policía del abastecimiento de víveres, sin que adquiera por esto importancia jurídica el hecho del propietario que consume la propia carne o el propio vino. Del punto de vista del derecho público, que es el que nos interesa exclusivamente en este punto, la libertad individual, en los casos indicados, no se presenta ni en su limitación por efecto de un deber, ni en su relación con una facultad, aquí se trata de una cuestión de posibilidad abstracta de emprender ciertas categorías de acciones, la cual, en virtud del *status negativo*, no tiene importancia jurídica frente al Estado. Así, por ejemplo, el permiso por parte del Estado de cambiar de religión no implica ni que cada protestante tenga un derecho en curso de convertirse en católico, ni que este posea una especial capacidad tendiente a este propósito. Este permiso significa simplemente que el acto de cambiar de religión es considerado por el Estado como una acción que le es indiferente.

La tutela del *status* negativo consiste por lo tanto en la pretensión jurídica (*Anspruch*) que tiene el individuo al reconocimiento del *status* en cuestión, y en la prohibición hecha a las autoridades estatales de violar este *status* mediante órdenes o restricciones no fundadas en la ley. En la misma forma, tal como al derecho real corresponde el deber puramente negativo de no causar molestia por parte de las personas que eventualmente entren en relación con quien está investido del derecho real, así al *status* negativo corresponde un análogo deber, por parte de todas las autoridades que tengan relación con el individuo. Este es un *status* absoluto, que debe ser respetado por cualquier autoridad, mientras los otros *status* admiten solo especiales relaciones de individuos con ciertas autoridades. El precepto de actuar siempre y solo en conformidad con la ley incumbe a todas las autoridades de Estado, y es de esta manera que la libre actividad de las personas se encuentra protegida con respecto a todos. El *status* negativo es elevado a *status* jurídico, especialmente por efecto de la pretensión jurídica perteneciente al individuo de poder exigir el reconocimiento de su *status* negativo y, conforme a eso, la preterición y la remoción de toda lesión del mismo, en la misma manera en la cual el derecho real se convierte en tal, por efecto de la pretensión jurídica, de quien está investido de este, de exigir a los otros que no le provoquen molestia.

Esta pretensión jurídica, como todas aquellas que se refieren a una determinada relación de derecho público, pertenece al *status* positivo del individuo. El *status* negativo adquiere su carácter jurídico en virtud del *status* positivo y de las acciones que de este derivan, lo que será tratado más ampliamente en el capítulo siguiente. La posibilidad de dar origen a acciones jurídicas localizadas en el individuo constituye la diferencia esencial entre el *status* negativo y el simple efecto reflejo del derecho objetivo. Una acción jurídica, que pueda experimentarse con medios legales, no puede nunca constituir un simple derecho reflejo. En el caso de impugnación o turbación del *status* negativo en cualquiera de sus manifestaciones, el reconocimiento de la libertad y la eliminación de acciones estatales que lo violen, pueden ser pretensiones mediante reclamos jurídicos; el individuo tiene la capacidad de poner en movimiento normas del orden jurídico en su propio interés y de provocar al mismo tiempo la acción de una autoridad. Si en estos casos existiera solamente derecho objetivo, no se podría permitir al individuo más que la denuncia a la autoridad superior, o el recurso administrativo, y todo el procedimiento de las respectivas jurisdicciones podría tener lugar solo de oficio, como por otra parte la voluntad individual no podría ejercer influencia alguna sobre el procedimiento administrativo, incluso en caso de renuncia al recurso.

Todo esto, bien entendido, no excluye que por la misma hipótesis ambas formas del procedimiento se puedan encontrar, el oficioso y el contencioso. Entonces, si la autoridad administrativa, por persuasión propia, reconoce la ilegalidad de un acto administrativo, tiene el deber de anularlo y de configurar para este fin, desde donde sea necesario, el procedimiento de apelación ante el tribunal administrativo. Pero, a diferencia de la hipótesis ahora formulada, el carácter de derecho individual de la pretensión jurídica protegida por un remedio jurídico se manifiesta en la circunstancia que se deja al arbitrio de un individuo de experimentar todo o parte del remedio mismo. Si de la falta de un remedio jurídico no se puede recabar como consecuencia necesaria la inexistencia de una pretensión jurídica subjetiva, la existencia de una protección jurídica estrechamente individualizada y garantizada de la ley, prueba, al contrario, la existencia de una capacidad jurídica individual.

Un examen, incluso fugaz, de las decisiones de los tribunales administrativos revela, de inmediato, que una gran parte de éstas se reducen a la resolución de la única pregunta: ¿se ha encontrado el recurrente en el *status* pasivo o en el negativo? O, en otros términos, ¿tenía o no el Estado, en el caso concreto, el derecho de ejercitar su soberanía? También las sentencias penales, sin excepción, deben resolver ante todo la pregunta de derecho público, si al Estado pertenece un derecho concreto al castigo y si, en conformidad a esto, el acusado ha incurrido en un *status* calificado de subordinación. Porque cada pena, desde el punto de vista del derecho público, importa un aumento del derecho que tiene el Estado, respecto al individuo, de ordenar y de constreñir y, por lo tanto, una disminución de la esfera de libertad. En las mismas sentencias civiles de condena o de absolución está siempre comprendida una decisión sobre la libertad y sobre la subordinación del condenado. Además de esta decisión, las sentencias en cuestión deciden también sobre un *dare* (dar), un *facere* (hacer), un *praestare* (prestar) a un tercero. En la sentencia penal de condena se trata en esencia de establecer la calidad y la medida de la pena, como consecuencia de la especial subordinación derivada del delito. Las decisiones definitivas de los tribunales administrativos, por el contrario, no pueden pronunciarse más que sobre la existencia o no existencia del deber de subordinación. Aquello que en los juicios civiles o penales constituyen una premisa, en las decisiones de los tribunales administrativos constituye el único contenido del pronunciamiento.

De esto se deriva la uniformidad de una gran parte de las decisiones de los tribunales administrativos, en comparación especialmente con las decisiones de los tribunales civiles. Mientras el juez civil debe ocuparse de negocios jurídicos variados, al juez administrativo, en los casos en examen, se presenta siempre solo el examen de una sola figura jurídica, esto es, la relación de subordinación del individuo hacia el Estado y los límites de la relación misma.

ESFERA PRIVILEGIADA DE LIBERTAD

Variadas causas pueden inducir al Estado a limitar en el interés general el *status* negativo. El Estado puede prohibir, en vía de principio, acciones individuales o determinadas categorías de acciones y puede limitar la misma personalidad mediante normas jurídicas que niegan un poder para actuar. Esto puede otorgar a determinadas personas y bajo determinadas condiciones, un poder que, en principio, a los otros es negado. De esto derivan especiales relaciones, que examinamos enseguida.

1° Constituye una simple prohibición de determinadas acciones y de singulares negocios jurídicos y entonces no importa la disminución del *status* negativo el declarar las cosas *extra commercium,* el cerrar instituciones hasta ahora abiertas al público, etc. Tales prohibiciones no tocan en manera alguna la capacidad en sí misma de emprender determinados actos, los cuales encuentran límites solamente respecto a objetos determinados.

2° Constituye, en cambio, diferenciación de la personalidad, la exclusión, en principio, a clases completas de personas de emprender ciertas categorías de negocios jurídicos. De esta forma se restringe la capacidad misma de quienes pertenecen a las clases en cuestión de emprender acciones que tengan valor jurídico. Las normas jurídicas de esta especie tienen doble efecto: por una parte, negando un poder, empeoran la posición de derecho público de las personas que ponen en condición de inferioridad; por otra parte, pueden ser consideradas también como normas que atribuyen una potestad y, bajo este punto de vista, crean un privilegio para los individuos beneficiados, en cuanto amplían la esfera de libertad de los mismos, en comparación con la restricción que sufre la esfera de libertad de los otros. En los casos concretos, se deberá tener en cuenta la intención del legislador, para decidir si la consecuencia jurídica de dichas normas de derecho deba ser una disminución del *status* negativo o un privilegio. En todos los casos en los cuales la prohibición se presenta como una excepción al derecho común, su propósito es exclusivamente una restricción, cualquiera sea el motivo del que dependa la restricción. Así, por ejemplo, la negada capacidad a los judíos de adquirir la propiedad de la tierra constituía una restricción de la personalidad de éstos, no un privilegio de los cristianos, porque se presentaba como una excepción al principio ya reconocido de la igual capacidad de adquirir el dominio por parte de los ciudadanos. Así, la limitación de la capacidad de actuar de las mujeres[140] y de los militares[141] no conlleva un privilegio para los hombres y para los no militares; la limitación de libertad de testificar a los religiosos no importa el privilegio para todos aquellos que no han proferido votos monásticos, porque estas limitaciones se presentan únicamente como disminuciones del *status* negativo, que, de acuerdo al ordenamiento jurídico, pertenece en principio a cada individuo. Cuando, al contrario, el derecho era graduado según las clases, la capacidad de adquirir bienes señoriales *(Rittergütern)*, negada a las personas no pertenecientes a la nobleza, constituía un privilegio de los nobles, ya que no era una prohibición para los no nobles, sino la concesión de una potestad a los nobles era el propósito evidente de tales normas.

El ejemplo más importante de esta especie está constituido por los privilegios que pertenecen a los ciudadanos frente a los extranjeros. El propósito de las disposiciones legislativas en este sentido no es de poner a los extranjeros en condición de inferioridad, sino de acordar un privilegio a los ciudadanos. El extranjero no tiene la misma condición jurídica del ciudadano. Ahora, si su *status* negativo se ve restringido en comparación al de los ciudadanos, no se produce en detrimento suyo una excepción al derecho común, sino que tiene lugar un privilegio para los ciudadanos. Cuando, entonces, la capacidad para ejercer ciertas profesiones, para participar en ciertas

---

[140] Por ejemplo, Código Civil, §§ 1354, 1358, 1398.
[141] Por ejemplo, la *Reichsmilitärgesetz* (ley militar del imperio) de 2 de mayo 1874, §§ 40, 43, 49, Abs. 2.

asociaciones, para adquirir ciertos derechos privados, está conectada con la cualidad del ciudadano, los ciudadanos adquieren con esto
una esfera privilegiada de libertad respecto a la de los extranjeros,
pero sería del todo errado concebir este *status* privilegiado como un
derecho especial del ciudadano. Por efecto de la exclusión de los
extranjeros, las calificaciones de la personalidad del ciudadano no
mutaron en ningún modo en su naturaleza jurídica. El privilegio
es simplemente un reflejo del derecho objetivo, no constituye en sí
mismo un derecho subjetivo[142]. El ciudadano no obtiene mediante
las normas jurídicas de las que se trate algún derecho a pretender
la exclusión del extranjero del campo de actividades reservadas al
ciudadano. Su privilegio ha sido consagrado no en el interés individual, sino en el general.

3° Privilegios verdaderamente individuales y, por lo tanto, ex-
tensiones de la esfera de la libertad pueden ser producto de los actos
administrativos que crean derechos, esto es, permisos que acuer-
den una facultad, o de concesiones que atribuyen una potestad. Por
efecto de tales actos, algunas limitaciones generales de la libertad
individual son abrogadas para determinadas personas en manera
tal, que la capacidad de las mismas viene ampliada por principio,
es decir, son reconocidos como legales ciertas manifestaciones de
la libertad que ya existían abstractamente, pero cuyo ejercicio era
prohibido por motivos de policía. A las ampliaciones de la capacidad misma de actuar pertenecen todas las dispensas por medio de
las cuales ciertas acciones, que al contrario no serían válidas, son
elevadas a la existencia jurídica; y también las concesiones necesarias para ser admitidos a aquellas profesiones que consisten no
en el ejercicio de la natural libertad de acción, sino una libertad
de acción concedida por el Estado, como por ejemplo la abogacía.
Entre los permisos que crean un *status* privilegiado, se encuentra el
basto campo de las concesiones industriales personales y reales[143].

---

[142]   Cfr. LABAND (1901) I, p. 138.

[143]   Sobre las variadas teorías de las concesiones, cfr. REHM (1884) *Die rechtliche
Natur der Gewerbekonzession*, pp. 9 y ss. Concuerdan con los principios expues-

Por razones de policía, ciertas industrias pueden ejercerse solo en base a la autorización de la autoridad, sea que el Estado considere la industria como posiblemente útil, sea que la considere posiblemente nociva para el interés general. También le pertenecen las concesiones de ferrovías, la concesión de la propiedad de las minas, los permisos de caza (*Jagdkarten*), de porte de armas (*Waffenpässe*), de edificar, etc.

Estas especies de "concesiones" de la autoridad, no amplían nunca la libertad natural de actuar, pero suprimen para determinadas personas la prohibición de ejercitar tal libertad[144]. La concesión puede tener por condición la existencia de una calidad personal (ciudadanía) o la posesión de una cosa (como propietario, poseedor o inquilino) y, por lo tanto, ser concedida a una cosa. A esta catego-

---

tos en el texto Laband (1901) III, p. 209, nota 2; Seydel (1881) *Das Gewerbepolizeirecht nach der Reichsgewerbeordnung*, p. 69; O. Mayer (1895) I, pp. 287 y ss., distingue exactamente la *concesión* del *permiso*. Rehm busca, en pp. 27 y ss., constituir la libertad de profesión como un derecho subjetivo del individuo. El simple reconocimiento de la libertad natural, dice, se agota en la manifestación de la voluntad natural, el derecho de escribir cartas o de cantar canciones, no concuerda con aquel que escribe o que canta alguna reclamación jurídica a no ser molestado por los órganos de la administración. La inexactitud de dicha afirmación es evidente, como viene demostrado, por ejemplo, de la limitación a escribir cartas impuesta a las personas que se encuentran en estado de arresto y del hecho de la prohibición de cantar determinadas canciones o de cantar por la noche en la calle, etc., puede ser objeto de recurso o de acción judicial. No hay actividad individual alguna que no pueda ser pretendida ilegalmente: todas las irrelevancias jurídicas no son más que relativas. Además, el permiso de ejercer una profesión atribuiría un *licere (Dürfen)* también a aquellos que por naturaleza son incapaces de querer. También esto no es exacto. El permiso que se otorga por parte del Estado crea solo la condición para el reconocimiento de una representación de derecho privado, pero no la representación misma, eso significa solamente que el Estado no opondrá obstáculos a que ciertos negocios privados se lleven a cabo.

144   Con frase apropiada, O. Mayer llama a estas concesiones: derechos de policía con reserva de permiso (*Polizeiverbote in Form des Erlaubnisvorbehaltes*) en O. Mayer (1886) *Französischen Verwaltungsrecht*, p. 168 y O. Mayer (1895) *Deutsches Verwaltungsrecht*, p. 287 (ed. francesa de 1903, vol. II, p. 56). Cfr. también Rehm (1884) *Die rechtliche Natur der Gewerbekonzession*, p. 68.

ría pertenecen también todos los casos en los cuales para el ejercicio de una profesión se requiere un certificado público de idoneidad, comenzando por las profesiones superiores de médico, de ministro de culto, de profesor, hasta aquellas de herrero, piloto, partera. En todos estos casos, de la misma forma que por los derechos generales de libertad es dada al individuo una pretensión jurídica general a no ser obstaculizado por las autoridades del Estado, y, en caso de violación de esta pretensión, le es reconocido el derecho de recurrir.

Las concesiones arriba indicadas no importan una ampliación de la capacidad de derecho privado. Los negocios jurídicos emprendidos por ellos, que no están autorizados para esto, al menos por regla general, no son nulos, sino solamente punibles. Esto no es contradicho por la circunstancia de que los trabajos aun no autorizados pueden ser destruidos como contrarios al orden público. El propietario de una industria autorizada concluye asuntos legales no en virtud de su concesión, sino por su libertad de actuar, que existe independientemente de la concesión y cuya manifestación, no ciertamente la existencia, está sujeto al permiso del Estado[145]. La concesión puede estar conectada con el otorgamiento de derechos más amplios, como el derecho de expropiación y el monopolio de las industrias respectivas. Estos derechos, sin embargo, no son la consecuencia jurídica de simples permisos, sino de facultades atribuibles por el Estado, ya que contienen un poder que solo el Estado está en grado de conceder.

Disminuciones de la esfera de libertad individual

Estas disminuciones pueden tener lugar por los motivos más variados. A veces por razones de policía, con el propósito de proteger a los que sufren la disminución de *status*, a veces por protección de terceros. Entre los casos de la primera especie se incluirán las limitaciones de la capacidad de actuar de las mujeres y de los menores; y entre los casos de la segunda, las restricciones de libertad que

---

[145]   Cfr. Rehm (1884) pp. 65 y ss.

se presentan como consecuencia de una pena sin constituir penas estas mismas, así como las limitaciones de la libertad comercial, derivadas de la condición de monopolio, que se crea con las concesiones y emisión de patentes. Naturalmente, no son parte de la disminución de *status* en cuestión los deberes generales que reposan sobre leyes materiales, sino solamente aquellos conectados a hechos determinados, o creados por actos administrativos que revocan un derecho, o de sentencias.

La segunda forma principal de disminución de *status* es la pena. Esta puede consistir en la obligación de una prestación, que no toque la capacidad misma de actuar: la pena pecuniaria. Sin embargo, en general, la pena se presenta como una disminución y eventualmente incluso como una aniquilación de la personalidad. En verdad, ordinariamente, es la misma esfera de libertad la que, por efecto de la pena, sufre una disminución. La limitación de la libertad, que es la forma de pena que se encuentra más frecuentemente, se presenta del punto de vista del derecho público como una anulación de la capacidad de poner en movimiento las normas del derecho público en defensa de la esfera de la libertad, para esa parte de la esfera en cuestión, que ha sido suprimida; como una revocación de la obligación del Estado de no emprender algún acto que viole la esfera de libertad; en una palabra, como extensión de la subordinación, o sea, del *status* pasivo.

Restricciones de la esfera de libertad derivan, en tercer lugar, de una especial relación de subordinación, en el cual se encuentre el individuo, por efecto de la ley, de un negocio jurídico o de un delito. El último caso ya fue examinado antes. A lo que se ha dicho, solo cabe apuntar las limitaciones de la libertad que pueden ser ordenadas contra el imputado o el acusado bajo el procedimiento penal. En virtud de la ley se limita la libertad de aquellos que son requeridos por el servicio militar, de los regidores, de los jurados y verdaderamente no solo mediante la obligación de prestar un servicio personal, sino también en consecuencia del deber impuesto a los individuos en cuestión de conservar la dignidad del ejercicio de la función pública encargada y de garantizar mejor de esta manera su cumplimiento[146]. Perfectamente lo mismo se verifica en las relaciones especiales de subordinación fundadas sobre negocios jurídicos, sobre todo respecto a los empleados públicos. Para el funcionario, la relación de especial subordinación manifiesta sus efectos en el hecho que, en el interés del servicio y de la dignidad del cuerpo, su facultad jurídica está sujeta a restricciones. Esto se revela, por ejemplo, en las limitaciones acerca del matrimonio y en la prohibición de acudir a otras ocupaciones.

Como consecuencia de la especial relación de subordinación ahora en examen, al Estado le resulta un doble derecho de punir. Es decir, está autorizado a castigar no solo por la violación de la relación general de subordinación, que forma un elemento de cualquier contravención, sino también por la violación de la relación de autoridad, que reposa sobre un título especial. Y estos dos derechos punitivos coexisten uno al lado del otro, precisamente porque reposan sobre un fundamento jurídico distinto. Por lo tanto, no solo aquel que es detenido preventivamente o por cumplimiento de una pena, sino también el estudiante, el abogado, el soldado, el funcionario, están sujetos al poder disciplinario del Estado, así como al poder punitivo general.

Excepto los casos en los cuales la relación de subordinación especial se funda sobre el hecho delictivo, la pena disciplinaria puede llegar hasta la disolución de la relación misma, hasta la expulsión de la especial asociación. La cancelación de la relación de subordinación especial, de la misma manera como la pena de muerte, que se contrapone, es la más grave medida disciplinaria que puede adoptarse: importa al mismo tiempo la restauración de la relación ordinaria de subordinación general.

Que el *status* negativo constituya una unidad absoluta y que no conste, por así decir, de un cierto número de derechos distintos, se deduce claramente de la forma y de la manera en la cual esto es protegido contra terceros, y especialmente contra los funcionarios

---

[146]   Para los jurados y los regidores, véase Código Penal, §§ 138, 334.

que transgredan sus deberes. El delito del tercero no puede violar la libertad de la persona. Si alguno impide a otro escribir un artículo de un periódico, este no ofende su derecho a la libertad de prensa, sino simplemente su libertad. Del mismo modo, el impedimento ilegal a que se intervenga en una reunión, la restricción ilegal al bautismo, la turbación violenta del ejercicio de una industria, no son violaciones del derecho de reunión, de la libertad religiosa o de la libertad de industria, sino simplemente violación de la libertad personal, *ingiuria* o *crimen vis*[147]. Solo donde la ofensa de la libertad está comprometida mediante violencia no sobre la persona, sino sobre los bienes que están fuera de la persona, la ofensa misma no puede ser castigada sino en virtud de disposiciones especiales de ley, dado que tal violencia no estaría comprendida en las disposiciones generales del derecho penal, destinadas a defender la libertad

---

[147] Estos caerían simplemente bajo las disposiciones generales de los arts. 239 y 240 del Código Penal, y si fueran cometidos por un funcionario, bajo el art. 341. Los derechos singulares de libertad vienen considerados en el Código Penal italiano del 30 de junio de 1889 como objeto de especiales delitos, con cuanto beneficio se puede inferir del hecho, que la ofensa a los cultos permitidos en el Estado es la profanación de cadáver son puestos entre los delitos contra la libertad de culto*.

* La enumeración de hechos delictuales en el segundo libro, título segundo en el Código Penal [it.], bajo la común denominación de: *"Delitos contra la libertad"* ha sido objeto de crítica de parte de casi todos los escritores italianos de derecho penal. El intento declarado del Ministerio de Justicia en relación con el nuevo Código Penal (n. LXXXI), de afirmar la suma importancia de la libertad de las relaciones civiles y políticas, no justifica la agrupación bajo un único título de hechos que, considerados en su esencia, no tiene la mayoría de las veces algo en común y no responden ni siquiera a esa particular forma de manifestación de la libertad humana que el legislador ha puesto encabezando cada capítulo. El derecho público en Italia ha sido considerado y estudiado hasta tiempos recientes más con criterios políticos que con criterios jurídicos y esto explica no solo la clasificación de los derechos acogidos en nuestro Código Penal, sino también las opiniones absolutamente erróneas o insensatas que aún prevalecen en la literatura de derecho público y en la legislación, así como la escasa originalidad de muchos escritores, que no se dan cuenta de la radical transformación sufrida en la ciencia jurídica en la segunda mitad del siglo XIX. [Nota del traductor italiano].

personal. De esto derivan, por ejemplo, las especiales amenazas de pena contra el impedimento al servicio religioso, contra la violación del domicilio y la violación del secreto epistolar.

§ 9. El estado positivo (*status civitatis*)

Cada acción estatal es acción en el interés público. El interés general no es absolutamente necesario que coincida, pero puede coincidir, con el interés individual. En cuanto esta última hipótesis se verifica y la coincidencia es reconocida por el Estado, esto otorga al individuo pretensiones jurídicas (*Ansprüche*) a la actividad estatal y pone a su disposición los medios jurídicos para realizarla. De esta manera el Estado eleva al individuo a la condición de miembro de la comunidad estatal dotado de facultad de carácter positivo, le confiere el *status* de ciudadanía, el cual está totalmente separado del *status* simplemente negativo, es decir, del extenso campo que abarca las acciones jurídicamente indiferentes para el Estado.

Sobre el amplio campo del cuidado de los intereses generales, al cual tiende la finalidad de cada Estado en particular, se presenta la clara contraposición formal entre el efecto reflejo del derecho objetivo y la pretensión jurídica subjetiva. Cada acción en el interés general pone orden en definitiva al cuidado de una multiplicidad de intereses individuales. De esta manera el resultado de la preocupación del Estado tiene siempre una ventaja para el individuo, se resuelve en la tutela o en la ventaja del individuo. La tutela de la higiene pública conserva o mejora la higiene de un indeterminado número de hombres, las disposiciones acerca de la policía de seguridad tutelan la propiedad y la vida de todos los individuos, que en su conjunto constituyen el pueblo. Desde el punto de vista jurídico, sin embargo, no está tutelado más que el interés general, mediante la existencia del derecho objetivo que se preocupa de la ventaja y, por lo tanto, mediante todos los medios jurídicos que la actuación del derecho objetivo tienden a garantizar.

El interés individual, como tal, tiene en todos estos casos únicamente una existencia de hecho, pero jurídicamente está desprovisto de tutela. El individuo no tiene ninguna pretensión a la actividad del Estado, puede únicamente demandar que se tengan en cuenta sus intereses de hecho, pero debe remitir a la apreciación de los órganos del Estado el resolver si en el caso concreto el resguardo del interés individual sea requerido por el interés general o si, al menos, sea compatible con ello.

Imaginemos un Estado en el cual el interés individual, como tal, no sea para nada reconocido, sino tutelado y promovido solamente como parte constituyente del interés general. En esta condición de derecho público, no existiría ninguna pretensión del individuo, como miembro del Estado, a prestaciones positivas del Estado mismo. El Estado actuaría para el individuo, pero no a petición de él: cualquier tutela o cualquier ventaja acordada en su interés, no sería más que un efecto reflejo. En un Estado de este tipo no existiría una esfera jurídica individual. En lugar de los derechos privados estarían sustituidos los intereses individuales para tutelarse únicamente en conformidad con el interés general y, por consiguiente, de acuerdo al juicio de la autoridad. El derecho penal sería el tipo, a semejanza del cual resultarían constituidos todos los demás campos del derecho. El derecho penal tutela en grado sumo el derecho individual, pero un derecho del individuo para la ejecución de las leyes penales no existe siquiera para los delitos punibles a petición de la parte y para los delitos privados. En el campo de la Administración, el Estado de policía (*Polizeistaat*) del siglo XVIII se había acercado mucho a la condición expuesta anteriormente en cuanto que, por una parte, reconocía en sumo grado su deber de estar atento al bien público; y, por otra parte, no concedía al individuo ninguna pretensión jurídica hacia la Administración para exigir que el bien público tomara forma concreta de bien individual.

Esta condición del derecho no tuvo, sin embargo, en ningún lugar una completa aplicación. Si bien con límites modestos, fue siempre reconocido un campo en el cual el interés general está tutelado y aventajado precisamente al elevar formalmente el interés individual a interés jurídico. Esto ha sucedido más que nada en el campo de la jurisdicción ordinaria. Las pretensiones jurídicas individuales a la tutela jurisdiccional no han quedado del todo desconocidas en ningún Estado. En el interés de un juicio imparcial, justo y diligente en el examen del hecho concreto, se han atribuido a los imputados los medios jurídicos del procedimiento penal; en el interés de la conservación de las bases del orden social y económico vigente, a la voluntad del individuo le ha sido atribuida, en el procedimiento civil, la capacidad de regular constantemente la actividad del juez y de quién está encargado de ejecutar las sentencias en conformidad con el interés individual. El Estado moderno en especial, ha dirigido con especial interés su acción administrativa hacia los intereses individuales unidos con el interés general, reconociendo a favor de los individuos pretensiones jurídicas a prestaciones positivas.

En el Estado que respondiera a la primera hipótesis supuesta por nosotros, al individuo no le sería atribuido más que un solo *status*, el pasivo, ya que también la libertad da prestaciones y la participación en el gobierno del Estado tendría un contenido de hecho, no de derecho, por no estar elevado al grado de pretensión jurídica y carecer de la tutela jurídica. En cambio, en el Estado correspondiente a la segunda hipótesis, es en cambio posible la existencia de variadas condiciones jurídicas que atribuyen derechos.

En razón de la concesión de pretensiones jurídicas positivas hacia el Estado, el hecho de ser miembro del Estado se transforma de una relación de pura dependencia, en una relación con un doble carácter, es decir, en una condición jurídica que al mismo tiempo concede facultades e impone derechos. Esta condición es la que viene designada como *pertenencia al Estado (Staatsangehörigkeit)*, como ciudadanía, como derecho de ciudadanía, como *nationalité*[148].

En este punto es necesario subrayar que en el concepto de pertenencia al Estado es necesario distinguir un significado más amplio y uno más restringido. En el Estado moderno, también aquel que

---

[148]   En francés, en el original [=nacionalidad].

está subordinado al Estado únicamente en razón de la soberanía
territorial, no es solamente súbdito temporáneo (*subditus temporarius*): también a él le pertenece transitoriamente un conjunto de
pretensiones jurídicas hacia el Estado, si bien en menor medida de
las que les corresponden a aquellos que son parte estable del Estado; él es también *civis temporarius*. Incluso a los extranjeros que
se encuentran fuera de los límites territoriales del Estado, en las
impugnaciones jurídicas *inter cives et peregrinos* y en otros casos, les
corresponden pretensiones reguladas por el derecho; de manera
que se puede decir que el Estado moderno reconoce la condición
de miembro del Estado a cualquiera, en cualquier manera en que
se encuentre sometido a la soberanía del Estado. Desde este punto
de vista, el concepto de derecho natural, que ha encontrado aceptación legislativa en la afirmación de los "derechos del hombre y del
ciudadano", adquiere una importancia duradera para los criterios
fundamentales del moderno ordenamiento estatal.

Establecer una definición del contenido jurídico de la pertenencia (*Mitgliedschaft*) al Estado es una empresa muchas veces inten-
tada, pero nunca lograda. Especialmente desde el punto de vista
del derecho comparado, sería trabajo perdido intentar encontrar
un criterio absoluto, susceptible de ser aplicado a todos los Estados. De acuerdo con una concepción demasiado restringida, que
no tiene suficientemente en cuenta lo complejo de las numerosas
relaciones existentes en este campo, el derecho de residir en el país
debería constituir el esencial contenido jurídico de la pertenencia al
Estado; pero en contra de esta opinión está la posibilidad del exilio,
todavía vigente en algunos Estados, como institución jurídica[149].
Otros, con resultados nada mejores, han buscado la característica
decisiva de la pertenencia al Estado en la obligación del servicio militar y en la pretensión jurídica a la protección del derecho interna-

---

[149]   Martitz (1888) *Internationale Rechtshilfe in strafsachen*, I, pp. 14 y ss. Que,
al contrario, el extranjero pueda tener derecho de residencia, véase Störk
(1887) *Holtzendorffs Handbuch des Völkerrechts*, II. pp. 645 y ss.

cional en el extranjero[150]. Por lo general, los intentos realizados para establecer una definición general de la pertenencia al Estado que no se limitara a tener en cuenta un solo lado del fenómeno, no han logrado otra cosa más que parafrasear el concepto: que pertenece al Estado, aquel que es parte del Estado. Con una frase afortunada Seydel, al reconocer la imposibilidad de dicha empresa, declara que, para determinar de manera completa el contenido jurídico de la pertenencia al Estado, sería necesario pasar revista a todo el derecho público[151]. Tal contenido consiste en el complejo de deberes y de pretensiones jurídicas que el individuo tiene frente al Estado en base a las leyes, complejo de deberes y de derechos que no es nunca algo constante, respecto a su extensión, ya que está sujeto a variaciones, casi con cada nueva ley.

La razón de este fenómeno reside en la circunstancia, no revelada o por lo menos no bastante ponderada desde el punto de vista jurídico, que, si puede ser determinado de manera satisfactoria el contenido de cada derecho, no lo puede ser el de las situaciones jurídicas. La situación jurídica implica una relación constante, regulada en razón del criterio jurídico, un *ser* (*essere, Sein*), en el significado jurídico de la palabra. Ahora, si bien puede ciertamente ser definido de manera satisfactoria un *hacer* (*fare, Tun*), no lo puede ser nunca un *ser* (*essere*), cual contenido sustancial de un determinado número de fenómenos. La relación entre el individuo y el Estado consolidada en un *ser* (*essere*), queda, como tal, totalmente inmutable, cualquiera sea el contenido concreto que se le pueda atribuir. Si, por ejemplo, las pretensiones jurídicas de aquellos que pertenecen al Imperio alemán tuvieran que ser muy ampliadas o restrin-

---

[150] MARTITZ (1875) *Das Recht der Staatsangehörigkeit im internationalen Verkehr*, pp. 798 y ss. Lo mismo véase MARTITZ acerca de lo restante, en p. 805, de determinar un contenido típico de la pertenencia a un Estado.

[151] SEYDEL (1884) *Bayer. Staatsrecht*, I, p. 294. Y antes todavía, en el mismo sentido, ZORN (1895) *Staatsrecht*, I, p. 370. La concepción de la pertenencia al Estado, como un derecho a un *status*, se encuentra también en HÄNEL (1892) *Deutsches Staatsrecht*, I, p. 355.

gidas, la relación de "alemán" continuaría de todas maneras subsistiendo como tal, lista para recibir cualquier cambio de contenido.

Un *status* no se puede, por lo tanto, definir nunca de acuerdo a su contenido, puesto que es una relación estable, totalmente independiente de los derechos y deberes particulares que se derivan de él. El negocio jurídico particular puede ser modificado solamente dentro de determinados límites, más allá de los cuales su carácter se transforma. El contrato de arrendamiento de obra, más allá de ciertos límites, puede devenir en compraventa, el depósito transformarse en préstamo. Al contrario, el *status* de padre, de acuerdo al derecho de familia, es susceptible de los más variados contenidos, hasta el punto de poder comprender el *ius vitae ac necit*, o perder cualquier importancia jurídica frente al mayor de edad.

La pertenencia al Estado se puede parafrasear, no definir, como el formar parte por mucho tiempo de un Estado determinado, independientemente de la circunstancia de quedarse o no en el territorio del mismo. Tal pertenencia presenta un doble contenido: una relación constante de deber y una relación de derecho. Subordinación y *status civitatis* están necesariamente unidos entre sí, si bien la relación de subordinación sea la originaria[152]. Solamente por el hecho de que la colectividad constituye un vínculo permanente para los individuos que la constituyen, ellos se ubican como miembros de esta. El criterio que intentó afirmar la Asamblea Francesa, esto es, considerar la pertenencia al Estado como una relación que, antes que todo, atribuya derechos al individuo, no es compatible con la noción de la naturaleza del Estado.

Esa parte del contenido de la ciudadanía que se traduce en ventaja para el individuo implica efectos reflejos del derecho objetivo y pretensiones jurídicas verdaderas y propias. El complejo de las actividades que el Estado ejercita para el interés general, en cuanto aporta ventajas al individuo, se ubica entre los efectos reflejos del

---

[152] GERBER (1865) *Grundzüge*, pp. 43 y ss., y pp. 211 y ss.; LABAND (1901) *Staatsrecht*, I, § 370.

derecho objetivo[153]. Determinar los límites materiales que separan los efectos reflejos de la posibilidad de pretensiones jurídicas es una búsqueda que, precisamente como se ha dicho anteriormente, tiene carácter de *lege ferenda*: elevar a pretensiones jurídicas formales las pretensiones que tienen solamente existencia de hecho es tarea de la legislación. El único criterio en base al cual puede operarse una separación estrictamente formal entre el efecto reflejo del derecho objetivo y la pretensión jurídica subjetiva, es la existencia o no de un medio jurídico a disposición del individuo para realizar su pretensión hacia el Estado. Donde no se da este medio, la pretensión jurídica material no coincide con la formal.

Un ejemplo importante de pretensión jurídica material, que se presenta formalmente como un reflejo del derecho objetivo, es el "derecho del ciudadano a ser tutelado en el exterior en las formas de derecho internacional"[154]. El ciudadano que se encuentra en el extranjero debe y puede ser protegido por el Estado al cual perte-

---

[153] Por lo tanto, no es posible construir un "derecho general en beneficio de la comunión estatal": LABAND (1901) *Staatsrecht*, I, p. 140. Este supuesto derecho es simplemente un reflejo del deber del Estado: existe solamente una pretensión jurídica positiva del particular a las prestaciones del Estado en el interés individual, las cuales no muestran, de manera alguna, carácter de beneficencia. También el derecho de morada (*Wohnrecht*) no es para nada un derecho subjetivo, sino simplemente una parte de la esfera de libertad, que consiste simplemente en la pretensión jurídica a no ser expulsado y a que no se le impida volver a entrar en el territorio del Estado. Cuando LABAND afirma un derecho (vol. I, p. 140) de este tipo y agrega además un derecho a no ser entregado a un Estado extranjero (vol. I, p. 142), se le puede hacer la crítica que él mismo hace de los derechos de libertad.

[154] Dicho derecho es admitido por la mayor parte de los autores de derecho público especialmente en relación al último artículo de la constitución del Imperio. En contra de esto ver SEYDEL (1884) *Bayer. Staatsrecht*, I, p. 300, n. 43. A este autor pareciera que se asocia LABAND (1901) *Staatsrecht*, I, p. 139, n. 2, cuando admite que el derecho a la tutela sea solamente el reflejo del deber jurídico del Imperio de defender a sus ciudadanos. Por otro lado, LABAND afirma que, con la concesión de la defensa, no se le da al individuo ninguna gracia, no se le hace ningún favor, sino que *se le da un derecho*; contradicción esta que intentaríamos en vano de resolver.

nece, pero, a pesar de cualquier declaración legislativa al respecto, él no tendrá formalmente la pretensión jurídica a esta tutela hasta cuando no se le atribuyan los medios jurídicos para realizarla. Existe por lo tanto la obligación de los órganos que representan el Estado de conceder la protección de derecho internacional, pero no una pretensión individual susceptible de ser realizada para exigir esa protección. El presupuesto necesario de esta forma de actividad administrativa del Estado no es nunca el consenso del ofendido. Lo mismo sucede para los "derechos" que son concedidos contractualmente a súbditos extranjeros. El sujeto autorizado a pretenderlos no es el individuo, sino el Estado al cual el individuo pertenece. Únicamente donde es reconocido expresamente un derecho individual dirigido en contra de la violación de las convenciones internacionales, como en la Confederación Suiza[155], el efecto reflejo del derecho objetivo, que resulta de las convenciones internacionales publicadas como leyes por el Estado, se transforma en pretensión jurídica formal[156].

---

[155] Constitución federal del 29 de mayo de 1874, art. 113, n. 3

[156] BLUMER y MOREL (1877) *Handbich des zchweizerischen Bundesstaatsrechts*, III, pp. 175 y ss. En los Estados con tribunales administrativos, de los tratados internacionales derivan pretensiones jurídicas perfectas, y cuando las mismas (en cuanto no sean competentes los tribunales ordinarios), serán susceptibles de ser decididas por los tribunales administrativos pretensiones jurídicas imperfectas, cuando serán tuteladas solamente a través del recurso administrativo. Donde ambos remedios jurídicos son negados, no existe ninguna pretensión jurídica individual en sentido formal. Inexactamente, por lo tanto, LABAND (1901) *Staatsrecht*, I, p. 141, nota 1, del tratado para la residencia de los nacionales al extranjero, concluido el 31 de marzo de 1890 (*Reichsgesetzblatt* p. 131 [*R. G. Bl.*, Gaceta de leyes del Imperio]) entre el Imperio Alemán y Suiza, deduce un recíproco derecho contractual de residencia a favor de los ciudadanos de los dos Estados. Que esto no sea así resulta claramente del artículo 4 del tratado, en contra del cual no puede subsistir el carácter de derechos individuales de los derechos mencionados en el artículo 1. Cfr. también con LANGHARD (1891) *Das Recht der politischen Fremdenausweisung*, pp. 104 y ss. En contra de una orden de expulsión solo es admisible una súplica y no un reclamo jurídico cualquiera.

Resumiendo en una fórmula general las pretensiones jurídicas individuales reconocidas formalmente, las cuales derivan del *status* positivo, resulta para los individuos la capacidad jurídicamente tutelada de pretender prestaciones positivas del Estado, y para el Estado la obligación jurídica de ejercer su actividad en el interés individual[157]. De este modo el *status* positivo se contrapone directamente al negativo. En relación con el *status* negativo, en caso de contestación se trata siempre de resolver si existe o no la subordinación del individuo, así respecto al *status* positivo se trata de resolver si existe la libertad del Estado. Consideradas desde el punto de vista del Estado, las decisiones definitivas de las disputas judiciales relativas al *status* positivo presentan un contenido que tiene necesariamente el mismo carácter del contenido de las decisiones relativa al *status* negativo del individuo. En la última hipótesis, teniendo siempre en cuenta el lado que refleja el Estado, la sentencia puede declarar solamente que el Estado tenía o no derecho a cumplir un determinado acto de imperio; y, en la primera hipótesis, que él tenía o no tenía el deber de adherir a la petición del individuo.

Para el individuo, el *status* positivo presenta una extensión de contenido jurídico ciertamente mayor que la del *status* negativo. Ya que el contenido de las pretensiones que resultan del *status* positivo está constituido por una acción positiva del Estado y, todo lo que puede ser objeto de un *dare* (*dar*) y de un *facere* (*hacer*), de un *praestare* (*prestar*) del Estado representa un posible objeto de pretensión individual.

A la par de las obligaciones del derecho privado, las obligaciones del derecho público del Estado se distinguen también ellas según la forma y el contenido. Ningún parangón es por lo demás posible entre la variedad y la multiplicidad de los negocios jurídicos del derecho privado y las obligaciones del Estado. Las prestaciones que tienen lugar de parte del Estado para el interés individual jurídica-

---

[157] En el mismo sentido O. MAYER (1903) *Le droit administratif allemand*, I, p. 152, n. 28.

mente reconocido presentan más bien una evidente identidad con las categorías de los actos judiciales y administrativos en general. Las obligaciones estatales se pueden, por lo tanto, dividir en pretensiones a prestaciones de los Tribunales y de la Administración. Los actos judiciales particulares: decretos, certificados, sentencias, ordenanzas, pueden llegar a ser objeto de una determinada pretensión individual. Lo mismo se puede decir de la actividad administrativa dirigida a la determinación y a la constatación de situaciones y de relaciones jurídicas, de los permisos y de las concesiones, en cuanto resultan de hechos administrativos que crean derechos, finalmente de la revocación y de la modificación de disposiciones contrarias a la ley, que atañen a la personalidad.

Jurídicamente estéril se presenta por el contrario una repartición de las pretensiones que derivan del *status* positivo de acuerdo al posible contenido de las disposiciones estatales. Cuando se distinguen las pretensiones para beneficio de las instituciones públicas o de los bienes públicos, de los derechos públicos patrimoniales, de las pretensiones para la satisfacción de intereses ideales, etc., se descuida la circunstancia que, jurídicamente, todas estas pretensiones se refieren exclusivamente a acciones concretas del Estado, y que, por lo tanto, las diferencias jurídicas que existen entre ellas pueden consistir solamente en la forma de las acciones estatales relativas a ellas.

Una forma particular de manifestación de la voluntad estatal, que es de la máxima importancia práctica, y que puede en primer lugar formar el contenido de una pretensión individual, es el *reconocimiento (Anerkennung)*, que, como tal, no ha sido todavía objeto de investigación en la literatura del derecho público.

Reconocimiento es la manifestación de la voluntad, a raíz de la cual una relación litigiosa o controvertible, o bien un hecho de la misma especie, es declarado legal por la persona que tendría derecho a impugnarlo. Esto se diferencia por lo tanto de la *comprobación (Festellung)*, por la circunstancia que la comprobación puede tener lugar solamente por parte de aquellos que están investidos para la disputa judicial, pero también por parte de un tercero. El reconocimiento es una institución jurídica general, que tiene lugar también en el derecho privado, en el derecho procesal y en el internacional. En este lugar cabe examinar su importancia solamente desde el punto de vista del derecho público.

Una gran parte de las exigencias del derecho público tienden exclusivamente a un reconocimiento de parte del Estado[158].

Todas las pretensiones individuales de derecho público descansan sobre calificaciones de la personalidad, sobre situaciones (*Zustaände*) jurídicamente relevantes. Las situaciones (*Zustände*), sin embargo, no pueden ser objeto de una pretensión, ellas no constituyen el contenido de un *dare* (dar), de un *facere* (hacer), de un *praestare* (prestar), sino de un reconocimiento. En las críticas acerca de la subordinación o de la libertad, el objeto de la disputa es siempre el reconocimiento o el desconocimiento del *status* negativo mismo, considerado en sus límites concretos. Lo mismo sucede con la ciudadanía, para la capacidad electoral, para la calidad de diputado, en síntesis, para todos los casos de calidad abstracta de las cuales se derivan exigencias jurídicas individuales hacia el Estado. Por lo tanto, cualquier pretensión jurídica inmediata está orientada a un reconocimiento, que en general proviene de la situación de derecho público de la persona. Tal pretensión al reconocimiento está necesariamente contenida de manera tácita en cualquier exigencia hacia el Estado, como sea que esté formulada. Y esto porque el sujeto del cual emanan las sentencias judiciales, las que tienen siempre carácter de derecho público, es, en esta hipótesis, el Estado, es decir el mismo sujeto hacia el cual está dirigida la pretensión. Cualquier medida que declare que es obligación del Estado hacia

---

[158]   O. MAYER (1903) *Le droit administratif allemand*, I, p. 152, n. 28, combate mi afirmación de que cualquier derecho público se resuelva en definitiva en el reconocimiento de un *status*. Tal afirmación sin embargo no ha sido nunca pronunciada por mí, como resulta claramente de lo que se dice a continuación y que se ha transcrito sin modificaciones de la primera edición de esta obra (1895).

el individuo un *dare* (dar), un *facere* (hacer), un *praestare* (prestar),
implica al mismo tiempo reconocimiento de parte del Estado de la
pretensión jurídica relativa a ese *dare* (dar), a ese *facere* (hacer) y a
aquel *praestare* (prestar). Teóricamente, sería suficiente que en estos
casos la sentencia tuviera solamente el reconocimiento de la pretensión de parte del Estado, ya que, por lo general, la fuerza jurídica
material de la sentencia del tribunal administrativo une a todos los
órganos del Estado y, sin embargo, cada uno de ellos, en base a
las normas generales y fundamentales del derecho, estaría obligado
a reformar la propia decisión de acuerdo a la sentencia emitida,
en lo que respecta a los puntos en cuestión. La decisión conforme a derecho debería presentarse como una consecuencia natural
del reconocimiento de las respectivas pretensiones jurídicas, como
efecto reflejo inevitable del derecho objetivo. Únicamente porque
las simples normas jurídicas no constituyen una garantía suficiente
para la actuación del derecho, se ha atribuido a los tribunales de
derecho público el poder de anular y de reformar; inducidos por
la experiencia cotidiana que enseña que la voluntad del Estado a
menudo no concuerda con la voluntad de las personas revestidas de
los oficios públicos.

Una prueba evidente de esto es la ofrecida por la jurisprudencia del Tribunal del Imperio Austriaco, el cual cuando debe juzgar
acerca de pretendidas violaciones de los "derechos políticos acorda-
dos por la Constitución"[159], se limita a constatar en sus sentencias
si la disposición de la autoridad, que forma el objeto de la controversia, haya o no causado una lesión de derecho[160]. En estos casos el
recurso al Tribunal del Imperio constituye también en la forma un
simple recurso al reconocimiento. En la práctica, sin embargo, se
han presentado casos en los cuales las autoridades administrativas,
al reformar las disposiciones impugnadas ante los tribunales del Imperio, no han deducido de las sentencias del tribunal mismo, que

---

[159] Ley Fundamental austriaca sobre el tribunal del Imperio, art. 3 letra b.
[160] Ley del 18 de abril de 1869, § 35. *R. G. Bl.*, n. 44.

constatan las violaciones de las pretensiones jurídicas individuales, las consecuencias que se esperaban.

La más importante pretensión jurídica nacida, por decirlo así, de la esencia misma del *status* positivo, es la de la tutela jurídica, la cual se puede identificar sin lugar a dudas como el atributo esencial de la personalidad. Que esta exigencia tiene carácter de derecho público, ha sido ya expuesto anteriormente. Bajo el potente influjo del derecho romano, la acción judicial privada ha sido concebida como la más esencial función del derecho privado. Pero, aunque históricamente la diferenciación de las relaciones particulares de derecho privado se haya efectuado a través de fórmulas pretorias (judiciales), no deja de tener valor también para el derecho clásico, lo que vale para cada ordenamiento jurídico, es decir que derecho y pretensión a la tutela jurídica, son dos cosas diferentes, y que la última es de puro derecho público.

En el derecho privado distinguimos el *licere* (*Dürfen*) jurídico, del *posse* (*Können*) jurídico. Del primero deriva la exigencia jurídica de derecho privado a un cumplimiento, a una prestación, a una tolerancia, a una omisión de parte de terceros. El segundo, en los juicios de derecho privado, coincide con la exigencia hacia el Estado a la concesión de la tutela jurídica[161].

---

[161] La existencia de pretensiones jurídicas de derecho público a la tutela jurídica ha sido afirmada hace mucho tiempo en la literatura de derecho público (ZACHARIAE (1895) *Deutsches Staats- und Bundesrecht* I, § 90) especialmente ligada a la norma, casi siempre estatutaria, que nadie deba ser sustraído a sus jueces naturales. En su carácter particular, sin embargo, se demostró claramente sólo por la nueva teoría del procedimiento civil, la cual, hasta BÜLOW (1868) *Die Lehre von den Prozesseinreden und Prozessvoraussetzungen*, comenzó a estudiar a fondo el aspecto de derecho público del procedimiento. La pretensión jurídica de derecho público a la tutela jurídica fue formulada más tarde jurídicamente por DEGENKOLB (1877) *Einlassungszwang und Urteilsnorm*, pp. 26 y ss., al cual se ha asociado en la sustancia PLÓZS (1880) *Beiträge zur Theorie der Klagerechtek*, pp. 103 y ss. También SOHM (1877) *Der Begriff des Forderungsrechtes* en *Grünhuts Zeitschrift.*, IV, p. 468, ha afirmado el concepto que el derecho a la acción (*Klagerecht*) no es una exclusión del derecho material, no está incluido en el derecho privado. En oposición con su opinión anterior, WACH (1889) *Der*

La acentuada pretensión del derecho público a la tutela jurídica no deriva para nada de las pretensiones de derecho privado: ella encuentra su origen en la personalidad misma. La existencia de un *licere (Dürfen)* reconocido jurídicamente es la ocasión por la cual el Estado ejercita su deber de tutela. El deber mismo de la tutela sin embargo es creado por el mismo Estado mediante el reconocimiento de la personalidad del súbdito. El procedimiento judicial, en su aspecto de derecho público, es el instrumento con el cual el Estado, bajo la petición de aquel que demanda la protección jurídica, constata si concurre un motivo para el ejercicio de su deber de tutela y

---

Feststellungsanspruch, pp. 22 y ss., ha demostrado cuidadosamente el carácter de derecho público de la exigencia jurídica a la tutela jurídica. LABAND (1901) *Staatsrecht*, III, pp. 349 y ss., finalmente sacando las conclusiones de esta literatura y resumiéndolas, ha ilustrado suficientemente y de manera persuasiva la esencia última de la pretensión misma. La objeción promovida por KOHLER (1888) *Der prozess als Rechtsverhältnis*, p. 13 y recientemente en su (1904) *Lehrbuch des bürg. Rechts*, I, pp. 215 y ss., en oposición al *Feststellungsanspruch* de WACH en FISCHER (1887) *Zeitschrift f. Ziv. Pr.*, X, pp. 428 y ss., y de HELLMANN (1892) en *Jahrb. F. dogm.*, XXXI, pp. 79 y ss. se basa esencialmente en la falta de investigaciones profundas acerca de la esencia de la pretensión jurídica del derecho público en general, cuya existencia es negada por los autores en cuestión o por lo menos puesta en duda. Ni siquiera WACH ha separado suficientemente el derecho de la pretensión jurídica, en cuanto que él admite que la pretensión jurídica está dirigida también en contra de la parte adversa en el juicio, cfr. SCHRUTKA-RECHTENSTAMM (1889) *Grünhuts Zeitschr*, XVI, p. 617; OETKER (1891) *Konkursrechtl. Grundbegriffek*, I, p. 42. En la literatura más reciente del derecho judicial civil, ha surgido acerca de la pretensión jurídica a la tutela jurídica una grave discusión en la cual se enfrentan especialmente WACH con BÜLOW (1900) *Zeitschr. für Civilprozess*, XXVII, pp. 213 y ss., y BÜLOW (1903) *Zeitschr. für Civilprozess*, XXXI, pp. 191 y ss. Dicha controversia no tiene importancia para el derecho público (*Staatsrecht*) ya que no cabe ninguna duda acerca de la obligación del Estado de actuar a petición de los interesados, con el fin de la tutela del derecho. Esta pretensión jurídica individual ha recibido su sanción en el derecho del Imperio Austriaco en el artículo 77 de la constitución del Imperio. Qué importancia tenga además la pretensión en cuestión para el derecho judicial, en que la relación se encuentra con el derecho material, son cuestiones que no entran en el campo de nuestras investigaciones. En la muy reciente literatura del derecho público la pretensión a la tutela jurídica está muy bien caracterizada por O. MAYER (1895) *Deutsches Verwaltungsrecht*, I, pp. 115 y ss.

si, en consecuencia, la pretensión jurídica que se le dirige es o no justificada. La sentencia es el acto por medio del cual el Estado, por una parte, comprueba relaciones o hechos jurídicamente relevantes; y, por otra, en base a esta comprobación, constata, en el caso concreto, la existencia y la medida de su deber de tutela, y cumple con este deber exclusivamente mediante prescripciones apropiadas.

La finalidad de la pretensión a la tutela jurídica no se limita, sin embargo, a la tutela de exigencias jurídicas de derecho privado. Antes que todo, ella existe también para la tutela de situaciones y de relaciones jurídicamente relevantes, las cuales, como tales, no pueden formar el contenido de un derecho. La pretensión jurídica que tenga por objeto una comprobación atestigua la intrínseca independencia de las pretensiones jurídicas hacia la jurisdicción civil de la existencia de un derecho[162]. La exigencia de una comprobación negativa es únicamente un medio jurídico para defender la esfera de la libertad individual en el campo del derecho privado. La pretensión a la tutela jurídica sirve además en el derecho penal y administrativo para la tutela de las exigencias de derechos públicos que nacen de las relaciones de derecho público relativos al *status*. Los medios que competen al imputado, al acusado, al condenado, los recursos administrativos, son maneras que la pretensión a la tutela jurídica asume en el campo del derecho público.

El *licere* de derecho privado, las varias situaciones y los varios hechos de derecho público y de derecho privado no crean por lo tanto para nada la pretensión a la tutela jurídica, más bien reciben de

---

[162] También la posibilidad de experimentar acciones infundadas demuestra siempre más la independencia de la exigencia jurídica al juicio del magistrado de la subsistencia del derecho. Contraponer esta posibilidad a la exigencia a la tutela jurídica, como hace LABAND (1901) III, p. 350, n. 1, no es exacto. La posibilidad señalada surge más bien de la misma exigencia y demuestra precisamente que el individuo no solamente puede usar de ella, sino que hasta abusar de ella. Recientemente HELLWIG (1905) *Klagrecht und Klagmöglichkeit*, pp. 25 y ss. ha ilustrado dicha posibilidad de actuar en juicio que le corresponde a cualquiera. Independientemente de la existencia de un derecho tutelar, posibilidad que en derecho positivo resulta incontrovertible.

ella su garantía y con eso su plena e incontestada existencia. Dicha pretensión está unida a las pretensiones jurídicas de otra especie, a las condiciones y a los hechos jurídicos de una íntima relación de causalidad, pero no se funde con ello hasta formar una unidad. Ella representa el mínimo absoluto de las pretensiones de derecho público hacia el Estado, de manera que es precisamente mediante la concesión de ella, que se crea la personalidad. Esto resulta claro especialmente en las personas jurídicas, las cuales aparecen como investidas de derechos, ante todo mediante el reconocimiento de su capacidad para actuar en juicio.

La pretensión de la tutela jurídica consiste, por lo tanto, en la capacidad jurídicamente garantizada de poner en movimiento normas de derecho público para el interés individual. Ella no conlleva una pretensión hacia el juez, ya que éste, como órgano del Estado, está obligado a obedecer exclusivamente a las órdenes estatales, sino una pretensión hacia el Estado mismo, cuyo objeto es que el Estado ponga en acción, a petición del individuo, determinados actos de procedimiento judicial. Y es en consideración a esto, que el juez tiene por ley la tarea de intervenir en las controversias individuales conforme a las normas de procedimiento[163].

La pretensión jurídica al procedimiento judicial se especializa ulteriormente, en relación a las etapas del proceso, en las varias exigencias dirigidas respectivamente a la constatación de hechos que forman el objeto de la controversia, derechos o relaciones jurídicamente relevantes, a la decisión del juez y a la dictación de órdenes estatales para la ejecución o para el reconocimiento. La pretensión a la tutela jurídica se manifiesta de la misma manera en las instancias dirigidas a los tribunales superiores para el reexamen, para la reforma, o para la casación de las sentencias emitidas por las jurisdicciones inferiores[164].

---

[163] Véase *supra*, § 6.

[164] Cada pretensión jurídica concreta debe tender a una prestación individualizada. Solamente actos judiciales individualizados pueden, por ende, según los casos, constituir su contenido.

La forma específica de la tutela jurídica, como también los límites dentro de los cuales dicha exigencia puede ser objeto de pretensiones jurídicas individuales, siempre dependerán, sin embargo, de la medida en la cual el Estado mismo esté interesado en el caso jurídico especial. El criterio que sirve de guía al respecto es la atención al interés público. Únicamente en cuanto dicho interés cede el paso al interés privado, la finalidad del procedimiento judicial puede consistir en la realización de una pretensión jurídica individual a la tutela jurídica. Y si, por el contrario, predomina el interés público, entonces el juicio tiende solamente a la comprobación y a la actuación del derecho del Estado. Aunque en esta hipótesis, en consideración del interés general, se pueden también exigir determinadas acciones de los órganos del Estado, pero el individuo no obtiene nunca dichas acciones como cumplimiento de su pretensión jurídica. La acción que el Ministerio Público explica en los juicios penales a favor del acusado o del condenado es un ejemplo clásico del reflejo del derecho, ya que el Ministerio Público representa solamente el interés general para una correcta aplicación de las leyes penales. El procedimiento penal comprende también pretensiones jurídicas individuales solamente en cuanto se trata de decidir acerca de los intereses jurídicos individuales. De esto se deriva que los medios jurídicos, que están a disposición de los acusados y de los condenados, constituyen especializaciones particulares de la pretensión a la tutela jurídica, los cuales se atribuyen de preferencia, o tal vez exclusivamente, a las personas de las cuales se trata, en vista del interés individual que ellos tienen a una aplicación lo más restringida posible de la ley penal.

Una segunda función especial de la pretensión a la tutela jurídica se refiere al *status* negativo. Fruto ella misma de la personalidad, reconduce a la personalidad mediante sus fines. Una gran parte de los medios jurídicos del procedimiento civil, penal y administrativo no difieren, en cuanto a la finalidad, de la pretensión jurídica a una comprobación negativa o a una sentencia absolutoria. Excepciones, apelaciones, recursos de casación, etc. son también medios a disposición del imputado y del acusado para obtener el reconocimiento de la libertad en contra de una orden concreta del Estado. Finalidad parecida tiene la presencia de la parte interesada en el procedimiento administrativo, en cuanto que la misma impugna la exigencia del Estado. Mientras que por una parte la pretensión a la tutela jurídica genera el *status* positivo, por otra parte, ella no genera sino que garantiza el reconocimiento de la esfera de la libertad individual, sustraída a la injerencia del Estado, y además todo el complejo del derecho privado.

La segunda, entre las principales pretensiones que derivan del *status* positivo, es aquella que está orientada a la satisfacción de intereses individuales mediante la actividad administrativa del Estado. En un gran número de casos la administración tiene la obligación de proceder a determinados actos para el interés individual, con lo que el Estado le otorga al individuo una pretensión jurídica a los actos mismos. Especialmente en esta hipótesis, si bien no solamente en ella, será necesario establecer si el hecho mismo de iniciar un acto administrativo depende, si bien no exclusivamente, de la comprobación de la pretensión jurídica individual. Cuando esto se verifica, la administración actúa únicamente por una petición individual. Son ejemplo de esto la pretensión jurídica al libramiento de actos públicos, y ser liberado del vínculo de la ciudadanía después de haber cumplido el servicio militar, y ser admitido a asistir a las instituciones superiores de educación, a rendir exámenes, obtener autorizaciones y concesiones después de haber cumplido con las condiciones prescritas por la ley. Todo el contenido jurídico de las reclamaciones, en una palabra, se agota en el exigir los relativos actos administrativos. Como cualquier exigencia jurídica hacia el Estado, también las pretensiones arriba mencionadas, son formalmente dirigidas en contra de las autoridades obligadas a satisfacerlas y, en caso de rechazo de las mismas, contra las autoridades administrativas superiores, hasta que, en razón de su derecho de vigilancia, las hagan cumplir satisfactoriamente. La actividad de la autoridad administrativa en estos casos es una actividad esencialmente de comprobación (*feststellende*). Si las circunstancias requeridas por la ley se enfrentan en el caso concreto, ella debe reconocer la exigencia. La carga contra una decisión contraria de la autoridad inferior es una carga que tiende a un reconocimiento.

El recurso administrativo, en cuanto tiene como consecuencia el deber de la jurisdicción administrativa superior de ver de nuevo y de examinar una disposición lesiva para los intereses jurídicos individuales, cumple las mismas funciones que la acción a la tutela jurídica o, por lo menos, la completa; ella es un medio, si bien incompleto, de tutela jurídica[165]. La tutela jurídica perfecta de la pretensión jurídica individual a la actividad de la administración es otorgada mediante el reclamo administrativo; sin eso, la respectiva pretensión encuentra su garantía únicamente en la voluntad de las autoridades administrativas, normalmente conforme al derecho[166]. Materialmente, sin embargo, decidir acerca de los recursos administrativos, los cuales pueden tener el doble carácter de denuncia de un remedio jurídico, entra en el campo de la jurisdicción.

La contraposición entre la pretensión jurídica material y la formal, entre la pretensión jurídica de reconocerse de *lege ferenda* y la reconocida de *lege data*, se hace muy clara al seguir el desarrollo de la jurisdicción administrativa. Hasta cuando las disputas jurídicas fueron resueltas solamente al interior de la administración, faltó a la acción individual la plena garantía jurídica, de manera que, en

---

[165]   GERBER (1865) *Grundzüge*, p. 208; LÖNING (1884) *Verwaltungsrecht*, p. 794; BERNATZIK (1886) *Rechtsprechung und materielle Rechtskraft*, pp. 63 y ss., y también en las recientes y profundas investigaciones de O. MAYER (1895) *Deutsches Verwaltungsrecht* I, 12; Constitución de Württemberg §§ 36, 37; Constitución de Sajonia §36. Detallados perfeccionamientos han recibido este remedio jurídico, por ejemplo, en Prusia, mediante la *Gesetz über die allgemeine Landesverwaltung* [Ley de Administración General del Estado] de 30 de julio 1883, §§ 121 y ss.; en Baden mediante la ordenanza soberana del 31 de agosto 1884 relativa al procedimiento en los actos administrativos, III, §§ 24-42.

[166]   Respectivamente, en las disposiciones que deben garantizar la normal legalidad de la voluntad en cuestión, como son, por ejemplo, en Baviera, la concesión de un especial derecho de petición a las Cámaras por la ley sobre el procedimiento del Landtag del 29 de enero de 1872, sección II, n. 2; en Sajonia, el § 36, párrafo 2, de la Constitución; en Baden, el § 67, párrafo 2, de la Constitución.

caso de conflicto, el interés individual debía ceder frente al interés general. Solamente mediante el reconocimiento de los remedios jurídicos formales contra las disposiciones de la autoridad administrativa, el interés individual, como interés jurídicamente protegido, ha sido ubicado al nivel del interés general, a cuya tutela debe tender la administración, que, en el caso de conflicto, no decide la fuerza del interés, sino la del título jurídico.

Que la administración material no sea ejercida solamente por la autoridad administrativa, no requiere una amplia demostración aquí[167]. En vista de esto, la pretensión jurídica individual a la actividad administrativa existe también en contra de los tribunales. En tal caso, por lo general, ella está tutelada por los mismos procedimientos que sirven para la pretensión a la tutela jurídica. Las dos pretensiones se diferencian, sin embargo, sustancialmente entre sí, en cuanto que la primera no está dirigida a una comprobación, a una decisión, a una orden de ejecución forzada, sino a una prestación de diversa índole de parte del tribunal, a una certificación, a un acto de conservación, a una garantía, etc.

Intereses jurídicos no son solamente aquellos que tienden a una atención de parte del Estado: al lado de ellos existe una serie indefinida de intereses de hecho. Estos intereses de hecho pueden consistir en una acción o en una omisión de parte de la Administración del Estado, que se vuelva en ventaja de una o más personas, en la modificación de instituciones estatales existentes o en la creación de nuevas instituciones. También para hacer valer dichos intereses ha sido consagrada una pretensión jurídica que deriva inmediatamente de la personalidad. Ella representa el derecho de instancia, en la más amplia extensión, que comprende el derecho de petición verdadero y propio y la pretensión jurídica para que se ponga atención a los intereses de hecho del individuo[168]. El derecho de instan-

---

[167] JELLINEK (1887) *Gesetz und Verordnung*, pp. 222 y ss.
[168] Del derecho de petición se ocupa de manera superficial, desde el punto de vista histórico-jurídico, y siguiendo sus ideas absolutistas, BORNHAK (1901) *Das petitionsrecht* en *Archiv f. öff. R.*, XVI, pp. 403 y ss. Así, por ejemplo, él afirma

cia, o más bien el derecho al examen de la instancia, consiste en la obligación que incumbe a cualquier órgano del Estado, dentro de los límites de su propia competencia, de recibir las instancias de los ciudadanos y darles curso. Las instancias dirigidas a los soberanos asumen a menudo la forma de recursos de gracia; las dirigidas al Parlamento, la forma de petición[169]; las dirigidas a las autoridades, la forma de petición o bien de reclamos. En los casos en los que se solicita la remoción de inconvenientes o la revocación de disposiciones que dañen determinados intereses, la instancia asume el carácter de recurso, el cual, sin embargo, se distingue claramente tanto de la acción judicial, como del recurso administrativo tendiente a la satisfacción de pretensiones jurídicas, de manera que esta especie de instancia se puede denominar *recurso de intereses* (*Interessenbeschwwerde*). De qué manera se deba ejecutar la decisión acerca de la instancia, no está siempre establecido jurídicamente. De la naturaleza de la cosa resulta solamente una pretensión jurídica formal, que la instancia tenga su curso y se dé una respuesta al respecto. Que, si las autoridades administrativas no satisfacen esta exigencia, en la relativa omisión se verifica siempre una lesión al derecho del individuo. La obligación que incumbe al juez de juzgar de cualquier situación de las partes, aunque sea con rechazo *a limine* de la acción, vale para todas las autoridades[170].

Naturalmente, una pretensión jurídica al acogimiento de la instancia no es concedida para aquellos que tienen un simple interés de hecho. Pero, no obstante eso, jurídicamente, la decisión sobre dichos intereses no está abandonada al libre albedrío del respectivo órgano del Estado. A todos aquellos que funcionan como órganos

---

que el derecho de petición es desconocido en Inglaterra, en circunstancias que el reconocimiento de este mediante el *Bill of Rights* de 1689 (n. 5), después de las graves persecuciones de los peticionarios bajo Jacobo II, fue uno de los resultados establecidos tras la Revolución Gloriosa de 1688.

[169] La instancia al rey y la petición pueden tener, por lo demás, también el carácter de recursos extraordinarios.

[170] La obligación de la respuesta está por lo demás declarada expresamente también en las disposiciones legales acerca de los recursos administrativos.

del Estado, es dirigido el precepto jurídico de actuar conforme a su deber en el interés general[171]. En consecuencia, hasta cuando el interés general requiera, o también consienta solamente que se preste atención al interés individual, la obligación de no descuidar dicho interés existe para las autoridades, aunque no tenga más que sanciones éticas. Por el contrario, el individuo tiene derecho de cuidar y de promover todos sus intereses, susceptibles de ser realizados con la ayuda y la acción del Estado, hasta cuando esto sea permitido por el interés general[172]. En esta fórmula se puede sintetizar el contenido esencial de la calidad de miembro del Estado moderno.

Para realizar dicho contenido se atribuyen las tres pretensiones jurídicas, que tienen un origen común: a la tutela jurídica, a la satisfacción de los intereses, y a la toma en consideración de los mismos. La pretensión a la tutela jurídica constituye el *minimum* abstracto de los atributos de derecho público de la personalidad: a ella, sin embargo, sobre todo en el Estado moderno, se unen en todas partes también las otras dos pretensiones antes indicadas. Solamente teniendo en cuenta el objeto, al cual las pretensiones jurídicas están dirigidas, no en base a su número o a su extensión, se puede hoy concebir una distinción entre las personas. Como mínimo concreto del *status* positivo, ellas pertenecen necesariamente

---

[171] BERNATZIK (1886) *Rechtspr. Und mat. Rechtskraftk*, p. 46, y (1891) *Grünhuts Zeitschr.*, XVIII, p. 156.

[172] Estas pretensiones jurídicas no coinciden para nada, como lo señala LABAND (1901) I, p. 140, n. 1, con "el derecho" que él deriva de la ciudadanía, de "participar de los beneficios de la comunión estatal", sea porque gran parte de tales beneficios no se atribuyen al individuo como cumplimiento de su pretensión jurídica, si bien como reflejo del ordenamiento del Estado [cfr. JELLINEK (1900) *Algem. Staatslehre*, p. 407], y más aún porque hay un gran número de las pretensiones individuales, las cuales tienen origen en las instituciones que para el individuo representan precisamente lo contrario de un beneficio. Un Estado, por ejemplo, en el cual no exista la obligación de tener el pasaporte y no existan restricciones a la emigración, se presenta ciertamente como solícito de la ventaja individual, lo mismo que un Estado que exija el pasaporte o la licencia para emigrar; sin embargo, solamente en estos últimos Estados puede existir la exigencia jurídica para la entrega de los documentos.

a cada uno: su pérdida equivaldría a la muerte civil y a la pérdida de la personalidad. De la misma manera, solamente de acuerdo con la forma y a la manera de realización, de acuerdo con la extensión atribuida a cada una de las pretensiones, es posible establecer una distinción entre Estado y Estado, más aún entre los diversos grados de progreso de cada Estado. Abstractamente, la estructura de estas manifestaciones de la personalidad es para todos la misma. Ella se ubica entre esos caracteres que, a raíz del elemento típico de las relaciones humanas, se encuentran en las instituciones estatales, cualesquiera que sean las particularidades históricas y locales. El Estado no siempre ha reconocido claramente la personalidad del hombre. Sin embargo, apenas el Estado reconoció a alguien una personalidad, no pudo hacer más que esto: conceder a este alguien las tres pretensiones antes mencionadas, aunque no fueran más que las últimas dos, de manera aún más rudimentaria.

Además de estos elementos del *status* positivo, absolutamente similares desde el punto de vista formal, muchos otros se pueden distinguir, los que son variables. Es decir, de la misma manera que el contenido del *status* varía a medida que cambia la legislación, así, por otra parte, en base al ordenamiento jurídico existente, son posibles respecto a ese contenido las más profundas diferencias individuales. Por efecto de un acto especial de adquisición, de una concesión estatal y, en general, de cualquier especie de actos administrativos que generan derechos, de la pertenencia a una determinada profesión, etc., pueden derivar a una persona un gran número de pretensiones a reconocimientos concretos y prestaciones estatales. A estas pertenecen, por ejemplo, todas las calificaciones activas adquiridas a través de exámenes estatales (admisión a los cursos universitarios en base al diploma de madurez, al ejercicio de la medicina, en base a los exámenes de Estado, etc.), así como las pretensiones especiales a prestaciones estatales, las cuales tienen origen en el *status* activo y que, por lo tanto, deben ser tratadas en conexión con este. Se entienden también las exigencias positivas hacia las asociaciones de derecho público, todas las cuales indirectamente tienen carácter de derecho público. Trazar un cuadro sistemático y ordenado de todas

las posibles exigencias jurídicas individuales de este tipo, es algo
bastante difícil, por lo demás, no tendría mayor valor científico que
la enumeración de todos los posibles objetos de una compra o de un
depósito. Es suficiente por lo tanto haber establecido las principales, en base a las cuales se pueda reconocer el carácter de derecho
público del caso particular a juzgar.

Es en la forma antes expuesta que el *status* positivo se gradúa de
mil maneras respecto a su contenido, de acuerdo a la cantidad de
pretensiones jurídicas pertenecientes a cada persona como tal, comenzando por la relación de ciudadanía, la cual, teniendo como base una más amplia subordinación, forma el presupuesto de exigencias jurídicas más elevadas, y de las condiciones privilegiadas, que,
entre la relación señalada, constituyen el fundamento de pretensiones jurídicas especiales[173]. Por otra parte, el contenido mínimo
de pretensiones individuales que le corresponden a la personalidad
como tal, puede ser disminuido bajo forma de pena. Una disminución de pretensiones individuales positivas es posible también como
efecto de un *status* activo privilegiado como consecuencia de más
altas calificaciones. Cada limitación de la libre actividad de la persona, cualquiera que sea la causa de la cual deriva, tiene la necesaria
consecuencia que, donde la limitación se ha verificado, allí quedan
sin efecto las relativas pretensiones jurídicas que tienen como base
un derecho o un interés, en cuanto que el campo tutelado por ellas
ha disminuido.

---

[173]   Para las pretensiones jurídicas examinadas en este capítulo no existe un ape-
lativo aceptado por todos, que las nombre. A menudo son llamadas, siguiendo la costumbre francesa, "droits civils" ["derechos civiles"] (*Bürgerliche rechte*)
(SCHULZE (1888) *Preussisches Staatsrecht*, 2ª ed., I, p. 366; ULBRICH (1904) *Lehrbuch des österr. Staatsrecht*, § 31). Esta denominación no es, sin embargo, apropiada, sea por la identidad entre el derecho cívico y el derecho civil *(bürgerlichen und Zivilrecht)*, sea, además, porque la ciudadanía no constituye para nada
el presupuesto de una gran parte de dichas pretensiones. También el concepto
francés de "derechos civiles", no es para nada claro. Recientemente estos derechos han sido llamados por ESMEIN y por HAURIOU (véase *supra*, n. 24) "droits
individuels" ["derechos individuales"] y son identificados con los derechos de
libertad.

También las pretensiones jurídicas formales pueden sufrir, es cierto, en su forma concreta, múltiples modificaciones. Mediante la institución de tribunales especiales y excepcionales, la pretensión a la tutela jurídica de individuos particulares o de clases enteras puede ser ordenada de manera diferente de la regla general. A causa de relaciones especiales y respecto a determinadas categorías de personas, se puede otorgar a la pretensión, para la satisfacción o la toma en consideración del interés, un más amplio contenido[174].

Sobre la base de investigaciones recientes resulta claro el contenido positivo que tenga *de lege data* el principio de la igualdad jurídica. Respecto al derecho privado, este no puede nunca significar la igualdad de condiciones jurídicas positivas, sino solamente la entrega a todos de una igual capacidad de adquirir derechos privados. Y también esto, bien entendido, solamente como regla general, la cual no excluye que, en determinados sistemas jurídicos concretos, se le incluyan un determinado número de excepciones, algunas de las cuales son determinadas por la naturaleza misma de las cosas. La igualdad de capacidad no importa más que la entrega a todos de una igual pretensión de derecho público a la tutela jurídica. Pero, como hemos dicho antes, ni siquiera en relación al derecho público, el contenido de igualdad de derecho, reconocido por la ley, está representado por una igual cantidad de pretensiones materiales de derecho público. Esto resulta en este momento aún más claro, si se pone atención a la variada graduación que puede tener lugar en la cantidad y en la extensión de las pretensiones y especialmente en aquellas hacia la Administración. También aquí la igualdad consiste únicamente en la igual entrega de pretensión a la tutela del derecho y de los intereses, como de la toma en consideración, donde esto sea posible, de los intereses individuales de parte del Estado. En esta igualdad de exigencias se encuentra la única función de derecho positivo de la igualdad de derecho, la cual, por otro lado, no tiene

---

[174] Piénsese, por ejemplo, en las numerosas pretensiones jurídicas creadas a raíz de las leyes de política social recientes, a favor de aquellos que ejercitan determinados oficios o profesiones.

en general un valor diferente al de una regla con sus excepciones, lo cual se explica con el hecho de que, al igual que en los derechos de libertad, ella es especialmente de naturaleza negativa. Ella se debe entender en contraposición con el ordenamiento jurídico preexistente. El hecho de que una regla de este tipo se encuentre declarada en la Constitución significa simplemente una absoluta negación de la graduación del derecho de acuerdo con las clases o con las confesiones.

La igualdad de derecho consiste esencialmente en la igualdad, por lo menos en principio, del *status* positivo. Además, ella comprende la obligación general para el Estado de tratar de la misma forma cosas iguales, tanto en la legislación como en la jurisdicción y en la administración. La igualdad, en todas sus formas, no puede sin embargo llegar a ser nunca el contenido de una pretensión jurídica individual. Ella es de derecho objetivo y su eficacia sobre las esferas jurídicas individuales es un puro efecto reflejo.

§ 10. El estado activo
(*status activae civitatis*)

La voluntad del Estado es voluntad humana. La formación de la voluntad estatal, de hecho o de derecho, debe ser obra de determinados individuos, en su calidad de órganos del Estado. La última hipótesis es la que se verifica normalmente y es la única que permite una discusión desde el punto de vista jurídico.

Son normas jurídicas las que deben determinar las personas y las condiciones a las cuales las mismas deben manifestar la voluntad estatal o tomar parte en tal manifestación. Estas normas jurídicas son establecidas eminentemente en el interés del Estado y basta considerarlas apenas, para comprender que en ellas no puede contenerse ninguna relación con el interés individual. Que un Rey, un Presidente de la República, un Parlamento existan y cumplan funciones estatales, son cosas que no tienen que ver con intereses individuales. Sin esto sería necesario invertir la aclaración y evidente principio de que los órganos estatales existen en consideración del Estado.

Si estas premisas son exactas, debería concluirse con la exclusión de una pretensión jurídica a participar en el Estado, una pretensión jurídica a ser órgano del Estado. La existencia de dicha pretensión, cualquier cosa que se quiera indicar con la expresión "derechos políticos"[175], en su estricto significado, sería jurídicamente inad-

---

[175] La terminología es en este punto incierta, como en toda la materia, y a menudo bajo el nombre de derechos políticos, se entienden solamente los derechos públicos subjetivos, lo que por lo demás resulta etimológicamente correcto. El Tribunal del Imperio austriaco, que juzga acerca de los recursos de los ciuda-

misible. Todo aquello que, en este campo, presenta al concepto popular como derecho individual, sería reflejo del derecho objetivo, no del derecho subjetivo. Para el derecho electoral, Laband dedujo expresamente esta consecuencia, sin dar de ella una justificación suficiente[176]. Todos los argumentos invocados por él para sostener que el derecho electoral no tiene carácter de derecho individual pueden aducirse por igual sin dudas contra derechos privados. Así, por ejemplo, podrían ser aplicados al dueño de un boleto de circulación ferroviaria, el que sin duda posee un indiscutible derecho subjetivo de procurar algo de uno o más empleados ferroviarios[177]. Y respecto a la afirmación de Laband de que el derecho electoral no es un derecho adquirido, pero sigue todos los cambios de la legislación, se puede responder que comparte este carácter con todas las pretensiones jurídicas para funcionar como órgano del Estado[178]. El hecho de que ciertos impedimentos para el ejercicio del derecho electoral no sean contrarios a derecho, no prueba nada contra el carácter de derecho público subjetivo del derecho electoral, pues los impedimentos señalados contradicen, al menos en la misma me-

---

danos a causa de daños de "derechos políticos garantizados a ellos por la Constitución", ha agrupado bajo este concepto casi todos los derechos de libertad, además de algunas pretensiones jurídicas constitucionales (como la de tener el juez establecido por la ley) junto a los derechos del electorado político y administrativo.

[176] LABAND (1901) I, p. 307, en abierta contradicción, destacado por el mismo autor, pero no eliminado, con las consideraciones expuestas por él mismo en las pp. 139 y 143 del mismo volumen (cfr. la referencia hecha en p. 143, nota 2). Los temas que él, bajo forma de consecuencias de la naturaleza de derecho reflejo, que tendría el derecho electoral, establece como un dogma propio, consisten en eso, que el derecho electoral no constituye *jus quaesitum*, que no puede ser objeto de disposiciones a título privado, que por lo tanto no es transferible, es inalienable, no susceptible de renuncia, que no existe ninguna pretensión jurídica a que se supriman los obstáculos a la votación.

[177] Tampoco debería tener carácter de derecho subjetivo el derecho a la protección jurídica, designado como tal justamente por LABAND, y debería igualmente constituir un simple reflejo cada pretensión jurídica individual hacia la administración.

[178] Véase GERBER (1865) *Grundzüge*, p. 41.

dida, también el interés general, el cual exige, por lo menos como tendencia ideal, la participación en las elecciones de todos aquellos que tienen derecho a votar[179].

Pero la opinión, tan natural a primera vista, de que los derechos para participar en las funciones estatales constituyen en esencia solamente un reflejo del derecho objetivo, resulta infundada cuando se profundiza en el análisis del tema. La concesión de tales derechos reflejos no es posible sin que la personalidad del individuo sea calificada de manera especial. Estos no se pueden concebir de otro modo que como atribución al individuo de capacidades no incluidas en su libertad natural, capacidad sobre la base de la cual solamente puede tener lugar el ejercicio de los derechos políticos.

En cuanto el individuo ejerce funciones estatales, en cuanto se convierte en un órgano del Estado, no goza como tal de ningún derecho a su favor, sino solamente de competencias estatales. No es la persona individual del Soberano, sino el Rey, aquel que reina, según el concepto jurídico. Lo mismo sucede con el elector, quien, participando como miembro del colegio electoral, en la función estatal de la formación de la Cámara electoral, no actúa como una individualidad para sí mismo, sino que como órgano del Estado[180]. Elegir es una función estatal, cuyo sujeto no puede ser el individuo como tal. De todo el procedimiento de la elección, regulado exclu-

---

[179] Del carácter de derecho reflejo, propio del derecho electoral, deriva según LABAND (1901) I, p. 307, que el empleado doméstico, el obrero, el dependiente comercial, el funcionario, no tienen derecho a solicitar un permiso para votar; y mucho menos el detenido en período de instrucción o cumplimiento de pena puede pretender ser conducido al local en el cual tiene lugar la elección. Pero justamente ocurre lo mismo para una gran parte de los derechos privados de las personas mencionadas. Al empleado doméstico que es propietario de un poder no le es atribuido el derecho del Estado de suspender a su gusto el servicio, para gozar de su propiedad.

[180] Esto es justamente reconocido por MERKEL (1895) *Jur. Enzykl.*, § 438. Cfr. también GIERKE (1887) *Genossenschaftsthorie,* pp. 707 y ss.; BERNATZIK (1890) *Archiv*, p. 310, nota 319; G. MEYER (1901), *Das Parlamentarische Wahlrecht*, p. 411, y los autores en él mencionados. En la literatura francesa e inglesa esta doctrina tiene muchos seguidores, cfr. JELLINEK (1900) *Allg. Staatslehre*, p. 408, nota 1.

sivamente por el derecho objetivo, no deriva ningún derecho subjetivo en favor de nadie, del mismo modo en que no es ejercicio de
un derecho subjetivo el voto que emite el juez en el colegio judicial
del que forma parte.

Sin embargo, en este punto se presenta la siguiente interrogan-
te: ¿Cómo se procura el Estado las voluntades físicas, en las que se
concentra la voluntad estatal?

La respuesta a tal pregunta no puede sino comprender dos hipótesis: o la imposición de una obligación o la atribución de un
derecho. El poder individual de querer puede ser proporcionado
al Estado mediante la ley o relaciones obligatorias especiales, que
creen la obligación de prestar un servicio público; o bien el Estado
puede situar a los individuos en condiciones de actuar en el interés
público, atribuyéndoles determinada capacidad.

Bastará con reseñar brevemente el caso de la primera especie.
La obligación del servicio militar, la obligación de ser jurado, pro-
porcionan al Estado prestaciones de servicio que considera como
acciones propias. La organización de las funciones estatales que debe garantizarse a la comunidad de los ciudadanos puede basarse en
el criterio de la prestación de determinados servicios por turnos, o
bien de la obligación de aceptar cargos elegibles. Mediante contrato
de servicio público (*Dienstvertrag*) podrá igualmente ser constituida
en favor del Estado una relación especial de subordinación que, en
sus efectos, en lo que se refiere a la manifestación de la voluntad del
Estado, tiene el mismo valor de la prestación de obra establecida
por ley. En todos estos casos se observa y existe un deber a cargo
del individuo de actuar como órgano del Estado.

En el caso de la segunda especie, el Estado atribuye al individuo
una capacidad, relacionada con su persona, de actuar como órgano
del Estado. No se limita por lo tanto la esfera del individuo mediante la imposición de una obligación, sino que se amplía en cambio su
capacidad jurídica para actuar. En otros términos, al individuo se le
atribuye un nuevo *status*, que es el *status activae civitatis,* o, más brevemente, *status* activo. Éste se diferencia del *status civitatis* sobre to-

do por el hecho que su contenido inmediato no está constituido por pretensiones jurídicas hacia el Estado, sino por la posibilidad de que el individuo se convierta en un objeto de una acción estatal, que se entienda incorporado en el ordenamiento estatal como miembro del sistema mismo. El *status* activo constituye el contrapuesto exacto del *status* negativo. En virtud del último, el individuo es liberado de la sujeción hacia el Estado; en virtud del primero actúa por el Estado. Desde este punto de vista el *status* activo se acerca al *status* pasivo, del cual sin embargo se distingue claramente, porque su última finalidad no es la sujeción a una voluntad superior, sino que la formación de esta misma voluntad superior. Además, del *status* pasivo no surgen jamás pretensiones hacia el Estado, mientras que el *status* activo forma la base jurídica de una completa serie de importantes pretensiones individuales hacia el Estado.

Que esta apreciación de la persona no pueda ser simple reflejo de normas jurídicas objetivas, resulta de las observaciones que siguen.

Cuando el Estado, en virtud de su imperio, obliga al individuo a un servicio público, la voluntad del súbdito no tiene en ello parte alguna. Todo lo contrario ocurre en los casos en los cuales el ejercicio de las funciones públicas se deja a la libertad del individuo. En esta hipótesis, el cumplimiento de las funciones necesarias de la comunidad estatal mediante la voluntad individual está garantizada solamente cuando la actuación en pro del interés general responde, al mismo tiempo, a un interés individual. Solamente donde el Estado supone que un interés individual afín exista en gran medida, puede abstenerse de obligar al ejercicio de sus funciones[181].

---

[181] Que también el derecho electoral político pueda ser protegido mediante disposiciones penales contra aquellos que no lo ejercen, está demostrado por la ley electoral bávara del 21 de marzo de 1881, art. 21, y sobre todo por la posibilidad de una obligación electoral, como existe en Bélgica desde 1893, donde se sanciona con la pena de multas, de la cancelación de las listas electorales, de la privación de las capacidades para ser funcionario del Estado y de las Comunas, etc.

Este interés individual se manifiesta de forma más evidente y acentuada en el derecho de sucesión al trono. Es por esta razón que en la literatura de derecho público no se pone en duda que el rey tenga una pretensión jurídica como tal y que esta pretensión le pertenezca como individuo, no como órgano del Estado. Lo que vale para los monarcas, vale naturalmente también para el órgano supremo de la democracia, dado que los individuos que constituyen el Pueblo poseen una pretensión jurídica como órgano del Estado, es decir, de participar en la función de órgano. El mismo criterio se aplica al derecho electoral en los Estados constitucionales representativos. La institución del Parlamento en los Estados continentales ha sido creada para considerar los intereses individuales de miles de maneras contrapuestas entre sí, a la formación de un órgano que los agrupe en una unidad ideal y, de ese modo, se convierta en la expresión jurídica del interés general. Es la "Sociedad" como la entienden Mohl, Stein y Gneist, aquella que nombra la Cámara electiva, o, en otros términos, el conjunto de los individuos considerados como unidos y al mismo tiempo como opuestos el uno con el otro, debido a numerosos intereses particulares, a menudo contrapuestos entre sí, lo que no difiere del concepto indicado con la palabra "pueblo". Si detrás del derecho electoral no se escondiese el interés individual más importante, no se comprendería por qué, en los Estados que no tienen sufragio universal, exista entre las clases, que hasta ahora han sido excluidas del voto, un movimiento tan profundo en su favor. Reconociendo justamente la parte que los intereses individuales tienen en la formación de la voluntad general, ya la primera Declaración de los Derechos del Hombre y del Ciudadano proclamó el derecho electoral activo y pasivo como parte integrante de los mismos derechos[182]. La idea misma que de la libertad tuvieron los pueblos antiguos, es decir, que esta consistía en la participación en las funciones del Estado, surgió del concepto de que el interés individual se encuentra constantemente conectado con el interés general en manera tal que puede considerarse

---

[182]   Art. 6.

activamente en la formación del mismo. Cuando Rousseau, en su contrato social, establece la doctrina de la voluntad general, que resulta de la íntima unidad armónica del conjunto de las voluntades individuales, y designa como libre solamente a aquel que está sometido exclusivamente al dominio de la voluntad general, de la cual la voluntad individual es parte integrante[183], expresa de manera moderna el antiguo concepto según el cual era miembro del Estado solamente aquel que podía hacer pesar su voluntad individual en la balanza del interés general.

Independientemente de la influencia que, en la formación de la voluntad general, ejerce cada uno de los individuos jurídicamente participantes de la vida pública, el interés individual se sustenta aún más fuertemente en la mayor dignidad y en la más alta estima social, que se les concede a aquellos que participan en la Administración del Estado; a los Soberanos en primer lugar y luego, en distinta medida, a todos aquellos que poseen derechos políticos. Por una serie de razones, al menos como regla, el actuar en el interés general constituye, por tanto, un importante interés individual.

De las pretensiones jurídicas individuales es bueno distinguir las *cualificaciones pasivas* que corresponden al individuo. Con ellas no se atribuye directamente a nadie una pretensión jurídica hacia el Estado, sino que se le confiere solamente una capacidad, en virtud de la cual se convierte en posible objeto de una reclamación. A esta capacidad abstracta se añade un acto especial de adquisición de la pretensión jurídica, que en la capacidad encuentra fundamento, para que de ello resulte una *cualificación activa*. Las cualificaciones pasivas son exclusivamente un reflejo de normas jurídicas y, sin embargo, como tales, no autorizan a ninguna acción. De esta especie son la elegibilidad y la capacidad para un cargo, de las cuales no deriva la más minina pretensión, que sea susceptible de tutela jurídica. Éstas no están situadas en la esfera individual, sino que constituyen solamente un reflejo de las normas, las cuales determinan las

---

[183] ROUSSEAU (1762) *Du contrat social*, I, cap. VI.

cualidades que debe poseer cualquiera para convertirse en órgano del Estado[184]. Esto, sin duda, resulta evidente respecto a aquellos que no han sido aún elegidos o que no han asumido los cargos. Pero, en caso de haber sido elegido o nombrado, y al cual se pueda impugnar la calificación activa por falta de cualificación pasiva, en el procedimiento que sigue, el individuo en cuestión no asume sino la condición de contendiente. En estos casos, el derecho público está tan directamente implicado, que la cualificación individual requerida por el derecho objetivo debe, por tanto, ser objeto de una investigación *ex officio*; con la cual una vez más, resulta claramente probado cómo dicha cualificación constituye una condición de derecho objetivo para que algunos actos estatales puedan ser válidamente emprendidos. Las cualificaciones pasivas poseen en esencia carácter negativo, dado que su existencia, por sí sola, no atribuye pretensión jurídica alguna contra el Estado, sino que se limita a indicar individualmente al Estado solamente aquellos que están excluidos, pero no a los que son llamados. Donde existe una pretensión jurídica estrechamente individualizada a la vocación, existe una cualificación activa. El derecho canónico designa con precisión a las personas cualificadas pasivamente como *personae idoneae*[185].

La cualificación activa y, por consiguiente, la existencia de un *status* especial, es una consecuencia de cada pretensión individualizada

---

[184]   De este modo, la capacidad para ser funcionario, declarada en favor de los ciudadanos en muchas constituciones, no atribuye ninguna exigencia jurídica positiva. Consideraciones al respecto se encuentran en los motivos de la resolución n. 165 del Tribunal del Imperio austriaco, HYE (1874) *Sammlung*, IV, p. 768.

[185]   c.29, X, *de praeb. et dign.*, III, 5*. Cfr. también HINSCHIUS (1869) *Kirchenrecht der Katholiken und Protestanten*, II, p. 476.

*Cabe precisar que Jellinek cita el *Corpus Iuris Canonici*, pues la segunda edición de esta obra fue publicada antes de la promulgación del Código de Derecho Canónico de 1917 (primer código sistemático de esta disciplina, que reemplazó al *Corpus Iuris Canonici* como principal fuente del derecho canónico). El Código de Derecho Canónico vigente (promulgado en 1983) también emplea en diversos cánones la expresión "persona idónea" destacada por Jellinek [Nota del traductor castellano].

para ser un órgano del Estado. Los miembros de la Casa Imperial, los agnados de una familia noble provistos del derecho hereditario de ser miembros de una Cámara, los poseedores de latifundios, tienen una pretensión jurídica a la Corona, para ser miembros de la Cámara, para el ejercicio de funciones de policía. Lo mismo ocurre con la calidad de órgano adquirida por una persona idónea. El funcionario y el miembro de la Cámara tienen pretensiones jurídicas individualizadas, que derivan del reconocimiento jurídico del interés individual a la existencia de dichas cualificaciones. Para el elegido, por ejemplo, el interés individual para actuar en el interés general existe en mayor medida que para el elector. El elegido, por lo tanto, al igual que el Monarca, posee una pretensión individual en la posición del órgano. Al funcionario, por el contrario, no le corresponde ningún derecho de este tipo. Él no tiene ningún derecho a un cargo, algún *"ius ad rem"*, pero al menos allí, donde el servicio es regulado por normas legislativas, las cuales defienden al funcionario de una remoción arbitraria del trabajo o de una disminución de su posición, le corresponde en cambio, un derecho a la relación de servicio, relación para la que ha sido cualificado[186].

Ahora bien, si se analiza a fondo la pretensión jurídica a la posición de órgano, resulta que, abstractamente, posee en su totalidad el mismo contenido, es decir, el reconocimiento de las respectivas personas como investidas de la cualidad de órganos estatales y la admisión de dichas personas en las funciones establecidas por ley. Dado que del reconocimiento deriva *ipso iure* para el Estado el deber de admitir en las funciones de órgano a aquellos que han sido reconocidos como investidos de dicha condición, la pretensión jurídica a la posición de órgano se resuelve en síntesis en una pretensión al reconocimiento de un *status*. La pretensión jamás está dirigida al ejercicio de determinadas funciones, las que siempre tienen lugar solamente en el interés del Estado, cuyo objetivo, por lo tanto, es exclusivamente el Estado, si bien tiene por objeto el hecho de ser

---

[186] Cfr. por ejemplo, la *Reichsbeamtengesetz* (Ley imperial de funcionarios públicos), §§ 61 y ss.

investido de la cualificación de órgano, cuyo contenido no tiene relación alguna con el interés individual. Por lo tanto, la competencia
de derecho público no constituye jamás el contenido de un derecho individual del Soberano, como la competencia parlamentaria
no constituye un derecho individual del miembro del Parlamento.
Solamente al individuo le es dada la potestad jurídica para poder
ejercer sin impedimento su actividad de órgano; esta potestad, establecida también en el interés general, incluye, sin embargo, las
pretensiones individuales, las cuales, por su parte, posteriormente
se reducen al denominador común de la pretensión al reconocimiento.

La especial e íntima conexión que se observa en los derechos
políticos, entre el interés individual y el general, ha llevado a Bernatzik a una original solución del problema, sobre todo respecto al
derecho del Monarca y al derecho de municipalidad[187], a los cuales
justamente él relaciona los otros derechos políticos. La doctrina
jurídica alemana de la propiedad repartida, le ofrece el paradigma
según el cual, en el problema en cuestión, debería constituirse la
relación entre el Estado y la personalidad no estatal.

Dicha solución no puede considerarse satisfactoria, tanto si se
la limita al derecho del Monarca, como si se la amplía a la totalidad de los órganos directos del Estado. En el caso de la propiedad
repartida, los dos derechos se refieren a la misma cosa; en el caso
del Estado y de los individuos que personifican sus órganos, a cosas
distintas. El Monarca, como Bernatzik justamente destaca, tiene
derecho a la calidad de órgano[188], pero solo este derecho constituye el objeto de su pretensión. Las atribuciones propias del órgano,
las competencias estatales, jamás son un *derecho propio* del monarca. El error de la formulación de Bernatzik consiste justamente en
considerar, como él hace, la permanencia de la personalidad individual del Monarca en la misma posición de órgano, como un

---

187   BERNATZIK (1890) *Archiv f. oeff.* R., V, pp. 297 y ss.
188   BERNATZIK (1890) p. 299.

híbrido entre persona y no-persona. Este error se conecta con su tentativa, que a continuación demostraremos errónea, de resolver el problema de la relación entre la voluntad del órgano y la voluntad del Estado mediante el concepto del derecho propio y del derecho de los demás (*fremden Rechtes*). Dado que Bernatzik, según sus mismas premisas teóricas, no puede derivar desde el Estado el *derecho propio* del Monarca a la función de órgano, a pesar de todos sus reparos, en esencia se acerca sensiblemente a la teoría, desde ya hace mucho tiempo abandonada por la ciencia, de una especie de derecho privado del Monarca, que no se sabe de dónde proviene[189]. Esta construcción se originaba del supuesto de que el Estado y su organización no existirían solamente en relación a la colectividad del pueblo, sino del individuo que está a la cabeza del Estado[190], concepto que, en nuestro siglo, ha sido sostenido en su totalidad solamente por Ludovico von Haller. No es necesario aducir que tal teoría es del todo incompatible con la idea moderna del Estado, a cuyo triunfo se ha llegado después de luchas tan amargas.

---

[189] BERNATZIK (1890) p. 301.

[190] A esto se reduce en resumen el concepto de una identidad de intereses, que BERNATZIK quisiera establecer. Tal concepción es sin embargo insostenible, por una única razón: los intereses de una comunidad estatal no pueden en absoluto coincidir con aquellos de un individuo. Estos últimos, por lejos que puedan apuntar, siempre son temporales y limitados en su contenido, mientras la comunión perdura, por el mismo hecho que existe para el conjunto de los fines colectivos de los hombres, tiene un conjunto de intereses que no puede ser limitado respecto a su contenido. Más que una identidad, existe una diferencia entre intereses individuales y generales. El interés jurídico de una determinada persona de llegar a ser monarca no puede ser jamás al mismo tiempo interés para el Estado. El Estado no tiene ningún derecho sobre un determinado monarca, sin el cual no sería posible la abdicación al trono por la voluntad unilateral del Monarca. Del mismo modo, el interés del Estado de que el poder estatal sea ejercido en virtud de la Constitución no es, al mismo tiempo, interés jurídico del Monarca. Dicho interés estatal más bien da origen a deberes del Monarca. No se puede por cierto argumentar seriamente que las limitaciones impuestas al Monarca por la Constitución sean un interés suyo y, por consiguiente, también un derecho suyo.

La vía que conduce a una concepción exacta ha sido en cambio trazada, desde hace más de cuarenta años, por Gerber en su manual sobre los derechos públicos[191]. En aquel tiempo la doctrina del derecho público alemán era dominada aún por las reminiscencias del Estado territorial de la época imperial, donde el poder estatal era considerado como un accesorio de la soberanía territorial. El concepto de una especie de derecho real de la persona del señor territorial al poder estatal no había sido todavía rechazado del todo, ya sea porque aún no se habían desarrollado las ideas de derecho público de la literatura imperialista, o bien por la confusión que reinaba aún en las relaciones de derecho público respecto al Imperio en decadencia[192]. La polémica a la cual dio lugar la teoría enunciada por Maurenbrecher, quien construía el derecho del Soberano absolutamente a la manera del derecho privado, creó mediante las publicaciones de Albrecht[193] y de Stahl[194] la concepción de derecho público puro del derecho perteneciente al Monarca. Solamente

---

[191]   Gerber (1852) *Über öffentliche Rechte*, pp. 51 y ss.

[192]   Si bien hasta ahora, como destaca Bernatzik (1890) *Archiv.*, p. 246, comienza a abrirse camino el concepto de la posición del monarca como miembro del Estado. Cfr., sobre los precursores de Albrecht, la bibliografía citada por Maurenbrecher (1839) *Die deutschen regierenden Fürsten und die Souveränität*, pp. 4 y ss. y pp. 59 y ss. (principalmente Majer y Posse).

[193]   Albrecht (1839) *Goettinger gelehrte Anzeigen*, p. 1491, y especialmente el fragmento citado en extenso por Bernatzik, *Archiv*, pp. 246, nota 224, en el cual el concepto de la personalidad jurídica del Estado y de la falta de personalidad de los individuos contratados por organismos del Estado está descrito con la mayor claridad. Bernatzik afirma que nada mejor ha sido jamás escrito sobre la naturaleza de la sociedad y del Estado en particular. Concuerdo plenamente con esta opinión. Solamente me parece que las consideraciones hechas por Bernatzik no se relacionan con esta alabanza.

[194]   Cfr. la recensión de Stahl (1841) de la obra de Maurenbrecher en *Kritischen Jarbüchern für Rechtwissenschaft*, V. p. 118, en la cual, acerca del concepto del portador (*Träger*) del poder estatal, se observa: "Con la expresión *Träger* evidentemente no se quiere decir que el príncipe ejerza una potestad o una soberanía (*Majestät*), que le corresponda independientemente del Estado, sino que él, en el ordenamiento deseado por Dios, es el miembro que, por sí mismo y sin ninguna influencia de los demás, constituye la sede de la perfección y de la soberanía (*der Vollkommenheit und Majestät*)"; y en Stahl (1833) *Philosophie des*

Gerber destacó con toda claridad la competencia del Monarca de su pretensión jurídica de valer como tal, y aclaró el carácter de esta última pretensión, como un derecho individual fundado sobre la posición de miembro del Estado que la persona del Monarca ocupa en el Estado; derecho que, por su naturaleza misma, se presenta como un derecho público[195]. Esta concepción necesita ser desarrollada, no de ser reconducida hacia atrás.

El intento de provocar un retroceso fue retomado nuevamente en los últimos tiempos especialmente por Rehm, quien, en relación a las monarquías que forman parte del Imperio alemán, afirma que, incluso hoy, la mitad de ellas son Estados patrimoniales, la otra mitad Estados con personalidades propias[196]; y que la Constitución protege jurídicamente los derechos patrimoniales que tienen por objeto el Estado contra cualquier intento de modificarlos unilateralmente. Si, por otra parte, a este autor se le pregunta qué ordenamiento jurídico, posterior a la disolución del viejo Imperio, haya limitado de tal manera el concepto del Estado, se espera en vano cualquier respuesta satisfactoria.

Una vez desechada la concepción insostenible de un derecho a la potestad estatal, resulta fácil comprender el contenido jurídico de las pretensiones que derivan directamente, y no de manera indirecta, del *status* de ciudadanía activa. En virtud del *status* señalado, el individuo tiene una pretensión jurídica a la posición de órgano, es decir, al reconocimiento de su individualidad, investida de competencias estatales. Pero solamente éste es el objetivo de la pretensión individual. El ejercicio en sí de la función estatal, lo repetimos, no es el contenido de un derecho individual y no puede serlo. Consi-

---

195 *Rechts*, II, 2, § 71: "Con aquello no se entiende que con el príncipe una persona humana domine el Estado, sino que el Estado se personifica en el príncipe". GERBER (1852) *Über öffentl. Rechte*, pp. 63 y ss.

196 REHM (1904) *Modernes Fürstenrecht*, p. 58. Sobre la publicación de REHM y las otras que aparecieron a raíz de las controversias acerca de la sucesión de Lippe, basadas en conceptos patrimoniales, véase especialmente ANSCHÜTZ, en G. MEYER (1905) *Staatsrecht*, p. 252, n. 4, y pp. 255 y ss.

derada como órgano del Estado, la individualidad física carece de personalidad. El individuo se ha convertido en miembro de un todo más alto, pero la personalidad individual, que en dicha cualidad de miembro subsiste ampliada, si se quiere, no puede existir otra pretensión que aquella de valer como miembro del todo. La persona del Monarca tiene solamente la pretensión del reconocimiento de su *status*, es decir, de hacer valer su individualidad como órgano supremo del Estado[197]. El mismo poder del Estado respecto a las personas que forman parte de él es, por el contrario, ejercido solamente por el Estado. "Este derecho de querer *(Willensrecht)* perteneciente al Monarca, no es un derecho del individuo, sino, por su carácter institucional, está relacionado con la misma cualidad de órgano soberano"[198]. Lo mismo ocurre con todas las demás cualificaciones activas.

---

[197]   Esta pretensión tiende por tanto a un *ser,* no a un *tener,* a una cualificación de la personalidad, no a algo objetivo.

[198]   Véase GERBER (1865) *Grundzüge,* p. 79.

TERCERA PARTE: CONCLUSIONES

§ 11. Constitución, pérdida y modificación de los derechos públicos subjetivos

1. Constitución de los derechos públicos subjetivos

A) *Del Estado y de las corporaciones de derecho público.* Los derechos públicos del Estado y de las corporaciones de derecho público respecto de las personas dependientes de las mismas, son establecidos por ley; en menor medida también por el derecho consuetudinario, además, y por vía adicional, por disposiciones (*Verfügung*), cuando la ley da solamente la posibilidad de pretensiones jurídicas y es, por tanto, necesario un acto especial administrativo o judicial posterior para identificar o concretar su pretensión, o bien cuando a través de un acto de autoridad especial debe ser determinada e integrada con mayor precisión la pretensión, ya concretada individualmente por las disposiciones de la ley[199].

Como consecuencia de esto, también respecto al *status subiectionis* es necesario distinguir entre cualificaciones activas y pasivas. La obligación del servicio militar, de testificar, de servir como jurado, está establecida por la ley para cualquiera que se encuentre en las condiciones exigidas por ella. Pero estos deberes se mantienen en estado potencial, hasta cuando, debido a circunstancias concretas, exista una pretensión jurídica especial del Estado hacia el individuo. Aquel que está obligado a hacer el servicio militar, tiene solamente una cualificación pasiva al respecto, y no se somete a la cualifica-

---

[199] En lo sucesivo se hablará de adquisición o de pérdida de derechos públicos por la ley, etc., el uso de dichas locuciones abreviadas supondrá siempre el concepto obvio de que la adquisición o la pérdida del derecho no tiene punto de conexión con la ley por sí misma, sino con los hechos que son regulados por la ley.

ción activa sino en virtud de la medida que lo asume efectivamente en servicio. Aquello que ya fue claramente reconocido respecto al servicio militar, se produce, por regla general, para todas las obligaciones públicas en cuestión.

Pasivamente obligado a testificar se encuentra quien, según la opinión de las partes, pueda hacer una declaración relevante a efectos de la causa; activamente obligado solo aquel que sea llamado a tal objetivo por el tribunal. Pasivamente obligado a la función de jurado es aquel que esté inscrito en la lista respectiva; activamente solo quien es llamado de manera individual para ejercer como jurado. Pasivamente obligado al pago de impuesto se encuentra quien obtenga un ingreso por los servicios que presta; activamente solo quien tenga ingresos para un período determinado, y al cual, en base a dicha comprobación, sea prescrito el pago de un determinado impuesto.

Al contrario, las pretensiones jurídicas resultantes de la relación de subordinación que tienen por objeto una omisión, se vuelven a menudo posibles por el hecho mismo de la promulgación de la ley que contiene la prohibición, si bien, por otro lado, también en estos casos, la ley crea solamente una cualificación pasiva *(nur eine passive Qualifikation als Herrschaftsobjekt begründet wird)*, la cual, para ser activa, necesita de una posterior determinación, especialmente bajo la forma de disposiciones de policía.

En todas las hipótesis examinadas hasta el momento, la disposición no puede, por lo demás, sino determinar subsidiariamente, con mayor precisión la obligación general ya existente, en virtud de la disposición legal. Un derecho originario, *praeter legem*, de promulgar disposiciones al respecto no existe en absoluto. Admitir dicho derecho contradice el principio supremo del Estado moderno, que rige las relaciones entre súbditos y el Estado, donde cada uno está llamado a obedecer solamente en virtud de la ley.

Una posterior fuente de pretensiones de derecho público para el Estado y para las corporaciones de derecho público es el contrato de derecho público, el cual crea una subordinación individual a un poder especial del Estado o de las corporaciones de derecho público, no consideradas en la relación general de subordinación establecidas por la ley. También este derecho contractual está sometido a condiciones y términos establecidos por ley. Como cualquier actividad estatal, puede ser ejercida libremente solamente dentro de los límites de la ley, pero además de esto, la facultad de concluir dichos contratos está limitada por expresas disposiciones legales o por créditos presupuestarios.

Derechos públicos del Estado en relación con los individuos resultan finalmente de delitos de estos últimos, delitos que crean la pretensión del Estado a la pena indicada en la sentencia de condena.

Los derechos públicos del Estado federal hacia sus miembros y viceversa encuentran, por lo general, su fundamento en el derecho federal, y, por lo tanto, en el Estatuto, en las leyes y en las disposiciones del Estado Federal, y en los delitos *(Delikt)* del Estado-miembro *(Bundesexekution)*. Solamente en lo que se refiere a la esfera de actividades de los Estados-miembros, no sometida al poder federal, es posible que se constituyan relaciones contractuales entre ellos y el Estado federal.

Los derechos públicos del Estado hacia los otros Estados, que tengan carácter internacional, resultan inmediatamente de las normas generales del Derecho internacional, o bien de *Vereinbarung*, desde el contrato, por delito o por cualquier otro hecho, que tenga consecuencias de derecho internacional.

B) *Constitución de los derechos individuales.* El *status* de derecho público que atribuye derechos, o la pretensión de derecho público, se crean en favor del súbdito (individuos y corporaciones privadas) por la costumbre o por ley. Del mismo modo como a la cualificación pasiva de quien tiene un deber público, se debe agregar, de una manera o de otra, un acto especial dirigido a su persona, para que dicha cualificación sea activa, suele ser necesaria una disposición para transformar en activa la cualificación pasiva de quien posee un derecho. Que el *status* negativo, como tal, no produzca ninguna calificación activa, ya ha sido señalado: es necesaria una disposición de la autoridad que ilegalmente sobrepase la relación de subordinación, para que el *status* negativo produzca una cualificación activa, es decir para que se genere una pretensión jurídica.

Una completa serie de mejoras de las pretensiones del *status* negativo y del positivo requiere una disposición especial del Estado, que atribuya la pretensión, y que pueda presentarse bajo diversas maneras, como concesión, licencia, autorización, etc. Tales medidas que atribuyen pretensiones jurídicas se diferencian de aquellas que cualifican activamente respecto a un deber, ya que no poseen, como estas últimas, la condición necesaria de una ley que les permita o que las regule, pero pueden provenir también del libre reconocimiento del órgano que las emana. La disposición estará conectada específicamente con una ley, debido a que al particular le corresponde una pretensión jurídica de ella[200].

Pretensiones jurídicas correspondientes al *status* activo son creadas por la ley, por el nombramiento y la elección, cuyas dos últimas formas, se fundamentan a su vez en la ley. También en relación al nombramiento y la elección es necesario distinguir luego la cualificación activa de aquella pasiva, que a menudo se encuentran separadas incluso en la forma[201].

---

[200] Como por ejemplo la pretensión jurídica al otorgamiento de una concesión, a una licencia, a una tarjeta de legitimación, a la obtención de la ciudadanía en otro Estado (*auf Aufnahme bei Ueberwanderung*) a ser disuelta por la pertenencia a la comunidad estatal (renuncia a la ciudadanía) luego de haber cumplido con las condiciones exigidas por la ley, etc. [El concepto expresado con la frase *Aufnuhme bei Uebernanderung*, es específico del derecho del Imperio germánico, donde el ciudadano de un Estado-miembro del Imperio tiene derecho a obtener la ciudadanía en cualquier otro Estado-miembro del Imperio, siempre y cuando establezca en éste su propio domicilio. Véase la ley del 1° de junio 1870 sobre la adquisición y pérdida de la ciudadanía (B. G. B., p. 355) art. 7. Cfr. además LABAND (1901) *Staatsrecht des deutschen Reichs*, 4ª ed., vol. I, pp. 154 y ss. [Nota del traductor italiano].

[201] Sobre la prescripción como motivo a que solamente por excepción puede constituir el fundamento de pretensiones jurídicas de derecho público, véase F. MAYER (1862) *Gruntdsätze des Verwaltungs-Rechts*, p. 441; LÖNING (1884) *Verwaltungsrecht*, p. 17.

2. Pérdida de los derechos públicos subjetivos

A) *Del Estado y de las corporaciones de derecho público*. Como la adquisición, así también la pérdida de los derechos públicos ocurre sobre todo en base a la ley y a la costumbre (en derecho internacional también mediante *Vereinbarung* y contrato). En algunos casos, el ejercicio de determinadas pretensiones jurídicas se deja al criterio del Estado o de la corporación de derecho público, según a quien le pertenezca la pretensión. Por lo tanto, la renuncia es una causa de extinción de los derechos públicos de las comunidades dotadas de *imperium*. En base al sistema jurídico vigente, la renuncia por parte del Estado a un derecho, cuando se refiere a un caso individual, siempre constituye materialmente un acto administrativo, y, por lo tanto, es regulado por las normas jurídicas que corresponden a los actos administrativos. Generalmente, se llevará a cabo para aplicar en el caso específico criterios de equidad en el interés individual y con eso indirectamente, en el interés general, pero puede permanecer exclusivamente en el interés general, como, por ejemplo, en el caso de renuncia a un procedimiento penal por razones inherentes a la seguridad del Estado, de remisión de los impuestos vencidos para evitar los gastos de cobro, y similares.

La renuncia puede reflejar tanto una pretensión individual como un *status* del individuo, que atribuye derechos a una comunidad, a la cual el mismo individuo esté subordinado. Esta última hipótesis se produce por la ciudadanía y por la pertenencia a una Comuna, en que por leyes especiales para poder poner fin a estas relaciones de *status* sea necesario un acto de la autoridad.

Las principales formas de renuncia a una pretensión jurídica son la renuncia en sentido estricto, la remisión, la dispensa, la condonación[202]. Se produce la renuncia en sentido estricto, cuando el

---

[202] Acerca de esta última, véase BINDING (1885) *Handbuch des Strafrechts*, I, p. 873; MERKEL (1889) *Strafrecht*, p. 247. Contra la concepción de la condonación (*Begnadigung*) como renuncia, véase LABAND (1901) II, pp. 487 y ss., el cual lo considera un acto administrativo, lo que es perfectamente exacto, pero no

Estado abandona una pretensión jurídica a él perteneciente, sin que eso toque directamente la esfera jurídica del individuo. Esto sucede especialmente cuando en un determinado caso una autoridad no hace uso de ciertas facultades, como, por ejemplo, cuando decide no hacer uso de la facultad que le corresponde por ley de enviar comisarios a determinadas asambleas, o bien cuando el ministerio público renuncia a la exhibición o a la lectura de documentos, o bien a la audición de testigos. La remisión se refiere siempre a una prestación de derecho público que tenga contenido patrimonial, la dispensa de una ampliación de la esfera jurídica individual mediante la renuncia a la observación de una norma jurídica que limite la esfera misma, la condonación del derecho del Estado de exigir la pena.

Todas las formas de renuncia al derecho pueden ocurrir solamente a causa de que una norma jurídica lo permita expresamente; ya que el hacer valer las pretensiones de derecho público es un deber del Estado, hasta cuando el sistema jurídico no quiera lo contrario. Aquello que representa un derecho respecto al individuo, constituye al mismo tiempo un deber de derecho público, que concierne al Gobierno del Estado como representante del interés general.

---

es un punto en oposición con la teoría de la renuncia, dado que la renuncia al derecho por parte del Estado tiene lugar muchas veces bajo forma de un acto administrativo. El acto administrativo es una forma jurídica general, la cual puede recibir el más variado contenido. Ni siquiera los efectos de la condonación, que pueden ser tan variados, contradicen a la expresada concepción, puesto que a cada renuncia puede conectarse, según las circunstancias, toda una serie de consecuencias jurídicas. También la condonación parcial, bajo la forma de conmutación de pena, es una renuncia parcial. En tal caso, no es mandato reducir la pena que constituye parte integrante del acto de gracia, pero son, por el contrario, las modificaciones a la orden del juez sobre la expiación de la pena, derivadas precisamente del acto de gracia. Dicha opinión fue acogida por el tribunal del Imperio: véase *Reichsger. Entsch. in Strafsachen* 33, pp. 204 y ss [recopilación de las sentencias del Tribunal del Imperio alemán en materia penal publicada por la Fiscalía del Imperio (*Raichsanwaltschaft*)]. Cfr. también HEIMBERGER (1901) *Das landesherrliche Abolitionsrecht*, pp. 10 y ss.

Naturalmente no son renunciables las competencias, como posibilidades abstractas de ciertas categorías de acciones estatales. Renunciables, por el contrario, son las pretensiones de un Estado hacia los otros, fundadas sobre el derecho internacional sin que sea posible trazar al respecto una línea de frontera. La misma disminución del *status* de derecho internacional mediante renuncia (transformación de un Estado soberano en un Estado no soberano), no está fuera del campo de las posibilidades jurídicas. En muchísimos casos se deja a criterio del Estado el transformar o no la cualificación pasiva respecto a un deber público en una cualificación activa. El omitir dicha transformación no constituye, sin embargo, una renuncia, pero sí una simple abstención de hacer valer una pretensión jurídica.

Otras causas de pérdida de derechos, como la prescripción y el trascurso del tiempo, como categorías generales de hecho que anulan el derecho, no ofrecen nada de especial y por lo tanto no necesitan ser examinados más a fondo en este momento.

B) *Pérdida de los derechos individuales.* También para el individuo la ley se presenta, antes que nada, como causa de la pérdida, tanto de un *status* como de una pretensión jurídica que derive del *status*. Una investigación exhaustiva de los casos en los cuales se produce una disminución del *status* o una pérdida de derechos independientemente de la voluntad del individuo, conduce al importante problema práctico de si existen y son garantizados en alguna medida los derechos adquiridos en el ámbito del derecho público.

El concepto de derecho adquirido tiene origen en el ciclo de ideas del derecho natural[203]. Originalmente ellos no indican otra cosa que lo contrario del derecho innato. Hoy la doctrina de los derechos innatos ha sido reconocida como falsa. No existe ningún derecho que no tenga una causa especial de obtención, que no esté

---

[203]   Respecto a las distintas doctrinas sobre los derechos adquiridos véase especialmente la profunda exposición que hace Fr. AFFOLTER, (1902) *Das intertemporale Privatrecht*, I, pp. 606 y ss.

considerado en el ordenamiento jurídico como consecuencia de un determinado hecho. Por efecto del nacimiento se adquieren derechos, que no por esto son innatos. Esto corresponde también para los así llamados derechos legales, que muchos han contrapuesto con los derechos adquiridos. El derecho legal también se adquiere en base a la existencia de las circunstancias de hecho exigidas por la ley. Cualquier derecho, por lo tanto, es derecho adquirido[204]. La garantía de los derechos adquiridos significa simplemente que por parte del Estado no se puede debilitar la posición jurídica actual del individuo contra su voluntad.

Este principio, que ha sido formulado en muchos Estatutos constitucionales, experimenta excepciones en el campo del derecho privado. Dado que en todos los casos en los que existe un conflicto entre el interés general y el individual, el primero de ellos por su naturaleza misma se asegura como prevalente. El principio antes indicado experimenta entonces su autoridad solamente *de lege lata*, aun siendo el legislador obligado a introducir en él algunas excepciones. En la expropiación no se protege la posición jurídica concreta, sino solamente la propiedad como tal: la circunstancia que al expropiado se le garantiza la plena indemnización no puede destruir la violación del concepto de derecho adquirido.

La autoridad estatal no siempre puede compensar la violación del derecho privado con la concesión de la indemnización total. La situación de estado de necesidad en la cual se encuentre el Estado, por ejemplo, en guerra, y el ejercicio legal de los derechos de soberanía, los cuales tengan el efecto reflejo de dañar el patrimonio privado, no dan origen a ninguna pretensión en favor de quienes

---

[204] G. v. Struve (Affolter, p. 607); entre los civilistas más recientes Regelsberger (1893) *Pandekten*, I, p. 400; Dernburg (1894) *Pandekten*, 4ª ed., I, p. 98; entre los autores de derecho público Löning (1884) *Verwaltungsrecht*, pp. 17 y ss.; G. Meyer (1895) *Der Staat und die erworbenen Rechte* (en Jellinek-Meyer, *Abhandlungen*, I, 2), p. 13; Anschütz (1897) *Der Ersatzanspruch aus Vermoegensbeschädigungen durch rechtmässige Handhabung der Staatsgewalt* en *Verwaltungsarchiv*, V, p. 10; Schücking (1902) en la *Deutsche Juristenzeitung*, p. 315.

se ven afectados por él[205]. Numerosas limitaciones de la propiedad han sido creadas por el derecho administrativo sin la correspondiente indemnización, y no por esto aparecen como contrarias a la equidad. La integridad del patrimonio es, por lo tanto, reconocida jurídicamente solamente en cuanto ésta pueda acomodarse con los fines prevalecientes del Estado[206]. Frente al Estado no evolucionado de la Edad Media, el viejo criterio germánico de la inviolabilidad del patrimonio podía tener un valor casi ilimitado, exceptuado el caso de la pena; cuanto mayoritariamente se desarrolla el concepto del Estado, tanto más adquiere valor e importancia la posibilidad de una incursión jurídicamente admisible del poder estatal en la esfera del derecho del individuo.

Para el derecho público de los individuos valen precisamente los mismos criterios fundamentales que para el derecho privado, y si el resultado es diferente en los dos campos jurídicos, eso no depende de la diferencia de los principios, sino de las circunstancias de hecho, a las cuales éstos deben aplicarse.

Uno de los criterios, en base a los cuales el derecho público subjetivo del individuo se diferencia del derecho privado subjetivo es que para el derecho público la atribución de una potestad de querer al individuo tiene lugar esencialmente en consideración del interés general, el que, en determinados casos, puede exigir la creación de pretensiones jurídicas contra el Estado. Si el interés general se modifica, ya no es necesario un reconocimiento del interés individual y el derecho individual puede ser suprimido mediante una modificación del ordenamiento jurídico.

También en este caso se aplica el criterio fundamental, que cabe tener en cuenta en la medida de lo posible, a la esfera de los derechos de particulares ya existentes. Que sin una absoluta necesidad

---

[205] Cfr. también O. Mayer (1895) *Deutsches Verwaltungsrecht*, II, p. 358 y pp. 363 y ss.

[206] Cfr. Menger (1890) *Das bürgerliche Recht und die besitzlosen Volksklassen*, pp. 81 y ss.

el individuo no deba sufrir ningún menoscabo de tales derechos, es un principio ya consolidado en la conciencia de los pueblos modernos durante el transcurso de muchos siglos.

El indispensable reconocimiento de la posibilidad de reformar cuando sea, en el interés general, el ordenamiento jurídico, puede ser conciliado con estos dos criterios fundamentales mediante las siguientes normas.

Cualquier pretensión jurídica positiva hacia el Estado, ya existente y que tenga un contenido patrimonial, se debe mantener inviolada respecto a su valor patrimonial. Una disminución del sueldo o de la pensión asegurados por la ley a los funcionarios ya en servicio, es, por lo tanto, inadmisible. Nada puede impedir al Estado de regular a su arbitrio, por ejemplo, el sueldo futuro de los funcionarios superiores, aun cuando los mismos deban ser elegidos entre aquellos ya en funciones, puesto que no existe un derecho a la promoción. Irrevocable (fuera de la pena) son además los derechos para ocupar un grado honorífico en el Estado, para atribuirse un título estatal, a llevar insignias de órdenes honoríficas, a menos que una revocación sea admisible en base a la ley o a los Estatutos, o bien dichas instituciones no sean declaradas incompatibles con el mismo sistema del derecho público, como sucedió con las Constituciones de algunas Repúblicas[207]. Irrevocables son las cualificaciones individuales adquiridas mediante exámenes estatales, a menos que las instituciones, para las cuales las cualificaciones tienen valor, sean suprimidas o sustancialmente transformadas.

---

[207] Cfr. sobre el tema E. Braun (1901) *Die Zurücksiehung von Titeln, Orden und Ehreuzeichen nach dem Verwaltunsrecht Preussens*, en *Archiv f. oeff. Recht*, XVI, pp. 528 y ss. Braun afirma (p. 545) que dichos derechos, por su naturaleza misma, pueden ser retirados en cualquier momento por razones de interés público, lo que ciertamente amerita ser tenido presente de *lege ferenda*. Yo, por lo demás, en realidad, no logro imaginarme exactamente el grave daño a un bien público producido por conferir una orden o un título a un individuo no merecedor de llevarlo. Sin duda es este uno de aquellos puntos en los cuales la apreciación individual del bien público puede variar considerablemente de una persona a otra.

Las pretensiones jurídicas negativas hacia el Estado, al contrario, se someten a la libre disposición del legislador, aun cuando tengan carácter patrimonial. Éstas consisten siempre en una limitación del *imperium* estatal en beneficio de los individuos. Una renuncia absoluta por parte del legislador a los derechos de *imperium* correspondientes al Estado no es admisible. La concesión, además, de una pretensión jurídica patrimonial definitiva, por su naturaleza, no estaría exenta de esta condición. Las franquicias individuales de prestaciones públicas de cualquier tipo: franquicia de los impuestos, exención del servicio militar o de un cargo público, etc., no constituyen, por lo tanto, "derechos legítimamente adquiridos". Éstas pueden ser suprimidas cuando sea, sin indemnización, la cual, por lo demás, sería a menudo imposible, por la naturaleza misma de las cosas[208]. Su supresión, desde el punto de vista jurídico, no

---

[208] Sobre este punto en la teoría y en la práctica existe una confusión máxima. Comúnmente se afirma que las excepciones generales en virtud de *jus singulare* no constituyen limitaciones para el legislador, en este sentido ZACHARIÄ (1895) *Deutsches Staats und Bundesrecht*, II, p. 113; SCHULZE (1888) *Preuss. St. R.*, II. p. 49; la sentencia del Tribunal del Imperio del 3 de febrero de 1887 en *Entscheidungen des Reichsgerichts in Zivilsachen*, XVII, p. 55 [recopilación de las sentencias del Tribunal del Imperio alemán en materia civil], y que, por el contrario, los privilegios individuales den espacio a la indemnización. La legislación, la administración y la doctrina a menudo se han pronunciado en el sentido de una gran limitación por el Estado. La mayor parte de los casos que se refieren a esto tienen su origen en el período de transición del Estado patrimonial al constitucional moderno. En este último, al menos, no es admisible jamás un derecho privado a que no pueda ser un acto legislativo, finalidad a la cual tiende en definitiva la teoría que atribuye carácter de derecho adquirido a las exenciones individuales. Un criterio exacto fue aplicado cuando fueron abolidas con la ley del 5 de junio de 1869 la franquicia y las reducciones postales, de acuerdo a la misma ley se concedieron indemnizaciones por tal supresión solamente cuando el resarcimiento correspondía según las leyes territoriales en consideración a la existencia de un derecho privado que estaba a la base de la franquicia. Cuestión bien distinta es la de saber si, en los casos analizados, razones de equidad no requieran una justa atención al interés individual (como por ejemplo sucedió con ocasión de la supresión de la exención de impuestos a las familias principescas (*standesherrlichen Familien*) en Prusia, precisamente la ley sobre *Einkommensteuer* del 24 de junio de 1891, § 49 y de la ley del 18

difiere de cualquier disposición legislativa que establezca un deber de obediencia. Cada ley que regula un nuevo impuesto importa una apropiación de los valores de los súbditos, sin que por esto se pueda hablar de una incursión ilegal en la esfera jurídica individual[209].

Las pretensiones jurídicas al reconocimiento, que resultan del *status* activo, se someten igualmente a la libre actividad legislativa. Entre los elementos que contribuyen a constituir tales pretensiones, la consideración del interés general predomina de tal forma, que una restricción absoluta respecto a la capacidad de disponer del legislador presentaría el más grave obstáculo para el progreso del Estado y para el desarrollo del interés general[210]. Las pretensiones señaladas son, por lo tanto, modificables sin considerar el interés privado. Es así, que todos los derechos feudales señoriales pudieron ser adquiridos por el Estado sin ningún tipo de indemnización. El hecho mismo de que la mayor parte de los derechos de este tipo no sean susceptibles de una valoración patrimonial, en general, hace que sea inaplicable para este caso el criterio de la indemnización. Éstos pueden ser, por lo tanto, suprimidos o modificados, sin que para el individuo exista alguna pretensión. También en ello no hay nada que sea particular al derecho público, porque perfectamente lo mismo sucede para los derechos privados que no tienen carácter patrimonial. Modificaciones legislativas *in peius* en la condición de derecho de familia del padre o del tutor, en el derecho del inversionista o del representante de una empresa, en el sistema de las sociedades anónimas, pueden tener lugar y ciertamente aplicarse, también a aquellos que tienen tales derechos.

---

de julio de 1892 sobre la supresión contra la indemnización de la exención del impuesto personal). En el futuro dichas exenciones deberían tener lugar, sobre todo, para asegurar temporalmente los privilegios de derecho público que tienen efectos económicos para los individuos, para las sociedades o las corporaciones por causa de su acción en el interés general.

209   Véase también CHRISTIANSEN (1856) *Über erwobene Rechte*, p. 77.

210   El texto dice: "*der Entfaltung des Gemeininteresses*", es decir, la ampliación del concepto de interés general [Nota del traductor italiano].

Si, por el contrario, el Estado extiende sus atribuciones de manera tal de declarar, por cualquier motivo, como de su dominio exclusivo un campo hasta ahora dedicado a las actividades de los particulares (creación de monopolios de Estado, creación de una nueva rama administrativa), se hace entonces habitual la indemnización de aquellos que, hasta ese momento, hayan ejercido su actividad en el campo en cuestión, ya que el Estado, en tal situación, no utiliza un derecho que ya le pertenece, sino que ocupa un nuevo campo para someterlo a su *imperium*. Toda ocupación de este tipo está necesariamente relacionada con la expropiación del anterior propietario, es decir, del particular y, por lo tanto, encuentran aplicación los criterios fundamentales de garantía del patrimonio.

Mientras se trate de la posición del derecho individual respecto a la ley, los principios jurídicos ahora expuestos no garantizan jamás un derecho subjetivo[211]. Estos representan normas constitucionales para la actividad legislativa del Estado, las cuales, como anteriormente se ha demostrado, no pueden jamás generar una pretensión jurídica individual. Sin embargo, *de lege lata*, el derecho privado parece estar protegido contra una lesión arbitraria por parte del Estado, la pretensión jurídica que supone que las autoridades estatales no hagan algo que pueda perjudicar el mismo derecho constituye una función del *status* negativo.

Una segunda grave e interesante cuestión dice relación con los límites dentro de los cuales el derecho público individual es susceptible de renuncia.

También para los individuos, como para el Estado, se acepta como regla la no renunciabilidad, ya que solamente en base a motivos especiales es lícito que relaciones creadas y ordenadas en el interés general cedan el paso al interés individual.

---

[211] A menos que el mismo legislador sea sometido a un control jurídico, como por ejemplo el legislador de los Cantones suizos a la jurisdicción del Tribunal Federal. Sobre un interesante caso de este tipo cfr. VOGT (1890) *Rechtsgutachten betreffend die Aufhebung von Steuerprivilegien im Kanton Freiburg*.

No renunciables en absoluto son aquellas relaciones de *status* en las cuales el individuo puede conservar una actitud pasiva respecto al Estado, es decir, las relaciones que no comprenden de ninguna manera el cumplimiento de un deber de derecho público. No renunciables son, por lo tanto, las relaciones que resultan del *status* negativo y del positivo, ya que el individuo no tiene ninguna obligación de hacer uso de los derechos que provienen de este *status*.

De manera distinta ocurre con el *status* activo. En cuanto a que el ejercicio de estos derechos es dejado jurídicamente al libre arbitrio de aquel que ha sido investido, y su ejercicio implica una prestación solamente momentánea y de ninguna importancia, asimismo no podrán ser objeto de renuncia. Todos los derechos a votar y los derechos electorales tienen, por lo tanto, este carácter indeleble. No puede decirse lo mismo en aquellos casos en los cuales el *status* no atribuye solamente un derecho, sino también un deber, es decir, cuando éste afecta directa o indirectamente a una actividad permanente en el interés del Estado. Allí la posibilidad de la renuncia es impuesta ya sea por el criterio equitativo respecto al interés individual, como por la consideración de la plena abnegación que el Estado requiere en el cumplimiento de sus tareas, por lo tanto, se deja a voluntad del individuo la decisión de si quiere ser y permanecer como miembro u órgano del Estado. Por lo tanto, renunciables son la ciudadanía, así como la condición de órgano que requiera una actividad permanente. Renunciables son igualmente el empleo, la calidad de miembro de la Cámara, la Presidencia de la República y el *status* que atribuye la más alta cualificación, es decir el llevar la Corona[212]. Por las mismas razones se puede renunciar a

---

[212]   La doctrina aparentemente tan fácil de la renuncia al trono necesita de profundas investigaciones jurídicas comparativas, sobre todo para determinar de qué manera la misma renuncia misma resulte perfecta. En Hungría, por ejemplo, es necesaria la sanción de la renuncia mediante la ley. En Cerdeña, el rey Carlos Alberto, en 1849, manifestó su abdicación de manera oral, en presencia de un cierto número de personas, entre la cuales se encontraba un ministro, y la hizo certificar mediante un acto recibido por un notario, lo que algunos días

los derechos de sucesión al trono[213]. Renunciables son también las bases (*Rudimente*) de la calidad de órgano estatal, como demostramos anteriormente: el hacer uso de títulos de nobleza y de cargo, el llevar órdenes caballerescas u honoríficas[214], ya que incluso éstas, en menor medida, deben ir asociadas, según las actuales exigencias sociales, a un determinado sistema de vida. Lo mismo sucede con las relaciones de *status,* que tienen indirectamente carácter de derecho público, que resultan de la pertenencia a una sociedad de derecho público. Donde, verdaderamente, la pérdida del derecho es, por regla, solamente una consecuencia de determinadas acciones, a las cuales la ley vincula la pérdida misma. No obstante, es concebible también su renuncia voluntaria (por ejemplo, al derecho de ciudadanía honoraria).

Respecto a los funcionarios públicos indirectos se aplican los mismos criterios que para aquellos directos, a menos que el cargo no sea obligatorio.

Las formas en las que debe tener lugar la renuncia son muy variadas según el derecho positivo: renuncia unilateral mediante declaración a un órgano llamado a recibirla, aceptación de la renuncia por parte de un determinado organismo, invitación a abandonar el cargo mediante un acto de la autoridad constituida. El examinar a fondo los distintos casos sería una acción muy útil, sobre todo porque en la literatura jurídica no existe aún nada al respecto[215].

---

después fue hecho público al Parlamento; cfr. MORELLI (1889) *Il Re*, pp. 286 y ss. ¿En qué momento él dejó de ser rey?

[213] A esto se vincula la cuestión, que aquí no viene al caso analizar, si tal renuncia sea válida. Véase la literatura correspondiente en G. MEYER, § 91.

[214] Véase ANSCHÜTZ (1899) en la *Deutsche Juristen Zeitung*, p. 54, el cual respecto a los funcionarios considera la renuncia al título o a la congregación como una falta disciplinaria, pero no se ocupa de la cuestión de si la renuncia del funcionario, por tal causa penalizado, tenga validez legal.

[215] Una importante monografía sobre la doctrina de la renuncia en derecho público fue publicada recientemente por el Dr. Walter SCHOENBORN (1908), docente autónomo en la Universidad de Heidelberg: *Studien zur Lehre von Verzichi im öffentlichen Recht*, y de ella se ocupó el ilustre Prof. Carlo FADDA de la Univer-

Así como las relaciones de *status* del derecho público, las pretensiones jurídicas individuales que de ellas derivan se distinguen en renunciables y no renunciables. Siempre no renunciable es la posibilidad abstracta de la pretensión, cuando el *status*, que sirve de base, no sea renunciable, y también si éste es renunciable, siempre que no haya intervenido una renuncia al mismo *status* y con ella no hayan desaparecido *ipso iure* las consecuencias que derivan del mismo. En el último caso, la renuncia a la posibilidad de la pretensión puede realizarse solamente mediante la renuncia al *status*. Renunciable, por el contrario, es cualquier pretensión jurídica concreta, hasta cuando no se establezca expresamente lo contrario. Renunciable es, por lo tanto, cualquier remedio jurídico que corresponda al individuo en un juicio individualmente determinado; renunciables son los derechos que derivan de las relaciones de empleo público y los derechos a cada tipo de prestación material. Renunciable, junto a no reclamar en los términos establecidos, es la pretensión de ser considerado en las listas electorales para una determinada elección; renunciable, con la abstención del ejercicio del derecho electoral en una elección concreta, es la pretensión de ser admitido para votar.

La no renunciabilidad a la pretensión jurídica se evidencia solamente cuando es impuesta por un interés público. Frecuentemente son no renunciables las pretensiones jurídicas de los diputados a la indemnización diaria y al reembolso de los gastos de viaje; no renunciable es, además, la pretensión del empleado a llevar el título de su oficina, del miembro de la Cámara a la inmunidad. No renunciables son todas las cualificaciones adquiridas especiales y personales, sobre todo porque dependen de la facultad del individuo de utilizarlas o no. No renunciables, porque no constituyen derechos individuales sino competencias del Estado, son todas las facultades que competen a los órganos del Estado como tales, a menos que el hacer o no uso de la competencia se deje al arbitrio del órgano. Generalmente, se establece que una autoridad tenga el derecho,

---

sidad de Nápoles en una docta reseña publicada en 1909 en la *Rivista di diritto pubblico*, I, parte primera, pp. 23 y ss. [Nota del traductor italiano].

pero no el deber, de supervisar los actos de los individuos o de las corporaciones, para lo cual, en el caso concreto, es admisible la renuncia a esta facultad. La renuncia no es aceptada cada vez que una función comprenda deberes del cargo de aquel que ejerce la calidad de órgano. De esto se desprende que, por lo que se refiere a las Cámaras y a las autoridades constituidas de manera colegiada, la abstención al voto no es un derecho de los participantes, sino una facultad que debe ser establecida expresamente. Que si sólo existe una apariencia de derecho, bajo forma de derecho reflejo, la renuncia queda excluida de la naturaleza misma de las cosas, tanto que de la posibilidad de la renuncia se pueda directamente inferir acerca de la existencia de una verdadera pretensión jurídica. La omisión de una acción capaz de producir efectos reflejos no puede, por lo tanto, ser interpretada como renuncia, sino que constituye solamente una acción jurídicamente irrelevante.

En los casos en los cuales el Estado no tiene la certeza de que un deber impuesto por él será cumplido escrupulosamente, cuando pone al individuo en un conflicto de deberes, o bien por otros motivos, se atribuye a menudo al individuo el derecho de sustraerse de uno de los deberes, lo que conlleva una eventual renuncia por parte del Estado, ya que se amplía el *status* negativo de dichas personas. De este tipo son por ejemplo los derechos de librarse de la obligación de ser testigo, jurado, tutor o funcionario municipal, como también en aquellos casos en los cuales el Estado, respecto a las condiciones personales de aquellos que ejercen las funciones de entes estatales, deja a su criterio individual el cumplimiento de un deber del cargo.

Además de la ley, la costumbre jurídica y la renuncia, son motivos de pérdida de los derechos individuales la expiración del plazo (*Zeitablauf*), la prescripción[216], la caducidad del derecho como con-

---

[216] Como por ejemplo la prescripción de una solución jurídica, la pérdida de la validez jurídica de un pasaporte, si el viaje al extranjero no se realiza dentro de seis meses, etc.

secuencia de una sentencia o de un acto administrativo, la desaparición de quien detenta el derecho, ya sea por destrucción de su personalidad (muerte, disolución de la corporación), o por cambio de su condición jurídica, a la cual la pretensión estaba legalmente vinculada. Una sucesión en los derechos públicos ordenada análogamente a la sucesión de derecho privado no existe en el derecho público: más bien el derecho surge siempre *ex novo* en la persona de quien ha sido investido, aun cuando a la sucesión de derecho privado estén vinculados efectos de derecho público[217]. Hoy ha sido claramente reconocido respecto al derecho a la sucesión al trono que no es un derecho hereditario, dado que la desaparición de aquel que ha sido hasta entonces soberano no afecta en modo alguno a la trasmisión de sus derechos al sucesor; sino que una persona, determinada con anterioridad a la ley, adquiere, en virtud de la Constitución, la pretensión jurídica de ser reconocido como soberano. Ciertamente esta regla puede tener excepciones por efecto de normas positivas. Un ejemplo bien conocido al respecto, extraído de la más reciente legislación, es el derecho de las viudas o de los herederos menores de edad para el ejercicio de las concesiones industriales, mediante un representante idóneo[218].

3. Modificación de los derechos públicos subjetivos

El derecho público subjetivo, basado esencialmente en las cualidades personales de aquel que ha sido investido, por su naturaleza misma, no puede ser objeto de comercio, ni de disposiciones privadas. Esto, al menos por regla, no puede ser por lo tanto transferido

---

[217] LÖNING (1884) *Verwaltungsrecht*, p. 17; V. STENGEL (1890) *Verwaltungsrecht*, p. 17.

[218] R. *Gencerbe-Ordn.*, § 46. Comp. LÖNING (1884) *Verwaltungsrecht*, p. 17; REHM (1884) *Gewerbekonzession*, pp. 46 y ss. Entre otros O. MAYER (1895) I, 117, n.24, que en este caso no considera que se trate de un derecho público subjetivo, sino de la remoción de una limitación a la libertad. De la esfera de libertad en tal manera ampliada tendría origen, como por cualquier otra violación de la esfera de libertad, un derecho al reconocimiento. Véase *supra*, el desarrollo sobre el *status libertatis*.

directamente de una persona a otra[219]. Una excepción existe para el mismo Estado, el cual, en las relaciones internacionales puede transferir derechos públicos a otros Estados y, en las relaciones internas, puede transferir derechos a los particulares y a las corporaciones sujetas a su *imperium*. La disposición sobre las competencias estatales representa, por otra parte, en general, la creación de un nuevo derecho, a una disposición sobre el derecho existente, y no puede ser considerado en el concepto de disposición sobre el derecho vigente. Los mismos negocios jurídicos de derecho internacional no se pueden comprender plenamente en el concepto de una disposición sobre el derecho vigente. Cada concesión a un Estado extranjero, que tenga carácter de derecho público, comprende necesariamente en sí misma una modificación del sistema vigente en el Estado que opera la concesión. Tanto la concesión unilateral, como la resultante de un contrato entre Estados, puede tener lugar solamente en base a la creación de un nuevo derecho interno. Ni siquiera la creación de entes estatales *(Organschöpfung)*, tanto si se realiza sobre la base de una obligación de cargo ya existente, como si se relaciona con una sucesión por ley o con un contrato de derecho público, se puede clasificar en general en la categoría de las disposiciones en materia del derecho público. También estos actos, en la medida en que sean susceptibles de una calificación jurídica, forman parte del concepto de creación del derecho, ya que las pretensiones jurídicas individuales tienen su origen en un acto de voluntad del Estado, y no son por tanto transferidas. La misma creación del órgano *(die Schöpfung des Organes)* constituye un procedimiento interno de la personalidad del Estado, que tiene lugar *ipso iure* o como consecuencia de un acto administrativo. De esto deriva también el derecho del Estado de disponer de la potestad que a él le corresponde que está contenido dentro de límites restringidos.

---

[219]   Transferencias indirectas de derechos públicos tienen lugar a continuación de la transferencia de derechos privados cuando unos son condicionados por otros y por lo mismo inseparables, como por ejemplo para el derecho de una licencia, cfr. la ley sobre las licencias del 7 de abril de 1891, § 6.

Aquellos que son investidos de la calidad de ente público, no pueden, en general, disponer de las competencias que deben ser ejercidas por ellos en la calidad de órganos: es decir, cada órgano debe ejercer por sí mismo las atribuciones que le han sido asignadas. Excepciones a esta regla pueden ser introducidas solamente por vía legislativa. Así, por ejemplo, mediante una ley puede ser autorizada la creación de nuevos derechos por vía administrativa. La suplencia en el ejercicio de las atribuciones también puede tener lugar solamente en virtud de disposiciones legales o de reglamentos orgánicos. El reemplazo regulado de esta forma no comprende, por lo tanto, de ningún modo, una disposición sobre el derecho público, sino solamente la sustitución en el interés del Estado, de un órgano en lugar del otro, procedimiento que, por su naturaleza, queda estrechamente al interior de la personalidad del Estado. En aquellos casos en que, por lo tanto, por medio de la suplencia, se constituye una nueva relación entre la persona suplida en la función de órgano y el Estado, la relación misma no puede ser juzgada jamás en base a reglas extraídas de cualquier analogía con el derecho privado, sino a través de las normas fundamentales del derecho público, las cuales regulan las relaciones de los funcionarios y de otras personas llamadas a funcionar como órgano. De este modo, la relación del vicepresidente con el presidente de una autoridad colegiada, la facultad correspondiente a un funcionario de suplir a un colega, son juzgadas simplemente según las prescripciones que reflejan los cargos en cuestión. Hablar en estos casos de una facultad de disponer del derecho público conduciría a una confusión de dichas relaciones, la mayor parte de las cuales no tienen ninguna importancia jurídica.

Solamente el problema sobre el fundamento jurídico de la facultad de un órgano de delegar a otro el ejercicio de sus propias atribuciones puede tener una importancia considerable para el derecho público. Esto es, ante todo, el caso del Soberano, que debe ser reemplazado no por un Regente designado por la Constitución, sino por cualquier otro representante del mismo soberano, responsable del ejercicio de las atribuciones que se le atribuyen. Cuando tal sustitución no esté regulada por la ley[220] al libre criterio del soberano, siempre habrá una ley disponible que la autorice. La opinión contraria está basada en un error fundamental sobre la naturaleza del derecho público.

No podrán ser delegables, por principio, de parte de las personas a las que correspondan, aquellas funciones del órgano, las cuales, según los criterios del ordenamiento jurídico, deben ser ejercidas mediante la acción personal de aquellos que revisten la calidad de órgano. Esto se comprueba por los derechos a votar y por los derechos electorales que están destinados a constituir la voluntad del pueblo, o bien un órgano que la represente. No delegable es el ejercicio de las funciones de miembro de una Cámara, dado que, según la doctrina de la representación del pueblo, el delegado debiera ser designado por medio del mismo acto que nombra al representante. El miembro de la Cámara, o bien la misma Cámara, no puede, en virtud de la propia autoridad, atribuir a otro la calidad de representante del pueblo, ni asignar más votos a uno de sus miembros.

A esta regla el derecho positivo aún hace aquí y allí algunas excepciones. En algunas Cámaras altas de Alemania rige aún la institución de la delegación legal, o bien, la admisibilidad del poder, especialmente para los miembros hereditarios[221]. Cuando, en principio, no era reconocido directamente el derecho a votar a las mujeres, a la mujer que excepcionalmente tenga derecho a votar, puede ser impuesta la obligación de votar a través de un representante[222]. Una forma característica de un residuo inorgánico de ideas medievales es el derecho de los miembros de la Cámara alta en Inglaterra para ejercer el derecho a votar a aquellos que les

---

[220]   O de la costumbre no contradicha. Cfr. JELLINEK (1900) *Allg. Staatslehre*, p. 18
[221]   La delegación existe en Sajonia, Estatuto Constitucional, § 64; en Baden, Estatuto Constitucional, §§ 28, 30 (ley del 24 de agosto de 1904); y en Hesse, ley del 8 de noviembre de 1872, art. 2², ⁵, ⁶, 49. El poder fue admitido en Württemberg, Estatuto Constitucional, § 156.
[222]   Ley territorial bohemia del 9 de enero de 1873, *L. G. B.*, I, 10.

corresponde por medio de un colega (*by proxy*), donde el que es investido por el *proxy* no está obligado a expresar su propio voto en el mismo sentido de su mandante[223]. En Austria es admisible el ejercicio mediante un poder del derecho electoral para la categoría de gran posesión[224], lo que depende del hecho de que las leyes fundamentales del derecho público austriaco fueron creadas con el criterio de vincularlas a las relaciones derivadas del Estado a sectores, como había existido hasta 1848. Cuanto más profundamente el concepto de la representación moderna del pueblo informa a las instituciones de un Estado, tanto más son reconocidas como anormales las relaciones que vulneran dicho concepto, de manera que la absoluta no delegación del ejercicio de los derechos de elector y de elegido constituyen en todas partes el objetivo fácilmente reconocible, al cual tiende el desarrollo de las instituciones públicas.

Otra forma de modificación de los derechos públicos se puede ver, dentro de ciertos límites, como consecuencia del poder atribuido a la voluntad individual, o bien acorde a manifestaciones de voluntad de privados, a la voluntad de corporaciones de derecho público, o del Estado, de determinar más exactamente los deberes públicos o derechos, y, por tanto, de integrar, por decirlo de alguna manera, el derecho público mediante actos jurídicos[225]. Sólo así será posible tener un efecto sobre las diferencias individuales en las relaciones jurídicas particulares. A esto se refieren

---

[223] Cfr. FISCHEL (1864) *Die Verfassung Englands*, p. 383; MAY (1893) *Law of Parliament*, 10ª ed, p. 350. El derecho del cual se trata no ha sido abolido expresamente, pero desde 1867, por un reglamento interno de la Cámara alta, ya no es practicable.

[224] Ley electoral para el *Reichsrat* (*Reichsratwahlordnung*) § 13. La delegación para el ejercicio del derecho electoral es admitida hasta hoy en Baden, ley electoral del 23 de diciembre de 1818, §§ 7, 22, y de manera excepcional en Württemberg, Estatuto constitucional, § 143.

[225] Una cuidadosa exposición e ilustración de casos, que se relacionan con las hipótesis en cuestión, se encuentra en RADNITZKY (1888) *Die Parteiwillkür im öffentlichen Recht*, pp. 42 y ss.

todos los casos en los cuales el Estado atribuye a los súbditos un derecho de elección respecto al modo de cumplir un deber. También la *Vereinbarung* y el contrato entregarán a menudo la manera de modificar deberes o pretensiones jurídicas de derecho público. Piénsese, por ejemplo, en los acuerdos entre consorcios de beneficencia, comunidades escolares, etc., a los ajustes de los impuestos, a los aplazamientos de los mismos, a los contratos entre el Estado y las comunas sobre el concurso para la creación y mantención de instituciones públicas. De tales *Vereinbarung* ya se habló en otro lugar. También los contratos de este tipo tienen carácter de derecho público, pero se diferencian esencialmente de los contratos de subordinación, los que se mencionan más arriba. En la forma, estos son similares a los contratos de derecho privado, sin embargo, son esencialmente distintos de aquellos por su contenido, no pudiendo jamás el derecho público ser parte de negocios jurídicos privados[226].

Siendo la relación entre el individuo y el Estado una relación que crea y califica la personalidad del primero, se desprende que, en relación a las pretensiones jurídicas resultantes del *status* positivo, se excluyen por regla general la transferencia y la delegación, y que, por otra parte, los deberes resultantes del *status* pasivo deben cumplirse personalmente.

Que el disponer de una calificación personal sea inadmisible no requiere de una gran demostración. En cambio, es posible disponer de las pretensiones jurídicas a prestaciones reales (*Sachleistungen*), como las que resultan del *status* activo, por ejemplo, las pretensiones de los funcionarios al salario. Precisamente en relación a ello el derecho positivo ha limitado mediante normas jurídicas prohibitivas la facultad de disponer por sí misma admisible. Aun cuando la norma jurídica lo permita, el acto por el cual el funcionario cede o da en prenda su pretensión jurídica al sueldo, no constituye un

---

[226] Cfr. también STENGEL (1890) *Wörterbuch des Verwaltungsrechts*, II, pp. 703 y ss., el cual no pone en evidencia la contraposición entre los dos tipos.

verdadero acto de disposición de un derecho público; pues la pretensión jurídica al salario por sí misma constituye, en efecto, el posible objeto de la contratación jurídica, pero el otro derecho, ya adquirido en base al primero, a una determinada prestación, el cual importa un aumento de la esfera jurídica privada.

Una excepción importante a la regla antes mencionada la constituye la admisibilidad y, en determinadas circunstancias, incluso la necesidad del mandato para el ejercicio de las pretensiones jurídicas, las cuales tienen por objeto la cautela del derecho y del interés. En tales casos, el mandato es admitido en pos del interés del individuo. Eso está, por el contrario, prescrito en el interés general y al mismo tiempo en el individual, en todos aquellos casos en los cuales es obligatoria la tarea del abogado. Este mandato impuesto por la ley no puede considerarse como una facultad de disponer en materia de derecho público. Sin embargo, en estas circunstancias, el ejercicio de una pretensión de derecho público está subordinada al principio de la condición de hacerse representar por un tercero, que ejerza una función pública determinada.

Entre las variadas categorías de pretensiones a la tutela jurídica, el campo del procedimiento civil, dada su íntima conexión con el derecho privado, es donde la facultad de disponer por parte del individuo tiene una mayor amplitud. En el *Vereinbarung* [acuerdo] sobre una competencia jurídica o un laudo arbitral, sobre la supresión, la prolongación o la abreviación de un plazo, sobre la suspensión del procedimiento, en la elección de un árbitro, se evidencian determinaciones de derecho público mediante actos jurídicos[227].

De este modo, la norma según la cual el derecho público no puede ser modificado por la voluntad de los privados, constituye

---

227   Cfr. Bülow (1881) *Dispositives Civilprozessrecht*, en *Archiv für Civ. Praxis*, 64, pp. 1-109, y especialmente la bella ilustración que el autor hace en la p. 108, de la relación entre la voluntad individual que dispone y el sistema jurídico. Véase además Kohler (1887) *Über prozessrechtliche Verträge und Kreationen* en *Beiträge zur Erlüuterung des deutschen Reechts,* pp. 276 y ss.

ciertamente la regla, si bien no exenta de amplias excepciones. Allí, como en todas partes del sistema jurídico, no es la lógica abstracta, sino la necesidad práctica, la que da forma a las particularidades de la construcción jurídica, generalmente sin relación con la simetría y la armonía.

§ 12. La tutela jurídica de los derechos públicos subjetivos

Solamente la potestad de querer jurídicamente reconocida, por el hecho que se enfrenta a un interés concreto, puede generar un derecho. El reconocimiento jurídico incluye en sí mismo la idea de tutelar lo que es reconocido, de modo que es habitual identificar lo que está jurídicamente protegido, con lo que está legalmente reconocido. Por tutela, sin embargo, muchos entienden solo lo que es concedido por la coacción de parte del Estado (absoluta y compulsiva), de modo que hoy, como en la época del derecho natural, un gran número de juristas considera la coacción como un criterio esencial del derecho. Según este criterio, sin embargo, todo el derecho público, por lo menos en cuanto este consiste en pretensiones jurídicas del súbdito hacia el Estado, y en la medida en que el ordenamiento constitucional del Estado y las relaciones entre Estados estén incluidos en él, se pondría completamente fuera del campo del derecho. La teoría que identifica la norma jurídica con la norma coactiva conduce lógicamente a la negación no solo del derecho internacional, sino también del derecho constitucional y de la mayor parte del derecho administrativo; porque, si se conciben de todos modos las garantías de los últimos dos derechos, los mismos no pueden incluirse en la categoría de la coacción. La auto coacción es un sinsentido.

Esta doctrina, ampliamente difundida, confunde la coacción con la garantía. Una garantía cualquiera, aquella que es querida teóricamente por el ordenamiento jurídico, también debe llevarse a cabo, es necesario que se cumpla, ya que una norma que establece alguna cosa simplemente ideal, y que no es capaz de dominar los hechos, no puede reclamar el nombre de norma jurídica. Pero los medios mediante los cuales el efecto perseguido por el ordenamiento jurídico consigue su realización, no consisten solamente en la fuerza. En el juego de intereses que se revitaliza, al entrecruzarse estos entre sí de mil maneras, ya existe una garantía de la realización del derecho sin la cual sería imposible la formación del derecho consuetudinario. La garantía fundada simplemente sobre la convicción moral, sobre la comunidad de intereses y sus relaciones de autoridad, no es ciertamente una garantía que tenga eficacia absoluta, pero en menor medida esto se verifica igualmente con todas las otras garantías aparentemente más seguras. Donde para la realización del derecho está dispuesta la ejecución estatal, el derecho es ciertamente tutelado en el mejor modo posible, pero también una defensa menor debe concebirse como tutela. Hay en consecuencia derechos más o menos tutelados, y no es difícil constatar un proceso mediante el cual el derecho menos tutelado vaya conquistando gradualmente una mayor tutela. Lo que sucede dentro del ámbito del derecho privado, esto es, la diferencia entre los derechos completa e incompletamente tutelados (*leges imperfectae*, obligaciones naturales), se verifica en el derecho público en un grado mucho mayor.

La defensa menos completa es aquella de la que se beneficia el derecho internacional. En la convocatoria de Congresos y Conferencias, en la constitución de tribunales arbitrales, en la caución de parte de terceros Estados, como garantía de un contrato o del respeto de cualquier estado de hecho, ya se observa un aumento de la todavía muy imperfecta protección del derecho internacional, que consistía originalmente en la fuerza y la ruptura de las relaciones entre los estados. Asimismo, el derecho público avanza continuamente en lo que respecta a las garantías jurídicas, las que, por su naturaleza, solo pueden consistir en la coacción cuando se trata de la protección del derecho del Estado respecto de sus súbditos.

De este estado de cosas se desprende que la existencia de una tutela jurídica eficaz del interés individual, a pesar de la falta de una tutela jurídica plena, es decir, del desarrollo incompleto del interés individual, no se puede concluir en general que no existe una pretensión jurídica individual. La investigación científica debe determinar en primer lugar, incluso en estos casos, si existe o no un interés individual capaz de protección jurídica, ya que es aquí donde se produce la contraposición entre los intereses formalmente reconocidos y los intereses materialmente existentes, contraposición que, especialmente de *lege ferenda*, es de la mayor importancia. Si no se hubiera constatado la existencia de intereses necesarios de protección jurídica contra la Administración pública, la protección misma no sería jamás instituida. Ni siquiera en este campo es posible trazar un límite riguroso, por lo que permanece confiado al sistema jurídico de cada Estado en particular, y a los diferentes grados de desarrollo del derecho público, establecer en cada caso si el problema debe ser resuelto exclusivamente desde el punto de vista del interés general o también del interés particular

La garantía del derecho público del Estado comprende dos elementos. En primer lugar, la garantía de las pretensiones jurídicas, que competen al Estado respecto al súbdito, luego la garantía del mantenimiento del mismo sistema jurídico estatal, en cuanto a que el Estado, como representante del interés general, posee una pretensión jurídica hacia el Estado como sujeto dispuesto y agente a que en sus actos se afirme el derecho objetivo. La garantía del primer tipo de pretensiones jurídicas está manifestada en el ejercicio legal de la misma autoridad del Estado, la cual se manifiesta mediante preceptos y prohibiciones y, en caso de rechazo, mediante la realización forzada de las pretensiones del Estado. Las pretensiones del segundo tipo están garantizadas mediante la adecuada atribución de competencias a los diversos órganos del Estado. A dichos órganos estatales se asignan funciones cuyo objetivo consiste en constatar y garantizar el cumplimiento de los límites legales en la labor del Estado.

En primera línea está el control administrativo y financiero, que en la Administración es ejercida por las autoridades superiores sobre aquellas subordinadas; además el control judicial, ejercido *ex officio* por el magistrado superior sobre las providencias y las sentencias del magistrado inferior. Por lo tanto, la competencia atribuida al juez de escoger las leyes y ordenanzas viene limitada por normas positivas. Posteriormente, el control perteneciente al Parlamento sobre toda la Administración y, por último, la facultad del Parlamento de acusar a los ministros. Este último es el remedio supremo, mediante el cual el interés general se garantiza con la observancia del ordenamiento jurídico. Solamente el derecho de acusar al Jefe de Estado, que se encuentra en las Repúblicas, importa un remedio todavía más grave para esta forma de Estado.

Otra garantía del derecho público recae en la forma en que es organizada la autoridad. En el pasado, la protección más prudente e independiente del ordenamiento jurídico se proporcionaba mediante la constitución colegiada de los oficios. La transformación de una gran parte de las autoridades administrativas en autoridades individuales, lo que era necesario por el sistema ministerial, ha hecho que esta garantía haya dejado de ser la regla desde hace mucho tiempo. La búsqueda de algo que la sustituya y sea a la vez una garantía más eficaz contra la influencia indebida del Gobierno, es uno de los fines para los que se han creado las nuevas autoridades colegiadas, en las que los funcionarios honorarios, nombrados por los respectivos distritos o enviados por las corporaciones municipales, participan en la gestión de los asuntos administrativos. En el ámbito de la jurisdicción, los tribunales letrados y las cortes superiores tienen propósitos similares.

De diferentes tipos son las garantías de la observancia del derecho público por parte de las corporaciones de derecho público y, especialmente, por parte de aquellas activas. Con respecto a estas, el Estado no puede tener los mismos medios de autoridad que las que ejercita respecto de las corporaciones privadas. En caso de desobediencia, el Estado puede disolver estas últimas; pero el mismo derecho de supresión no puede atribuirse a las corporaciones que, en virtud de la misma ley, deben ejercer funciones como órgano en interés del Estado, y respecto de las cuales, en consecuencia, no existe solamente la obligación de la corporación de frente al Estado de cumplir ciertas tareas, sino también una obligación del Estado de frente a la corporación de mantener la existencia de la misma, que el Estado no puede reemplazar. Por lo tanto, las corporaciones se constituyen de diversas maneras, en las formas prescritas por la ley, independientemente del Estado, de modo que el derecho de supervisión administrativa no es suficiente con respecto a ellas. Esto se logra principalmente mediante la garantía de poderes disciplinarios, que no pueden ser invocados en absoluto en relación con las corporaciones autónomas, y que, respecto a los órganos de las mismas, puede ser ejercido solamente de manera limitada. De ahí que el Estado, en lugar de poderes disciplinarios, se ha reservado medios de autoridad similares con el objeto de garantizar su ordenamiento jurídico ante las corporaciones en cuestión. A esta categoría de medios pertenecen el derecho de nombramiento y confirmación de los alcaldes y de aquellos que son propuestos a la administración municipal, el derecho de suspender sus deliberaciones y de disolver los representantes municipales, en fin, la Administración mediante los comisarios de los asuntos de las corporaciones de derecho público por el propio Estado.

Dado que en la repartición de competencias se reitera una importante garantía de derecho público a favor del propio Estado, también el establecimiento del conflicto positivo de competencias sirve al mismo propósito. La competencia del Jefe de Estado para disolver a las Cámaras electas tiene por objeto, ciertamente, en primer lugar, resolver el conflicto dependiente de intereses de hecho que pueden existir entre los individuos investidos de las diversas atribuciones estatales; pero también puede utilizarse como medio para resolver un conflicto de competencia entre el Gobierno y el Parlamento. El establecimiento de tribunales constitucionales que, sin embargo, hasta ahora sólo existen en una minoría de Estados, tiene como contraseña específica el carácter de tribunales de conflicto[228]. Lo mismo ocurre con los tribunales administrativos, ya que no se pronuncian sobre el derecho subjetivo, sino exclusivamente sobre el derecho objetivo[229].

La tutela de las pretensiones jurídicas individuales contra el Estado se garantiza en primer lugar actuando de acuerdo con el deber

---

[228] Por ejemplo, en Sajonia, Estatuto Constitucional, §153.
[229] Ley prusiana sobre el ordenamiento de la administración municipal de 26 de junio de 1880, § 60. Véase G. MEYER (1883) *Verwaltungsrechts*, I, pp. 53 y ss.

del complejo de órganos del Estado. En otras palabras, todas las personas naturales investidas de la condición de órgano están obligadas por el Estado a satisfacer las pretensiones individuales jurídicamente reconocidas. Si el ordenamiento del Estado, al igual que el orden natural, se aplicara en sus órganos con absoluta necesidad, cualquier otro medio de tutelar las pretensiones jurídicas individuales sería superfluo. Incluso cuando, sin embargo, en vista del peligro que la voluntad física, la cual se transforma en voluntad del órgano, no resulte conforme al derecho, otras garantías son establecidas a favor del individuo, la actuación de los órganos del Estado de conformidad con el deber sigue siendo, no obstante, la más válida garantía que, en general, pueda ser atribuida a la pretensión jurídica individual del derecho público. Para el propio Estado, aquello que constituye la garantía fundamental de su ordenamiento jurídico, y por ello todo un complejo de recursos coercitivos, es precisamente la operación conforme al deber de sus órganos.

Pero si el Estado desea garantizar la observancia del ordenamiento jurídico, debe reconocer siempre, dentro de un cierto límite, la voluntad individual como condición para el ejercicio de su actividad de tutela del derecho. Una defensa del derecho privado, que depende solo de los presupuestos de las leyes, perturbaría desde la base todo el orden social existente y haría de los hombres unos meros pupilos sujetos a la tutela del Estado. En efecto, en el derecho privado, la voluntad privada está protegida, por regla general, sólo en la medida en que requiere esa protección para alcanzar sus objetivos. Esto lleva necesariamente a la conclusión de que el interés privado no está protegido directamente por razones de Estado, por lo menos en la mayoría de los casos, sólo a petición de las mismas personas interesadas. Así surge el reconocimiento de una capacidad de derecho público para actuar, la cual, en forma de pretensión a la tutela jurídica, constituye la más importante función del *status* activo.

En esta tutela jurídica se contiene ya no sólo la pretensión jurídica de provocar en su propio interés una actividad estatal, en base a una condición de hecho jurídicamente constatada, sino también la pretensión de impugnar medidas y sentencias judiciales. Por medio de los diversos recursos legales se asegura la posibilidad legal de provocar un reexamen de los actos de la voluntad estatal, tanto en interés del Estado, que exige una correcta e imparcial administración de la justicia, como en interés del individuo, cuya condición jurídica depende de ello. Para satisfacer la pretensión a la tutela jurídica, los jueces de los tribunales superiores juzgan no sólo sobre los derechos y condiciones jurídicas privadas, sino también necesariamente sobre la legalidad de los actos de los tribunales inferiores. La pretensión a la tutela jurídica, como consecuencia de ello, se realiza por el hecho de que la competencia está repartida en un sistema de tribunales, de manera tal de sujetar los actos judiciales, es decir, los actos del Estado, a un examen judicial, equivale a decir estatal.

El derecho (*Anspruch*) de provocar un examen judicial superior de los actos de autoridad se encuentra de manera distinta y más acentuada en el procedimiento penal ordinario. En los procedimientos civiles está la cuestión del derecho de la persona, y con la sentencia de condena se dirige a los individuos una orden del Estado, pero solo para el propósito de favorecer a otro individuo, mientras que en el proceso penal el juez decide sobre el derecho del Estado a que sea prestada o soportada una pena. En esta última hipótesis, el juez está estrictamente obligado a decidir sobre las deducciones del acusado, en vista de un doble orden de intereses, aquellos del Estado dirigidos a la búsqueda de la verdad, y aquel del individuo a liberase de la pena. En la concesión de la apelación y del juicio de revisión (casación) ya existe una pretensión jurídica individual a una decisión judicial sobre un derecho atribuido al Estado. La separación de competencias en esta esfera ya es tan grande que una autoridad, en el interés general, y al mismo tiempo en el interés individual, puede llegar a anular una pretensión jurídica ya reconocida al Estado. En el ámbito de la jurisdicción ordinaria, la pretensión a la tutela jurídica se realiza y se garantiza mediante la simple separación de la competencia entre las distintas jurisdicciones judiciales, una subordinada a la otra. La garantía se encuentra aquí tanto en la forma de los procedimientos como en la repartición de las funciones judiciales entre una pluralidad de jueces, los que están unidos entre sí, ya que todos forman un complejo sistema de tribunales, pero juzgan independientemente el uno del otro.

La actividad del Estado es una actividad de interés general. Es Administración en cuanto no tiene por contenido la creación o la tutela del derecho. La Administración entra necesariamente en un gran número de relaciones con el individuo y con sus intereses. Puede tener atribuciones que la hacen capaz y la obligan a actuar sólo en el interés general, es decir, sin tener en cuenta el interés individual, considerado como tal, en contraposición con el interés general. Sin embargo, no puede llevar a cabo sus propósitos sin tocar la posición jurídica del individuo, es decir, sin elevar la condición jurídica del individuo. A este respecto, es posible que el individuo se comporte de manera completamente pasiva, de modo que la ampliación de la esfera jurídica individual se produzca como consecuencia de un hecho estrictamente unilateral, es decir, que tenga lugar a petición de la persona que se beneficia de ella, pero no en cumplimiento de una pretensión jurídica, sino en consideración a un interés individual que se promueva en consideración al interés general. También puede ocurrir que la Administración, al actuar en el interés general, cree y promueva intereses individuales. Estos son los efectos reflejos de la Administración, intencionales o no intencionales. Cuando se establece una Universidad, se crean nuevos intereses de los habitantes de la respectiva ciudad; cuando se establece el trazado de una ferrovía, los intereses de las localidades por las que pasará se ven considerablemente favorecidos, aunque no exista una relación original de conexión entre estas ventajas y la construcción del ferrocarril. En última instancia, la Administración también puede tocar las pretensiones jurídicas de los individuos. El principio supremo a este respecto es la máxima de que la Administración está confinada dentro de límites legales, que ella no puede ser exigida por el individuo, pero tampoco puede ordenar al individuo, salvo en la medida en que haya sido expresamente autorizada para ello por las disposiciones legales.

A la inversa, el individuo tiene pretensiones jurídicas positivas contra la Administración. Tales se encuentran especialmente cuando, en el interés general, es sancionada una limitación abstracta de la capacidad de actuación del individuo, limitación que, en determinadas circunstancias, llega a su fin en virtud de un acto administrativo que debe ser reclamado por el individuo, o cuando el Estado obtiene la garantía de que la utilización de sus instituciones servirá para satisfacer los fines para ello determinados, y para ello requiere del individuo la prueba de una determinada calificación, o finalmente cuando la Administración, en interés del control público, da fe de una situación jurídicamente relevante del individuo.

Ahora bien, en todos los casos en que la Administración se contrapone a un derecho del individuo, el derecho en sí mismo debe ser protegido en primer lugar por las acciones de las autoridades de acuerdo con el deber que incumbe a ellas mismas. Sobre esta base, se estableció la tutela de los intereses del individuo en la mayoría de los Estados hasta hace muy poco. Con la repartición de la competencia según los grados de jurisdicción, con el ordenamiento colegial, con el derecho de supervisión de las autoridades superiores sobre las inferiores, el interés individual, en la medida en que se tomaba en consideración, se tutelaba de la misma manera que el del Estado. Sin embargo, esa tutela no constituía una protección suficientemente desarrollada. La Administración, teniendo como objetivo en primer lugar el interés general, es psicológicamente verosímil que, en caso de duda, el interés del individuo no se encuentre con todo el respeto que el ordenamiento jurídico exige o concede. Además de esto, en un ordenamiento como el indicado anteriormente, al individuo le corresponde en abstracto una pretensión jurídica contra la Administración, pero sin capacidad efectiva, teniendo el carácter de medio jurídico para hacer valer la misma pretensión. La reclamación administrativa, no obstante, provocaba un nuevo examen del asunto, tanto por la misma autoridad como, por regla general, por una autoridad superior; pero a menudo representó más el empuje para lograr que el control estatal actuara dentro de los límites de la Administración, que la causa decisiva de una revisión del acto administrativo respectivo, en la forma y según los principios del procedimiento contencioso.

Sin embargo, ni siquiera en un ordenamiento como el que nos ocupa es posible distinguir entre una pretensión jurídica y la mera aspiración de un individuo a tener un interés simplemente de hecho. La mayor eficacia de la tutela jurídica no crea el derecho; el derecho público del individuo no ha sido creado por la institución de la jurisdicción de los tribunales contenciosos administrativos y de la forma del derecho individual adoptada en los recursos administrativos. Por el contrario, la tutela otorgada no suele tener por objeto designar el cumplimiento de una pretensión jurídica, sino que constituye simplemente el efecto reflejo del derecho objetivo, de la misma manera que es un puro reflejo del derecho la tutela ofrecida al individuo por el derecho penal.

Es bastante diferente la situación creada por la introducción de la jurisdicción de los tribunales administrativos. Mediante la separación de competencias, la pretensión jurídica del individuo resulta más o menos tutelada en los distintos Estados con formas diferentes (sobre lo que no viene al caso extenderse aquí) en tal manera que, como en el procedimiento civil y penal el individuo puede someter a reexamen el procedimiento del juez, así en el procedimiento administrativo judicial el procedimiento administrativo y, en base a tal reexamen, si el recurso parece estar bien fundado, sigue, según las disposiciones positivas, una decisión de anulación o de reforma. Además, cuando la declaración de incompetencia del juez ordinario está fundada en derecho, el conflicto negativo de competencia, como forma especial de *querela denegatae iustitiae*, tutela la pretensión jurídica del individuo a una decisión en primer lugar de parte de la Administración, y en seguida de parte de los tribunales administrativos.

La jurisdicción de los tribunales administrativos garantiza la totalidad de la esfera jurídica de los individuos. Sin embargo, también garantiza el interés del Estado a la aplicación de la ley por parte de los órganos del Estado y, en este sentido, se presenta como el sustento clave para la construcción de aquellas instituciones estatales mediante las cuales el Estado asegura la realización de su ordenamiento jurídico[230].

El hecho de que la jurisdicción de los tribunales administrativos no parece aplicarse del todo, y que, incluso en los Estados dotados de tribunales administrativos, no todas las cuestiones jurídicas (*Rechtssachen*) están sujetas a la decisión de los tribunales administrativos, representa, además, la prueba más elocuente contra la opinión según la cual sólo la concesión de un derecho formal de reclamación (*Klagerecht*) crea el derecho por sí mismo. Para constatar en qué medida el derecho a la tutela mediante los tribunales administrativos coincida con efectivas pretensiones jurídicas (*Ansprüche*) individuales, tal como lo reconoce el legislador, y en conformidad con ello indicar al legislador mismo cuáles son las exigencias que se siguen, sería el resultado de una investigación muy importante de *lege ferenda*.

Pretensiones incompletamente tuteladas suelen ser aquellas cuyo objeto consiste en ser reconocido a funcionar como un órgano. En los Estados, por ejemplo, que sólo permiten a la Cámara el derecho a examinar la legitimidad de las elecciones políticas —tanto en lo que respecta a los votantes como a los elegidos— y, a lo sumo, permiten una reclamación, viene a ser privado de la más segura y eficaz garantía de actuación de un derecho (*Anspruch*) público, que

---

[230] Véase la opinión de GNEIST (1879) *Rechtstaat*, 2ª ed., p. 270, aceptada por BORNHAK (1880) *Das preussische Staatsrecht,* II, pp. 413 y ss., el cual, contrariamente a la doctrina dominante, sostiene que los tribunales administrativos juzgan solamente respecto del derecho objetivo, es incapaz de explicar las facultades estrictamente individuales atribuidas a las partes en el proceso contencioso administrativo, y especialmente el hecho de que todo el procedimiento dependa de una instancia del particular, que se considera lesionado. La opinión en cuestión se resuelve en última instancia en la negación del derecho público subjetivo o, al menos, en el desconocimiento de su contenido esencial, como lo demuestran las consideraciones de GNEIST, p. 271, sobre los derechos de las partes en el procedimiento penal. Cfr. en contra las correctas observaciones de O. MAYER (1895) I, p. 181 y ss.

como antes hemos destacado, es de indudable existencia y de la mayor importancia; y con eso no solamente el interés individual sino también aquel del Estado viene a ser insuficientemente tutelado. Reconocer sin embargo que en la especie existe un derecho (*Ansprüch*) individual, es la condición para que pueda surgir el pretexto, el cual se presenta como consecuencia de la lógica jurídica de atribuir al derecho mismo una mayor garantía. Sin embargo, garantizar en la medida de lo posible, por intensidad y por extensión, las pretensiones jurídicas individuales, es uno de los objetivos más elevados que el ordenamiento jurídico se proponga. Mediante una garantía, el ordenamiento jurídico tutela al mismo tiempo tanto su propia estabilidad como la aplicación de lo que sólo puede lograrse mediante el mismo ordenamiento jurídico y dentro de sus propios límites.

Por regla general, se garantiza en mucha mayor medida el *status* activo del individuo que el de las corporaciones de derecho público. Los derechos de estas corporaciones a funcionar como órganos, están ampliamente tutelados de manera similar a aquellos que tutelan las pretensiones jurídicas individuales para ser parte de la Administración. El carácter de corporación de derecho público deriva así del otorgamiento por ley a las corporaciones en cuestión de un *status* activo, el cual, es cierto, comprende también elementos de sujeción. Este *status* activo exige la garantía de la relación de organicidad que se sigue contra los intentos del Estado de restringir y absorber los derechos por sí mismo mediante actos administrativos. Sin embargo, por otra parte, también para el individuo surge la pretensión de ser tutelado jurídicamente, en su calidad de miembro de dichas corporaciones, contra la voluntad corporativa que no se ajusta a las normas que rigen la corporación, en cuanto la voluntad misma toca la esfera jurídica del individuo. Más arriba ya se ha revelado que el *status* activo indirecto, que incluye la pertenencia a la corporación en cuestión, ha encontrado una tutela jurídica más eficaz que la que, por regla general, se atribuye al *status* activo directo.

El *status* activo de los Estados miembros que pertenecen a un Estado federal nos ofrece pruebas evidentes que demuestran que es apenas admisible deducir la inexistencia de pretensiones jurídicas individuales por el hecho de que no exista un procedimiento judicial para hacerlas valer.

En lo que respecta al *status* negativo de los Estados miembros, no hay ninguna prohibición que se piense como una garantía jurídica de la misma, y así ocurre, de hecho, en los Estados Unidos de América, a través de la competencia otorgada a la Corte Suprema para examinar las leyes del Congreso en lo que respecta a su constitucionalidad[231]. La ausencia de disposiciones similares en el Imperio alemán y en Suiza no permite, sin embargo, concluir la inexistencia del derecho, sino que indica la necesidad de que las constituciones de estos Estados sean completadas en el sentido tratado.

Los derechos de los Estados miembros a funcionar como órganos del Estado federal no pueden ser contrarios a ninguna de las garantías que se atribuyen a los derechos individuales, y eso porque en ningún otro campo es menos concebible una garantía eficaz, que en el campo de la organización del Estado. El supremo ordenamiento del Estado no puede ser traducido en actos a través de medios coactivos, ya que el mismo constituye el presupuesto de cualquier actividad del Estado. Si, por ejemplo, las Cámaras francesas se negaran a reunirse en una sola asamblea para elegir al Presidente de la República, ¿qué medios jurídicos se pueden concebir para garantizar la observancia de este precepto de la Constitución? Todos los actos de organización fundamental, como el indicado anteriormente, se llevan a cabo sólo por la voluntad normal [no coercitiva] de los elementos organizatorios. Cuando falta esta voluntad, el sistema jurídico deja de existir o comienza el golpe de Estado o la revolución. Contra el uno y contra la otra, la garantía jurídica no tiene ningún valor. Por ello, incluso las disposiciones orgánicas fundamentales del derecho federal son confiadas únicamente a la voluntad jurídica del complejo de todos los organismos federales;

---

[231]   Cfr. STORY (1873) *Commentaries on the Const. of the United States* (ed. de Cooley) §§ 1575 y ss.

pero ello no quita que las propias disposiciones den lugar a pretensiones jurídicas individuales a favor de los Estados miembros, lo que
nadie pone en duda.

Bibliografía*

AHRENS, Heinrich (1870-1871). *Das Naturrecht oder die Rechtsphilosophie nach dem gegenwärtigen Zustand dieser Wissenschaft in Deutschland* 2 T. (6 ed, T. 1 en 1870 y T. 2 en 1871, Viena: Gerold).

AFFOLTER, Friedrich Xavier (1902). *Das intertemporale Recht* (Leipzig: Veit & Comp.).

AFFOLTER, Albert (1903). "Staat und Recht. Versuche über allgemeines Staatsrecht". HIRTH, Georg (coord.) *Annalen des Deutschen Reichs für Gesetzgebung, Verwaltung und Volkswirtschaft*, XXXVI, 1-3 y 11, 51-70 y 113-128 y 161-193 y 811-848.

ALBRECHT, (1837). "Rezension über Maurenbrechers Grundsätze des heutigen deutschen Staatsrechts". *Göttingische gelehrte Anzeigen*.

ANSCHÜTZ, Gerhard (1897). "Der Ersatzanspruch aus Vermögensbeschädigungen durch rechtmäßige Handhabung der Staatsgewalt". *Verwaltungsarchiv*, 5, 5 y ss., 28 y ss, 67 y ss. [También en LABAND, Paul *et al* (coords.) *Deutsche Juristen Zeitung*, 4, 53-54.]

ANSCHÜTZ, Gerhard (1904). "Deutsches Staatsrecht". KOHLER, Josef (coord.). *Encyklopädie der Rechtswissenschaft* (6ª ed., Leipzig: Duncker und Humblot).

ARISTÓTELES. *De anima* (edición de Friedrich Adolf TRENDELENBURG en 1833, Jena: Sumtibus Walsii).

ARISTÓTELES, *Ética a Nicómaco*.

AUCOC, Léon (1869). *Conférences sur l'administration et le droit administratif, faites à l'École impériale des Ponts et Chaussées* (3ª ed., Paris, Éditions Dunod).

BERNATZIK, Edmund (1886). *Rechtsprechung und materielle Rechtskraft: verwaltungsrechtliche Studien* (Viena: Manz).

BERNATZIK, Edmund (1891). "Zur Lehre von dem freien Ermessen der Verwaltungsbehörden als Grund der Unzuständigkeit der Verwaltungsgerichte. Von Dr. Friedrich Tezner". GRÜNHUT, C. S. (coord.). *Zeitschrift für Privat- und öffentliche Recht der Gegenwart*, XVIII, 148-163.

BERNATZIK, Edmund (1890). "Kritische Studien über den Begriff der juristischen Person und über die juristische Persönlichkeit der Behörden insbesondere". *Archiv des öffentlichen Rechts,* V, 2, 169-318.

---

*   Esta bibliografía ha sido reconstruida a partir de las citas del original de Jellinek.

BARTHÉLEMY, Joseph (1899). *Essai d'une théorie des droit subjectifs des administrés dans le droit administratif français* (Paris, Larose)

BATBIE, Anselme (1862). *Traite theorique et pratique de droit public et administratif* T. II.

BEAUMANOIR, Philippe de (1842). *Les coutumes du Beauvoisis* (ed. a cargo de Auguste-Arthur Beugnot, Paris: J. Renouard).

BEKKER, Ernst Immanuel (1886). *System des heutige Pandektenrechtes* (Weimar: Hermann Böhlau).

BIERLING, Ernst Rudolf (1877). *Zur kritik der juristischen Grundbegriffe* (Gotha: Friedrich Andreas Berthes).

BINDING, Karl (1885). *Handbuch des Strafrechts* (Leipzig: Duncker und Humblot)

BLACKSTONE, William (1765-1770). *Commentaries on the Laws of England* 4 T. (Oxford: Clarendon Press).

BLOCK, Maurice (1862). *Dictionnarie de l'administration française.*

BLUMER, Johann Jakob y MOREL, Joseph (1877-1887). *Handbuch des schweizerischen Bundesstaatsrechts* (Schaffhausen: C. Baader).

BONITZ, Hermann (1870). *Index Aristotelicus* (Berlín: G. Reimmer).

BORNHAK, Conrad (1880). *Das preussische Staatsrecht* (Freiburgo: J. C. B. Mohr).

BORNHAK, Conrad (1896). *Allgemeine Staatslehre* (Berlín: Carl Heymann).

BORNHAK, Conrad (1901). "Das petitionsrecht". *Archiv des öffentlichen Rechts,* 16, 3, 403-424.

BRAUN, E. (1901). "Die Zurückziehung von Titeln Orden und Ehrenzeiche". *Archiv des öffentlichen Rechts,* 16, 4, 528-574.

BRINZ, Alois (1873-1895[1857]). *Lehrbuch der Pandekten* (2ª ed., Erlangen: Andreas Deichert).

BÜLOW, Oskar (1868). *Die Lehre von den Prozesseinreden und die Prozessvoraussetzungen* (Giessen: Emil Roth).

BÜLOW, Oskar (1881). "Dispositives Civilprozeßrecht und die verbindliche Kraft der Rechtsordnung". *Archiv für die civilistische Praxis,* 64, 1, 1-109.

BÜLOW, Oskar (1900). "Die neue Prozessrechtswissenschaft und das System des Civilprozessrechts: Betrachtungen aus Anlass von Richard Schmidts Lehrbuch des deutschen Civilprozessrechts". *Zeitschrift für deutschen Civilprozess,* XXVII, 201-260.

BÜLOW, Oskar (1900). "Klage und Urteil". *Zeitschrift für deutschen Civilprozess,* XXXI, 191-270.

BURCKHARD, Max Eugen (1891). "Zur Lehre von den juristischen Personen". GRÜNHUT, C. S. (coord.). *Zeitschrift für Privat- und öffentliche Recht der Gegenwart*, XVIII, 1-41.

CABANTOUNS, Louis (1863[1854]). *Répétitions écrites sur le droit administratif* (3ª ed.).

CICALA, Francesco Bernardino (1909). *Rapporto giuridico, diritto subiettivo e pretesa. Profilo di una nuova costruzione teoretica* (Turín: Bocca).

CHRISTIANSEN, C. (1856). *Über erworbene Rechte* (Kiel: Carl Schöder & Comp.).

DANTSCHER VON KOLLERSBERG, Theodor (1888-1894). *Die politischen Rechte der Untertanen* (Viena).

DEGENKOLB, Heinrich (1877). *Einlassungszwang und Urtheilsnorm* (Leipzig: Breitkopf & Härtel).

DERNBURG, Heinrich (1894[1884]). *Lehrbuch der Pandekten* (4ª ed., Berlín: H. W. Müller)

ENDEMANN, Friedrich (1905[1896]). *Lehrbuch des bürgerlichen Rechts* 3 T. (9ª ed., Berlín: Carl Heymann)

ESMEIN, Adhémar (1903[1895]). *Eléments de droit constitutionnel français et comparé* (3 ed.)

EUCKEN, Rudolf (1904). Geistige Strömungen der Gegenwart (Leipzig: Veit & Comp.).

FISCHEL, Eduard (1864[1862]). *Die Verfassung Englands* (2ª ed. mejorada, Berlín: Ferdinand Schneider).

FISCHER, Otto (1887). "Über Wachs Handbuch des Civilprozesses". *Zeitschrift für deutschen Civilprozess*, X, 406-436.

FITTING, Hermann (1865). "Die Spezifikation". *Archiv für die civilistische Praxis*, 48, 1-25, 149-194, 311-365.

FREUND, Ernst (1904). *The Police Power: Public Policy and Constitutional Rights* (Chicago: Callaghan & Co.)

GERBER, Carl Friedrich (1852). *Über öffentliche Rechte* (Tübingen: Laupp).

GERBER, Carl Friedrich (1865). *Grundzüge eines Systems des deutschen Staatsrechts* (1ª ed., Leipzig: Bernhard Tauchnitz; 2ª ed. aumentada, 1869; 3ª ed. aumentada, 1880).

GIERKE, Otto (1868). *Das deutsche genossenschaftsrecht* (Berlín: Weidmann).

GIERKE, Otto (1887). *Die Genossenschaftsheorie und die deutsche Rechtssprechung* (Berlin: Weidmann).

GIERKE, Otto (1895). *Deutsches Privatrecht* 3 T. (Leipzig: Duncker und Humblot).

GIESE, Friedrich (1905). *Die Grundrechte* (Freiburgo: Wagner). [También publicado como "Die Grundrechte". ZORN, Philipp y STIER-SOMLO, Fritz (coord.) (1905). *Abhandlungen aus dem Staats- Verwaltungs- und Völkerrecht* T. I].

GLÄSSING, Werner (1896). "Das Recht der Rückforderung im Gebiete des deutschen des deutsachen öffentlichen Rechtes". HIRTH, Georg (coord.) *Annalen des Deutschen Reichs für Gesetzgebung, Verwaltung und Volkswirtschaft*, 29, 46-128.

GLÄSSING, Werner (1901). "Die öffentlich-rechtliche Natur des neuen deutschen Vormundschaftrechtes". *Archiv des öffentlichen Rechts*, XVI, 2, 161-191 y 425-466.

GLUTH, Oscar (1888). "Genehmigung und subjectives Recht". *Archiv des öffentlichen Rechts*, III, 4, 569-632.

GNEIST, Rudolf von (1879[1872]). *Der Rechtssaat* (2ª ed. revisada y ampliada, titulada *Der Rechtssaat und die Verwaltungsgerichte*, Berlín: Julius Springer).

GÖPPERT, Heinrich (1884). "Gesetze haben keine rüdwirtende Kraft". *Jahrbücher für die Dogmatik des heutigen römischen und deutschen Privatrechts*, XXII, 1-206 (Jena: Gustav Fischer)

GRÜNHUT, Carl Samuel (1873). *Das Enteignungsrecht* (Viena: Alfred Hölder).

HÄNEL, Albert (1892). *Deutsches Staatsrecht* (Leipzig: Duncker und Humblot).

HATSCHEK, Julius (1899). *Die Rechtliche Stellung Des Fiskus Im Burgerlichen Gesetzbuche* [Jellinek indica al citar esta obra que se trata de una reimpresión ("Sonderdruck aus dem Verwaltungsarchiv"). No ha sido posible pesquisar su información editorial].

HAURIOU, Maurice (1903[1893]) *Précis de droit administratif et de droit public général: à l'usage des étudiants en licence et en doctorat ès-sciences politiques* (5ª ed.).

HEGEL, Georg Wilhelm Friedrich (1837). *Vorlesungen über die philosophie der Geschichte* (edición póstuma, Berlín: Duncker und Humblot)

HEIMBERGER, Joseph (1894). "System der subjectiven öffentlichen Rechte. Von Prof. Dr. Georg Jellinek". *Kritische Vierteljahresschrift für Gesetzgebung und Rechtswissenschaft*, XVII (XXXVI), 2, 234-248.

HEIMBERGER, Joseph (1901). *Das landesherrliche Abolitionsrecht* (Leipzig: Deichert).

HELLMANN (1892). "Klagerecht, Feststellungsklage und Anspruch". *Jahrbücher für die Dogmatik des heutigen römischen und deutschen Privatrechts*, XXXI, 79-136.

HELLWIG, Konrad (1905). *Klagrecht und Klagmöglichkeit* (Leipzig).

HINCHIUS, Paul (1869-1897). *Das Kirchenrecht der Katholiken und Protestanten in Deutschland* 6 T. (T. 1 en 1869, T. II en 1878, T. III en 1883, T. IV en 1888,

T. V Parte 1 en 1893 y Parte 2 en 1895, T. VI en 1897; Berlín: I. Guttenberg)

HOBBES, Thomas (1642). *De cive.*

HOLLINGER, Jakob (1904). *Das Kriterium des Gegensatzes zwischen dem öffentlichen Recht und dem Privatrecht* (Tesis doctoral de la Universidad de Zúrich).

HYE VON GLUNECK, Anton (1874). *Sammlung der nach gepflogener öffentlicher Verhandlung geschöpften Erkenntnisse des k.k. österreich. Reichsgerichts* (Viena: Ranz).

JELLINEK, Georg (1880). *Die rechtliche Natur der Staatenverträge* (Viena: Alfred Hölder).

JELLINEK, Georg (1887). *Gesetz und Verordnung: Staatsrechtliche Untersuchungen auf rechtsgeschichtlicher und rechtsvergleichender Grundlage* (Freiburgo: J. C. B. Mohr).

JELLINEK, Georg (1904[1895]). *Die Erklärung der Menschen- und Bürgerrechte* (2ª ed., Leipzig: Duncker und Humblot) [Traducido al francés como JELLINEK, Georg (1902). *La déclaration des droits de l'homme et du citoyen* (traducción de Georges Fardis; París: Albert Fontemoing, Éditeur)].

JELLINEK, Georg (1905[1900]). *Allgemeine Staatlehre* (1ª ed., 1900, Berlín: O. Häring; 2ª ed., Berlín: O. Häring).

JHERING, Rufolf von (1871). "Die Reflexwirkungen oder die Rückwirkung rechtlicher Thatsachen auf dritte Personen". *Jahrbücher für die Dogmatik des heutigen römischen und deutschen Privatrechts*, X, 245-354.

JHERING, Rudolf von (1875[1865]). *Geist des römischen Rechts auf den verschiedenen Stufen seiner Entwicklung* T. III (3ª ed., Leipzig: Breitkopf und Härtel).

JHERING, Rudolf von (1877). *Der Zweck im Recht* (Leipzig: Breitkopf und Härtel).

KANT, Immanuel (1790). *Kritik der Urteilskraft* (Berlín: Lagarde und Friedrich).

KOHLER, Josef (1887). "Über prozeßrechtliche Verträge und Kreationen". *Beiträge zur Erläuterung des deutschen Rechts*, XXXI (4.F. 1), 276-324 y 481-534.

KOHLER, Josef (1888). *Der Prozess als Rechtsverhältnis: Prolegomena zu einem System des Civilprozesses* (Mannheim: J. Bensheimer).

KOHLER, Josef (1904). *Lehrbuch des bürgerlichen Rechts* (Berlín: C. Haymann).

LABAND, Paul (1901[1876-1882]). *Das Staatsrecht des Deutschen Reichs* (1ª ed., Tübingen: Laupp; 4ª ed., Tübingen y Leipzig: J. C. B. Mohr).

LANGE, Friedrich Albert (1865). *Geschichte des Materialismus und Kritik seiner Bedeutung in der Gegenwart* (2 ed., T. I en 1873 y T. II en 1875; Iserlohn: J. Baedeker).

LANGHARD, Johann (1891). *Das Recht der politischen Fremdenausweisung mit beson-derer Berücksichtigung der Schweiz* (Leipzig: Duncker und Humblot)

LAYER, Max (1902). *Prinzipien des Enteignungsrechtes* (Leipzig: Duncker und Humblot) [Esta obra es parte de la serie de obras jurídicas coordinada por JELLINEK, Georg y MEYER, Georg (eds.) *Staats- und völkerrechtliche Abhand-lungen* III].

LEBON, André (1886). "Staatsrecht der französischen Republik", en: MAR-QUARDSEN, Heinrich (ed.) (1886) *Handbuch des öffentlichen Rechts der Gegen-wart in Monographien* Tomo IV: *Das Staatsrecht der außerdeutschen Staaten*

LEUTHOLD, Carl Edwin (1884). "Öffentliches Recht und öffentliche Klage im Verwaltungsrechte". HIRTH, Georg (coord.) *Annalen des Deutschen Reiches für Gesetzgebung, Verwaltung und Volkswirtschaft*, 17, 321-444.

LINGG, Emil (1890). *Empirische Untersuchungen zur allgemeinen Staatslehre* (Viena: Alfred Hölder).

LONGO, Antonio (1891). "La teoria dei diritti pubblici subbiettivi e il diritto amministrativo italiano". *Archivio di diritto pubblico,* I, 161-176, 241-274, 321-352.

LÖNING, Edgar (1884). *Lehrbuch des deutschen Verwaltungsrecht* (Leipzig: Breitko-pf & Härtel).

LÖNING, Edgar (1901[1894]). "Staat". CONRAD et al (1894). *Handwoerterbuch der Staatswissenschaften*, VI (2ª ed., Jena: Gustav Fischer).

LUKAS, Josef (1901). *Die rechtliche Stellung des Parlamentes in der Gesetzgebung Österreichs und der constitutionellen Monarchien des Deutschen Reiches* (Graz: Leuschner und Lubensky).

MAJORANA, Dante (1904). *La nozione del diritto pubblico subbiettivo* (Roma: Loes-cher).

MARTENS, Georg Friedrich von (s/d). *Voelkerrech.*

MARTITZ, Ferdinand von (1875). "Das Recht der Staatsangehörigkeit im inter-nationalen Verkehr". HIRTH, Georg (coord.) *Annalen des Deutschen Reiches für Gesetzgebung, Verwaltung und Volkswirtschaft*, 8, 794-836.

MARTITZ, Ferdinand von (1888-1897). *Internationale Rechtshilfe in strafsachen* 2 T. (Leipzig, H. Haessel)

MAURENBRECHER, Romeo (1837). *Grundsätze des heutigen deutschen Staatsrechts* (Fráncfort del Meno: Varrentrapp).

MAURENBRECHER, Romeo (1839). *Die deutschen regierenden Fürsten und die Souverä-nität* (Fráncfort del Meno: Franz Barrentrapp).

MAY, THOMAS ERSKINE (1893[1844]). *A Treatise upon the Law, Privileges, Proceedings and Usage of Parliament* (10ª ed. a cargo de Sir Reginald F. D. Palgrave y Alfred Bonham-Carter, Londres: Charles Knight & Co).

MAYER, Otto (1886). *Théorie des französischen Verwaltungsrechts* (Strasburg: Karl J. Trübner).

MAYER, Otto (1895). *Deutsches Verwaltungsrecht* (Leipzig: Duncker und Humblot). [Traducido como *Le droit administratif allemand* T. I (1903, París: V. Giard & E. Brière)].

MAYER, Otto (1901). "Eisenbahn und Wegerecht". *Archiv für öffentliches Recht*, XVI, 1, 38-87.

MAYER, Friedrich (1862). *Grundsätze des Verwaltungs-Rechts* (Tübingen: Laupp).

MAYER, Ernst (1888). "Gesetz und Verordnung. Staatsrechtliche Untersuchungen auf rechtsgeschichtlicher und rechtsvergleichender Grundlage. Von Prof. Dr. Georg Jellinek". *Kritische Vierteljahresschrift für Gesetzgebung und Rechtswissenschaft*, XI, 4, 575-579.

MENGER, Anton (1890). *Das bürgerliche Recht und die besitzlosen Volksklassen* (Tübingen: Laupp).

MERKEL, Adolf (1889). "Elemente der allgemeinen Rechtslehre". HOLTZENDORFF, Franz von (coord.). *Encyklopädie der Rechtswissenschaft* (5ª ed., Leipzig: Duncker und Humblot).

MERKEL, Adolf (1889). *Lehrbuch des deutschen Strafrechts* (Stuttgart: F. Enke)

MERKEL, Adolf (1895). *Juristische Encyklopädie* (Berlín: J. Guttentag).

MEUCCI, Lorenzo (1901[1891]). "Il principio organico del contencioso administrativo in ordine alle leggi recenti". *Giustizia amministrativa*, pt. IV, pp. 1-34.

MEUCCI, Lorenzo (1892[1879]). *Istituzioni di diritto amministrativo* (3ª ed. mejorada, Torino: Fratelli Bocca)

MEURER, Christian (1885). *Der Begriff und Eigentümer der heiligen Sachen: zugleich eine Revision der Lehre von den juristischen Personen und dem Eigentümer des Kirchenguts* (Düsseldorf: F. Bagel).

MEYER, Georg (1893[1883]). *Lehrbuch des deutschen Verwaltungsrechts* 2 T. (1ª ed., T. I en 1883 y T. II en 1885; 2ª ed., T. I en 1893 y T. II en 1894; Leipzig: Duncker und Humblot).

MEYER, Georg (1895). *Der Staat und die erworbenen Rechte* (Leipzig: Duncker und Humblot). [Esta obra es parte de la serie de obras jurídicas coordinada por JELLINEK, Georg y MEYER, Georg (eds.) *Staats- und völkerrechtliche Abhandlungen* I, 2].

MEYER, Georg (1901). *Das parlamentarische Wahlrecht* (edición a cargo de Georg Jellinek, Berlín: O Häring).

MEYER, Georg (1905[1878]). *Lehrbuch des deutschen Staatsrechts* (6ª ed., póstuma, a cargo de Gerhard Anschütz, Leipzig: Duncker und Humblot).

MORELLI, Alberto (1889). *Il re* (Bolonia: N. Zanichelli).

NEUMANN, (1886). *Hirths Annualen.*

OETKER, Friedrich (1891). *Konkursrechtliche Grundbegriffe* (Stuttgart: Enke).

ORLANDO, Vittorio Emanuelle (1897). *Primo trattato completo di diritto amministrativo italiano* Tomo I

PERNICE, Lothar Anton Alfred (1873-1892). *Marcus Antistius Labeo. Das römische Privatrecht im 1. Jahrhundert der Kaiserzeit* (Halle: Buchhandlung des Waisenhauses).

PLATÓN, *Teeteto.*

PLÖZS, Alexander (1880). *Beiträge zur Theorie der Klagerechts* (Leipzig: Duncker und Humblot).

PRAZÁK, Georg (1889). "Die principielle Abgrenzung der Competenz der Gerichte und Verwaltungsbehörden". *Archiv des öffentlichen Rechts*, IV, 2, 241-313.

PREUSS, Geistige stroemungen der Gegenwart

PREUSS, Hugo (1891). "Empirische Untersuchungen zur allgemeinen Staatslehre von Emil Lingg". *Archiv des öffentlichen Rechts*, VI, 1, 163-171.

PREUSS, Hugo (1889). *Gemeinde, Staat, Reich als Gebietskörperschaften. Versuch einer deutschen Staatskonstruktion auf Grundlage der Genossenschaftstheorie* (Heidelberg: Springer).

PREUSS, Hugo (1902). "Über Organpersönlichkeit". SCHMOLLER, Gustav (coord.) *Jahrbuch für Gesetzgebung, Verwaltung und Volkswirtschaft*, 26, 557-596.

PUFENDORF, Samuel von (1672). *De Jure Naturae et Gentium* (Lund: Junghans).

RADNITZKY, Ernst (1888). *Die Parteiwillkür im öffentlichen Recht* (Viena: Manz).

REGELSBERGER, Ferdinand (1893). *Pandekten* (Leipzig: Duncker und Humblot).

REHM, Hermann (1884). *Die rechtliche Natur der Gewerbs-Konzession* (Múnich: Theodor Ackermann).

REHM, Hermann (1904). *Modernes Fürstenrecht* (Munich: J. Schweitzer).

RÖDER, Karl David August (1860). *Grundzüge des Naturrechts oder der Rechtsfilosofie* (2ª ed., Leipzig y Heidelberg: C. F. Winter).

ROMANO, Santi (1897). "La teoria dei diritti pubblici subbiettivi" en ORLANDO, V. *Primo trattato completo di diritto amministrativo italiano.*

ROSIN, Heinrich (1886). *Das Recht der öffentlichen Genossenschaft* (Friburgo: J. C. B. Mohr)

ROUSSEAU, Jean Jacques (1762). *Du contrat social; ou Principes du droit politique* (Amsterdam: Marc-Michel Rey).

SARWEY, Otto von (1880). *Das öffentliche Recht und die Verwaltungsrechtspflege* (Tübingen: Laupp).

SAVIGNY, Friedrich Karl von (1840-1849). *System des heutigen Römischen Rechts* (Berlín: Veit).

SCHMIDT, Bruno (1896). *Der Staat. Eine öffentlich-rechtliche Studie* (Leipzig: Duncker und Humblot). [Esta obra es parte de la serie de obras jurídicas coordinada por JELLINEK, Georg y MEYER, Georg (eds.) *Staats- und völkerrechtliche Abhandlungen* I, 6].

SCHOENBORN, Walter (1908). *Studien zur Lehre vom Verzicht im öffentlichen Recht* (Tübingen: J. C. B. Mohr).

SCHRUTKA VON RECHTENSTAMM, Emil (1889). "Rezension über Adolf Wach: *Der Festellungsanspruch*". GRÜNHUT, C. S. (coord.). *Zeitschrift für Privat- und öffentliche Recht der Gegenwart*, XVI, 617-619.

SCHÜKING, Walter (1902). "Zur Theorie der erworbenen Rechte". LABAND, Paul *et al* (coords.) *Deutsche Juristen Zeitung*, 7, 315-316.

SCHULZE, Hermann (1888[1872]). *Das Preussisches Staatsrecht* (1ª ed. en 1872; 2ª ed., Leipzig: Breitkopf und Härtel).

SCHULZE, Hermann (1886). *Lehrbuch des Deutschen Staatsrechts* (Leipzig. Breitkopf und Härtel).

SCHUPPE, Wilhelm (1887). *Der Begriff des subjektiven Recht* (Breslau: Wilhelm Koebner).

SELIGMANN, Ernst (1886). *Beiträge zur Lehre vom Staatsgesetz und Staatsvertrag* (Berlín: J. Guttentag (D. Collin)).

SEYDEL, Max (1873). *Grundzüge einer allgemenien Staatslehre* (Würzburg: A. Stuber's Buchhandlung).

SEYDEL, Max (1881). "Das Gewerbepolizerecht nach der Reichsgewerbeordnung". HIRTH, Georg (coord.) *Annalen des Deutschen Reichs für Gesetzgebung, Verwaltung und Volkswirtschaft*, XI, 529-612.

SEYDEL, Max (1884). *Bayerisches Staatsrecht* (1ª ed., Múnich: literarisch-artistische Anstalt; 2ª ed. en 1896, Friburgo: J. C. B. Mohr)

SHAKESPEARE, William (1599). *The tragedy of Julius Caesar* (publicada como parte del First Folio en 1623, Londres: Edward Blount y William e Isaac Jaggard).

SIGWART, Christoph (1889-1893[1873-1878]). *Logik* (2ª ed., T. I en 1889 y T. II. en 1893, Freiburgo: J. C. B. Mohr).

SILBERNAGEL, Alfred (1902). "Die Gleichheit vor dem Gesetz und die bundesrechtliche Praxis". *Zeitschrift für schweizerisches Recht*, 43 (N.F. 21), 85-146.

SOHM, Rudolph (1877). "Der Begriff des Forderungsrechts". GRÜNHUT, C. S. (coord.). *Zeitschrift für Privat- und öffentliche Recht der Gegenwart*, IV, 457-474.

SOHM, Rudolph (1889[1884]). *Institutionen des Römischen Rechts* (4ª ed., 11ª ed. en 1903, Leipzig: Duncker und Humblot).

SPENCER, Herbert (1874-1896). *Principles of Sociology* 3 T.

SPINOZA: *Verum index sui et falsi.*

STAHL, Friedrich Julius (1833). *Die Philosophie des Rechts nach geschichtlicher Ansicht* Tomo II: *Rechts- und Staatslehre auf der Grundlage christlicher Weltanschauung* Parte II: *Die Staatslehre und die Principien des Staatsrechts* (3ª ed. en 1856, Tübingen: J. C. B. Mohr).

STAHL, Friedrich Julius (1841). "Rezension über Die deutschen regierenden Fürsten und die Souveränität von Dr. Romeo Maurenbrecher". RICHTER, Aemilius Ludwig (coord.). *Kritische Jahrbücher für deutsche Rechtswissenschaft*, V, 9, 97-138.

STEIN, Lorenz von (1869[1865]). *Die Verwaltungslehre* T. I: *Die Lehre von der vollziehenden Gewalt* (Stuttgart: Cotta).

STEIN, *Die Lehre von der vollziehenden Gewalt.*

STENGEL, Karl von (1890). "Öffentliche Rechte und öffentlichen Pflichten". *Wörterbuch des deutschen Verwaltungsrechts* T. II (Freiburgo: J. C. B. Mohr).

STENGEL, Karl von (1890). *Wörterbuch des deutschen Verwaltungsrechts* (Freiburgo: J. C. B. Mohr).

STENGEL, Karl von (1895). "Die verwaltunggerichtsbarkeit und die oeffentlichen Recht". *Verwaltungsarchiv*, III, 177-232.

STÖRK, Felix (1885). *Zur Methodik des oeffentlichen Rechts* (Viena: Alfred Hölder).

STÖRK, Felix (1887). "Das offene Meer". HOLZENDORFF, Franz von (cord.). *Handbuch des Völkerrechts* T. II, 481-550 (Hamburgo: F. F. Richter).

STORY, Joseph (1873[1833]). *Commentaries on the Constitution of the United States* (4ª ed. a cargo de Thomas Cooley, Boston: Little, Brown and Company).

TEZNER, Friedrich (1891). "Empirische Untersuchungen zur allgemeinen Staatslehre. Von Dr. jur et phil. Emil Lingg". GRÜNHUT, C. S. (coord.). *Zeitschrift für Privat- und öffentliche Recht der Gegenwart*, XVIII, 530-543.

TEZNER, Friedrich (1894). "System der subjectiven öffentlichen Rechte. Von Prof. Dr. Georg Jellinek. Besprochen von Dr. Friedrich Tezner, Privatdocentenan der Wiener Universität". GRÜNHUT, C. S. (coord.). *Zeitschrift für Privat- und öffentliche Recht der Gegenwart*, XXI, 107-254.

TEZNER (s/d) *Kritische Vierteljahrschrift.*

THON, August (1873). *Rechtsnorm und subjektives Recht* (Weimar: Boehlau).

TRENDELEUBURG, Friedrich Adolf (1870[1840]). *Logische Untersuchgen* (3ª ed., Leipzig: S. Hirzel).

ULBRICH, Joseph (1875). *Über öffentliche Rechte und Verwaltungs gerichtsbarkeit mit Rücksicht auf die Errichtung eines Verwaltungsgerichtshofes in Oesterreich* (Praga: Mercy).

ULBRICH, Joseph (1904). *Lehrbuch des österreichischen Verwaltungsrechts* (Viena: Manz).

UNGER, Joseph (1856-1864). *System des österreichischen Allgemeinen Privatrechts* (T. II citado por Jellinek fue publicado en 1859, Leipzig: Breitkopf und Härtel).

VAN KRIEKEN, Albert Th. (1873). *Ueber die sogenannte organische Staatstheorie* (Leipzig: Duncker und Humblot).

VITAGLIANO, Gaetano (1909). *Il contenuto giuridico della legge del bilancio.*

Marco VITRUVIO Polión, *De architectura.*

VOGT, Gustav (1890). *Rechtsgutachten betreffend die Aufhebung von Steuerprivilegien im Kanton Freiburg* (Zurich).

WACH, Adolf (1885). *Handbuch des deutschen Civilprozessrechts* (Leipzig: Duncker und Humblot).

WACH, Adolf (1889). *Der Feststellungsanspruch* (Leipzig: Duncker und Humblot).

WINDSCHEID, Bernhard (1900[1862-1870]). *Lehrbuch des Pandektenrechts* (1ª ed., T. I en 1862, T. II Parte 1 en 1865, T. II Parte 2 en 1866, T. III en 1870, Düsseldorf: Julius Buddeus; 8ª ed. a cargo de Theodor KIPP, Fráncfort del Meno: Rütten und Loening).

WUNDT, Wilhelm (1893-1895[1880-1883]). *Logik. Eine Untersuchung der Principien der Erkenntniss und der Methoden wissenschaftlicher Forschung* 2 T. (2ª ed., Stuttgart: Enke).

ZACHARIÄ, Heinrich Albert (1865[1841]). *Deutsches Staats- und Bundesrecht* 2 T. (3ª ed., Gotinga: Bandenhoeck und Ruprecht).

ZITELMANN, Ernst (1897). *Internationales Privatrecht* (T. I en 1897, T. II Parte 1 en 1903 y T. II Parte 2 en 1912; Múnich: Duncker und Humblot).

ZORN, Philipp y STIER-SOMLO, Fritz (coord.) (1905). *Abhandlungen aus dem Staats- Verwaltungs- und Völkerrecht* T. I.

ZORN, Philipp (1895). *Das Staatsrecht des deutschen Staatsrechts* 2 T. (2ª ed., Berlin: Guttentag).

Índice de autores[*]

A

B

C

---

[*]   Este índice de autores contiene sólo aquellos citados por Jellinek.